大数据时代大学生道德修养培育研究

宇 慧 著

西北工业大学出版社

西安

【内容简介】 本书共分为九章,从大数据时代大学生道德修养培育的重要性、发展、理念指导、内容创新、模式创新、方法创新、环境优化、队伍创新、具体途径等多方面,对大数据时代大学生的道德修养培育问题做了多层面的思考与研究。

本书可作为研究大学生道德修养的辅助教材。

图书在版编目(CIP)数据

大数据时代大学生道德修养培育研究 / 字慧著. —西安：西北工业大学出版社,2021.11
ISBN 978-7-5612-8056-0

Ⅰ. ①大… Ⅱ. ①字… Ⅲ. ①大学生-道德修养-教育研究-中国 Ⅳ. ①G641.6

中国版本图书馆 CIP 数据核字(2021)第 242774 号

DASHUJU SHIDAI DAXUESHENG DAODE XIUYANG PEIYU YANJIU

大 数 据 时 代 大 学 生 道 德 修 养 培 育 研 究
字慧　著

责任编辑：高茸茸	策划编辑：张　晖
责任校对：陈　瑶	装帧设计：李　飞

出版发行：西北工业大学出版社
通信地址：西安市友谊西路 127 号　　邮编：710072
电　　话：(029)88491757,88493844
网　　址：www.nwpup.com
印 刷 者：西安五星印刷有限公司
开　　本：710 mm×1 000 mm　　1/16
印　　张：12.875
字　　数：252 千字
版　　次：2021 年 11 月第 1 版　　2021 年 11 月第 1 次印刷
书　　号：ISBN 978-7-5612-8056-0
定　　价：58.00 元

如有印装问题请与出版社联系调换

前言

随着信息技术和物联网技术的发展以及云计算技术的普及,一个全新的大数据时代正在到来。大数据时代的形成,不仅给我们的经济发展带来巨大的变化,更重要的是正在改变我们的思维方式与社会价值评判标准。这就自然会对我们的社会价值认知、社会人际关系与社会道德规范等带来影响。

大学生是社会中思想最活跃,最易接受新鲜事物的一个群体。大数据时代将为大学生创造更为有利的学习条件,提供更加便捷的生活环境,构建发展个性的良好氛围,搭建起更能培养创新精神的有益平台。同时,大数据的发展也完全有可能给正在接受教育、处于成长发展阶段的大学生带来对社会认知的茫然与困惑、价值判断的随意与道德选择的偏失。因此,面对大数据时代所出现的多元价值观念,帮助大学生培养和树立正确的价值观,让他们在不断充实文化内涵的同时逐步完善自身的道德修养,更好地成为大数据时代有益社会进步及自身全面发展的社会公民,是大数据时代需要认真思考的课题。鉴于此,特撰写本书,以期为该课题的深入研究和解决做出积极努力。

本书共分为九章,从大数据时代大学生道德修养培育的重要性、道德修养培育的发展、道德修养培育的理念指导、道德修养培育的内容创新、道德修养培育的模式创新、道德修养培育的方法创新、道德修养培育的环境优化、道德修养培育的队伍创新以及道德修养培育的具体途径等方面,对大数据时代大学生的道德修养培育问题做了多层面的思考与研究,从总体上看,研究的问题比较系统完整,内容也较充实。

在编写本书的过程中,学习与借鉴了同行们的理论与实践的相关研究成果,既注重实用性、时效性,又注重系统性、理论性。同时,编写本书也参阅了大量的相关文献、资料,在此,对其作者表示衷心的感谢!

由于笔者水平有限,书中不足之处在所难免,敬请广大读者批评指正。

著　者

2021 年 6 月

目 录

绪论 ·· 1
  第一节 大数据时代的基本问题 ··· 1
  第二节 大数据时代大学生道德修养培育的基本问题 ··············· 8

第一章 大数据时代大学生道德修养培育的重要性 ··············· 18
  第一节 应对大数据时代机遇与挑战的必然选择 ····················· 18
  第二节 促进大数据时代大学生全面发展的必然选择 ··············· 22
  第三节 实现大数据时代教育信息化发展的必然选择 ··············· 25

第二章 大数据时代大学生道德修养培育的发展 ··················· 29
  第一节 大数据时代大学生道德修养培育的基本原则 ··············· 29
  第二节 大数据时代大学生道德修养培育的内容与方法 ············ 40
  第三节 大数据时代大学生道德修养培育的措施与机制 ············ 65

第三章 大数据时代大学生道德修养培育的理念指导 ············ 88
  第一节 树立整体育人理念 ·· 88
  第二节 树立一元主导与包容多样的理念 ···································· 90
  第三节 树立道德修养培育价值取向与社会整体道德发展趋向
            相一致的理念 ··· 95
  第四节 树立道德修养培育与大数据特点相一致的理念 ············ 99

第四章 大数据时代大学生道德修养培育的内容创新 ············ 102
  第一节 注重大学生德性与德行的统一 ······································ 102
  第二节 塑造大学生现代公民人格 ··· 107
  第三节 重视大学生道德选择教育 ··· 112

第五章 大数据时代大学生道德修养培育的模式创新 ············ 124
  第一节 创建虚拟与现实相结合的道德修养培育模式 ··············· 124
  第二节 打造立体教育模式 ·· 134

第六章 大数据时代大学生道德修养培育的方法创新 ············ 144
  第一节 运用新技术创新道德修养培育方法 ······························· 144

I

第二节　运用新技术改进道德修养培育的形式……………………151
第七章　大数据时代大学生道德修养培育的环境优化………………162
　　第一节　实现中国传统伦理在大数据时代的现代转化……………162
　　第二节　健全媒体管理机制……………………………………………167
　　第三节　优化校内道德修养培育环境…………………………………172
第八章　大数据时代大学生道德修养培育的队伍创新………………176
　　第一节　大数据时代大学生道德修养培育队伍建设创新的
　　　　　　指导理念……………………………………………………176
　　第二节　大数据时代大学生道德修养培育队伍建设创新的途径……179
第九章　大数据时代大学生道德修养培育的具体途径………………183
　　第一节　注重大数据时代大学生道德主体的建构……………………183
　　第二节　提高大学生的媒介素养………………………………………186
　　第三节　加强互联网与传统媒体的通力合作…………………………190
参考文献………………………………………………………………………195

绪 论

第一节 大数据时代的基本问题

随着信息技术的飞速发展,人们已经进入了以云计算、移动互联、社会化和大数据为特征的信息社会。信息设备不断推陈出新,从大型机到笔记本电脑,再到移动智能终端和可穿戴设备(如智能眼镜、智能腕带、智能手表等),这些信息设备持续不断地记录着人们的一举一动、一言一行,并把这些数据发送至"云"中。

一、大数据时代的概念

大数据技术的飞速发展将人们带入了一个全新的时代,面对海量信息和数据,我们首先需要准确把握大数据和大数据时代的概念。到目前为止,学术界对于大数据一词还没有统一、准确的定义。维基百科将大数据定义为信息。IDC(Internet Data Center,互联网数据中心)将大数据定义为数据形式。Gartner将大数据定义为信息资产。麦肯锡全球研究所则将大数据定义为大小超出了传统数据库软件工具的抓取、存储、管理和分析能力的数据群。涂子沛认为,大数据是指那些大小已经超出了传统意义上的尺度,一般的软件工具难以捕捉、管理和分析的数据。"大数据"之"大",并不仅仅在于其"容量之大",更多的意义在于,人类可以"分析和使用"的数据在大量增加,通过对这些数据的交换、整合和分析,人类可以发现新的知识,创造新的价值,带来"大知识""大科技""大利润"和"大发展"。笔者认为大数据就是指海量数据和信息,人们通过计算机软件对海量数据和信息进行挖掘、分析、处理、应用,从而使信息变为资源,资源转化为知识,知识产生价值。

所谓时代,是指根据经济、政治、文化等状况而划分的历史时期。在人类社会发展的历史长河中,以工具为标志,随着工具的进步与变革,人类社会的发展经历了不同的时代。据此,大数据时代就是指以大数据为核心的技术、管理、应用和研究等为标志的人类社会发展的新的历史时期。

二、大数据时代的产生背景

移动互联网的发展带来了智能硬件的繁荣,产生了海量多样的大数据,万物互联的大数据时代正在到来。大数据是历史进化、技术进步的必然结果,大数据时代是人类智慧和汗水创造出来的历史新篇章。

(一)信息科技为大数据时代提供了物质基础

信息科技的发展包括信息处理技术、信息存储技术和信息传递技术的发展。从1946年世界上第一台电子计算机问世,1968年戈登·摩尔成立英特尔公司,至今,与大数据技术有关的产业的发展一直被摩尔定律所主导,新的、能力更强的计算机不断被制造出来,计算机的计算能力与智能化水平不断提高,电脑操作系统也不断地升级换代。软件操作系统与硬件计算设备之间的升级换代的循环,使得电脑的性能有了跨越式的提升,计算的速度不断加快,处理信息的能力和储存信息的能力不断提高,芯片更强,操作系统更方便。目前,与信息相关的行业占据了市场的相当一部分,信息产业取得了巨大的进步。

美国一直是信息通信技术的"领头羊",其在1977年研制的光纤通信系统速率为45 MB/s,从该系统正式投入商用开始,促使通信技术取得了较大的发展,信息开始实现跨地域的传输。同时,存储信息的设备价格也开始从高地转向亲民化。如今,宽带互联网已经普及,对大量的信息资料进行大规模的存储也突破了技术的限制而成为现实。存储价格的下降、信息传输能力的提升都为大数据时代的产生奠定了一定的物质基础。1969年,美国国防部资助建立了阿帕网,当初军用目的的阿帕网就是互联网的雏形。如今,互联网大数据技术已经可以将不同地点的电脑互相连接,而且无线互联网通信技术还实现了移动终端的互相连接,大数据技术已经改变了人们的生活和工作。只要人们在互联网中有行动,这些行动就会被记录,从而逐渐形成庞大的数据库。

随着大数据技术的发展,以云计算为技术手段的数据中心将数据上传到了"云端",人们要想访问云数据中心,可以使用任何联网设备或者专用程序。另外,物联网和移动终端也是大数据的重要来源。各种传感器通过互联网互相连接,形成了庞大的物联网。如今,人们周围已经遍布传感器,如交通系统安装的摄像头,这是人们平时能够经常见到、切身感受到的一种形态。又如我们随身携带的手机,里面包括十几种传感器。还有一些传感器主要用于专业部门,如路桥部门、气象部门、航空部门、汽车研发部门等。各种各样的传感器会产生海量的数据。

与此同时,人们真实的人际关系也通过社交互联网在互联网完美展现,并借助互联网的特性而大大升华。社交互联网的最大效应是集群,它把具有相同兴趣、爱好的人集合起来,人们的这些喜好和偏爱通过社交互联网中网民的关系链实现聚类传播。如今,越来越多的 App(Application,应用程序)被开发出来,人们通过在移动终端的下载使用,也产生了更加庞大且复杂的数据,据悉,2022 年全球移动终端产生的数据量将达到 8 300 PB。

(二)互联网用户为大数据时代提供了客观条件

互联网用户持续不断的增长为大数据时代的产生提供了客观条件。目前,互联网用户主要有政党、政府、社会团体、企业、传统媒体以及作为个体的网民等。面对日益开放的大数据时代,政党、政府或政府的工作部门和社会团体因工作或其他需要,开设、创办或组建了主要用以展示其形象、发布政务或社团信息、受理相关事务和提供公共服务的网站。报纸、杂志、广播、电视等传统媒体创办了主要用以报道新闻、引导舆论、提供服务的传媒网站。公民、法人或其他社会组织和个人以营利为目的创办了用以提供商品、信息和服务的网站。个体网民利用网站通过设立包括个人主页、个人空间、电子邮件、互联网论坛、互联网聊天等形式在内的渠道来传播、获取信息。各种互联网用户的各种行为,持续不断地产生着各种数据,为海量数据的产生提供了客观条件。

随着移动互联网技术以及智能终端的发展,社会的政治、经济、文化、历史等各方面的信息不断数据化。信息传播的权利不再局限于专业人员手中,越来越多的普通人通过手机、平板电脑等移动终端随时随地将所见所闻通过文字、图片、声音、视频等方式,上传至微博、微信等社交网站与大众分享,调查不再是记者的专利,每个人都拥有了发声的权利。如今,以微博作为传播媒介代表,以短小精练作为文化传播特征,从微电脑移动终端开始,到微信、微小说、微游戏、微电影、微表情、微商、微支付和微公益等,"微时代"的全民、全方位的传播方式极大满足了人们对信息的渴求,也带来了各种各样的数据。全民参与微传播,每个人都是自媒体,每个人都是信息传递者,同时也是数据和信息的生产者和消费者,这种带有草根性与自媒体性的传播方式,使得任何人都可以用自己喜欢的方式来表达、展现自我。

(三)社会数据化为大数据时代提供了需求动力

当前,生产、生活和社会管理方式正在向智能化、精细化、互联网化方向发展,国民经济和社会生活信息化水平不断提高,社会管理和公共服务信息化水平不断提升,相关数据学科不断发展,大数据技术创新能力不断增强,产业结构进一步调整,发展方式进一步转变,这些都为大数据时代的产生提供了需求动力。

除了我们熟知的智能手机,社会生活中出现了越来越多的与智能有关的词汇,如智能手表、智能门锁、智能家居、智能汽车、智能交通以及智能城市等,无线连接让这些设备与互联网、设备与设备之间互联,从而实现了万物互联。各种各样的设备中的各种数据不断地被收集并上传至"云"中,整个社会呈现出数据化发展方向。我国也积极行动起来,参与到与大数据有关的发展潮流中,制定并颁布了一些文件,对我国物联网的发展和"宽带中国"的发展做出了规划。

互联网的普及,物联网的建设,移动互联网、数字家庭、社会化互联网等的应用使得数据规模快速扩大,社会发展对大数据的处理和分析的需求日益旺盛,从而推动了大数据领域的发展,而大数据的发展和应用反过来又积极地推动社会向智能化、数据化方向发展。大数据时代,人们需要更加迅速地找到自己所需要的信息,计算机和互联网需要更加智能,人与人之间的合作、任务之间的对接需要更加精确,越来越多的社会资源需要更加自由地交换、整合、流动,整个国家和社会的运行成本需要降低,这些都为大数据时代的产生提供了需求动力。

三、大数据时代的特点

当前普遍认为大数据具有数据量大(Volume)、数据类型多(Variety)、价值密度低(Value)、速度快(Velocity)等特点(称为"四V特点")。大数据开启了一次重大的时代转型,人与自然、人与社会、人与人之间的关系将演变为数字化生存的关系,而大数据时代也将展现出其独有的特点。

(一)泛互联网化

大数据时代,计算机成为人们生活中必不可少的一部分,计算也不再局限于桌面,人们可以通过手持设备、可穿戴设备或其他计算设备无障碍地享用计算能力和信息资源。人对人、人对机(物)、机对机有效连接与通信,有线与无线、固定与移动并存相互连接,各种互联网(如通信网、计算机网、广播电视网等)逐步协同、融合,计算机功能普及、互联网连接普及、服务共享普及,大数据时代表现出泛互联网化。

(二)数据化

大数据时代,社会数据化成为必然趋势。人们在信息传播、人际交往和日常生活中,通过沟通、传播与保存,将一切客观存在均处理为数据,进而整个社会成为一个庞大的数据库。数据从知识的保存形式变成社会的组织形式,人与自身、人与人、人与社会之间的关系被数据所取代。大数据时代的数据,不再是简单的符码信息的堆砌,而是人类社会的数码符号,社会结构呈现出了以互联网为框架的数据化形态,传统的人际关系、信息交流演变为即时、迅捷的数据交换。

(三)多元化

大数据时代,各种数据不断汇聚,数据集呈现不同特征,数据类别和格式多样,使得海量数据能够凸显出事物的多方面关联性,显示出多方面的信息内涵。大数据时代,全媒体趋势、信息媒体化趋势进一步加强,从而体现出百花齐放的多元化和多样性。

(四)可量化

大数据时代,所有数字可以转化为参与计算的变量,信息可以成为进行统计或数学分析的数量单元。文字变成数据、方位变成数据、沟通变成数据、人从身体到心理实现自我量化,世间万物都可以变成数据,世间一切事物都可以作为"变量",接受数学分析,实现潜在价值。从社会化的个体主动运用数据、开展认识自我的实践开始,人类认知领域全面数据化。庞大的数据资源使得学术界、商业界、政府等各个领域开始量化进程。

(五)个性化

大数据时代,对海量数据的分析挖掘,可以发现、提取有价值的数据图谱和趋势性信息,为各行各业提供预测、趋势分析的前瞻性信息,为各行各业提供决策的依据和制定策略的参考。海量数据是一种共享性、开放性的公共信息资源,大数据时代的文化共享、民主平权,使得每个人都可以从"云"中海量的共享性数据资源中调用、择取自己所需要的数据进行挖掘、分析,为己所用,从而真正地实现个性化发展、满足个性化需求。

(六)互动性

大数据时代,人-人、人-机、机-机之间将实现全面互动。互联网实现了无距离互动,移动终端实现了时空互动,物联网实现了设备互动。信息和数据在各种互动中实现交流和共享,在不断传播中相互影响和相互作用。人们则可以根据自己的需要和偏好,随时控制信息、信息量和信息呈现的秩序。

(七)开放性

互联网、云计算等大数据技术为大数据时代提供了便捷的共享手段。移动终端、智能手机、摄像头以及其他诸多的信息采集设备和存储设备将海量数据置于公共空间,数据的对外开放为公众共享信息提供了基础。大数据时代是一个开放的时代,一切都被置于"第三只眼"中,分享、共享成为共识,社会将呈现出透明、公开、有序等特征。

(八)预测性

大数据时代,依托多维度、多来源、多形式的海量数据和挖掘工具与分析技术的深度、广度与精度,通过海量交叉验证征兆与变化规律、发掘事件概率,可做出较为精准的预判、预测。大数据时代的预测性,将迅速变革商业模式、推进生态永续、实现低成本个性化教学并促成科学研究从假设推动到数据推动的全新转变。

(九)智能化

大数据时代,管理对象的属性信息[ID(Identity Document,身份标识号)、编码、人体特征等]、个体状况信息(体温、血压、位置等)及环境信息(温度、湿度、雨量、压力、加速度、振动等)等通过无线传感、自组织网等末端互联网准确收集,及时接入互联网进行实时分析处理,最终将处理结果智能化地呈现给人们。不同互联网、不同设备、不同服务在任何时间、任何地点对任何人都高度紧密连接,对感知数据的认知、分析和处理,将实现智能化服务。

四、大数据时代的发展趋势

大数据时代,数据能够以一种新的方式被利用,数据所体现出的价值,所带来的变革,正在改变着世界的运行方式。

(一)数据持续增长

大数据时代是一个信息大爆炸的时代,平板电脑、智能手机等的普及,人们每时每刻都可以在互联网上更新个人信息,使得存储在互联网中的视频、音频记录等数据持续增长,传感器、导航设备、监控摄像机及智能电表等也在不断地产生数据,并且这些数据来源广泛、形态多样、结构复杂、增长迅速。

(二)数据价值彰显

数据的价值正在从它最基本的用途即作为被交易的对象转变为未来的潜在用途。数据的潜在价值包括数据的再利用、数据重组、可扩展数据和开放数据等。数据将成为一种重要的战略资产,这一转变将影响国家评估其拥有的数据及访问者的方式,同时也使其发展模式向符合时代特征要求的方向转变,组织看待和使用数据的方式也将改变。而数据不同于物质性的东西,其价值不会随着它的使用而减少,而是可以不断地被处理。

(三)所有皆可量化

大数据发展的核心动力来源于人类测量、记录和分析世界的渴望。如今,数据代表着对某件事物的描述,数据可以记录、分析和重组该事物。"数据化"是指一种把现象转变为可制表分析的量化形式的过程。大数据时代,量化一切成为数据化的核心,文字变成了数据,方位变成了数据,人与人之间的关系变成了数据,人们的经历和情感变成了数据,沟通变成了数据,世间万物变成了数据,最终整个地球变成了数据。大数据时代使人类认识发生了根本性转变。

(四)数字化生存

大数据时代,数字化政治、数字化经济、数字化学习、数字化交往、数字化生活,这种数字化生存方式是一种全新的社会生存状态,它将给人们带来不一样的生存体验。人们可以领略虚拟社会中虚拟生存、虚拟交往、虚拟社区、虚拟情感、虚拟语言等的千姿百态。数字化生存方式中,人们的吃穿住行、听说读写、交流沟通等等,都将变成一项数据分析命题。

(五)思维理念变革

随着大数据时代的来临,人们的思维理念必然产生革命性的变革。人们将用整体的眼光来看待一切,承认世界的多样性和差异性,认识到各种数据具有同等的重要性,一切数据都将对外开放,没有数据特权。人们将打破因果思维模式,带来新的关联思维模式。大数据思维从本质上来说就是一种复杂性思维。

(六)数据决策

大数据技术给人类社会带来了巨大变革,使人类社会取得了历史性的进步,通过大数据技术,可以挖掘、分析、量化人们的思想与行为。过去的基于经验和直觉的决策,是属于专家、精英、权威主导型的战略决策,而大数据时代的决策是基于数据和分析的,因而它是一个非线性的、自下而上的、去中心的、发现群体智慧的决策模式。

(七)数据科学

大数据给科学的发展提供了前所未有的机会,也给科学与产业之间的关系、科学与社会之间的关系带来了变革。科学研究的第四范式,即数据科学,将极大地推动许多社会科学学科朝着量化的方向发展,使他们逐步由经验性的模式转变成科学性的模式。数据科学研究和市场、产业的联系将变得更加密切,信息基本原理产业化的周期将会被大大地缩短。因此,用数据的方法来研究科学和用科学的方法来研究数据的有机结合,将形成整个数据科学的全貌。

第二节 大数据时代大学生道德修养培育的基本问题

科学技术的发展进步改变着人们的价值观念,它通过提高人们对自然界的认识水平,不断地为社会道德的进步营造积极向上的氛围。如今,互联网技术、大数据技术等的飞速发展把社会各部门、各行业以及各个国家和地区连成一个整体,一方面为大学生道德修养进步提供了难得的机遇,另一方面又对他们的道德修养水平提出了新的挑战。

一、对大学生道德修养培育的基本认识

从古至今,我国历来十分重视对人的"德"方面的培养与教育,中外学者对"道德"和"道德修养培育"的内涵也进行了深入的考察。

(一)道德

道德的概念是伦理学研究中的一个基本问题,对其内涵的考察,也是大数据时代大学生道德修养培育的逻辑起点。然而,在不同社会、社会的不同发展阶段对此均有不同的认识。中国古代的道德概念包含道德规范和个人品性修养,通常以"道"为体,以"德"为用。目前,学界关于道德的主流观点主要有以下几种。

(1)道德反映了人们的社会关系,是调整人们相互关系的行为规范的总和。一些学者认为道德是社会制定或认可的关于人们具有社会效用(亦即利害人己)的行为应该而非必须如何的非权力规范。简言之,也就是具有社会效用的行为应该而非必须如何的规范,是具有社会效用的行为应该如何的非权力规范。一些学者认为,伦理是指调节人际关系行为,包括由其扩演外化的人与社会或群体与各群体之间的关系行为的价值原则和规范。

(2)从道德的反作用方式进行阐释,一些学者认为道德就是要通过教育和社会舆论,形成人们的内心信念,以约束人们相互关系的行为,如道德就是以善恶评价为形式,依靠社会舆论、传统习俗和内心信念,用以调节人际关系的心理意识、原则规范、行为活动的总和,包括道德意识、道德规范和道德实践。道德是人们在社会生活中形成的关于善与恶、公正与偏私、诚实与虚伪等观念、情感和行为习惯,并依靠社会舆论和良心指导的人格完善与调节人与人、人与自然关系的

规范体系。此外,还有学者认为道德与伦理两个概念的基本意义相似,如道德与伦理都是指通过一定原则和规范的治理、协调,使社会生活和人际关系符合一定的准则和秩序。广义的"道德"通常与"伦理"通用,泛指一切可以做善恶评价的社会道德现象,它既包括个体的品德修养,也包括社会客观的伦理关系。

当代道德表现为道德是动态发展的行为规范,是人的行为属性。道德应促进社会和个人的共同发展,道德的实现需要社会和个人的共同努力。因此笔者认为,所谓道德,就是基于人类理性与情感的同质性,为了维护人们的基本权益而自然形成和自觉建构的,被人们所普遍认同与接受的,依靠内心信念所共同遵循的正确的行为规范。

(二)道德修养培育

关于道德修养培育,中西方的提法也不尽相同,美国称为"品格教育",新加坡称为"公民教育",日本称为"道德素质教育"。各国对道德修养培育的定义也是千差万别,这主要取决于各个国家不同的政治、历史、文化以及教育状况。

我国的主流道德学说中关于道德修养培育的定义,普遍地把道德修养培育界定为教育者要对受教育者施加有目的、有计划的影响,并且这种影响需要按照社会的要求,需要符合教育者所期望的思想品德状况,因此,受教育者基本只能处于被动地位,被动接受权威性的道德规范。

一些学者认为,所谓道德修养培育,是指生活于现实各种社会关系中的有道德知识和道德经验的人们(亦可称为道德上的先觉者),依据一定的道德准则和要求,对其他人有组织、有计划地施加系统影响的一种活动。中国大百科全书对道德修养培育的解释是,教育者按照一定社会或阶级的要求,有目的、有计划、有组织地对受教育者施加系统的影响,把一定的社会思想和道德转化为个体的思想意识和道德品质的教育。还有一些学者则认为,道德修养培育是教育者按照一定社会的要求,通过特定的教育活动,把特定社会的思想和道德规范内化为受教育者的思想意识和道德品质的过程。这种观点虽然在一定程度上体现了受教育者对自身体验特定道德规范并身体力行地积极主动的态度和行为,然而,在受教育者主体性、创造性日益增强的情况下,以上观点普遍忽略了这些方面的作用,没有显示出受教育者的内在特点。随着主体理论研究的不断深入,学者开始关注受教育者的主体地位,提出教育工作者组织适合道德修养培育对象品德成长的价值环境,促进他们在道德价值的理解和道德实践能力等方面不断建构和提升,这种观点指出道德修养培育的过程就是受教育者自身在道德等方面不断建构的过程。

鉴于此,笔者认为,道德修养培育就是指教育主体依据社会公共道德准则和行为规范,结合时代特征,促进受教育者的道德不断建构和提升的一种教育活动。

二、大数据时代的大学生道德修养培育

大学生群体是当代青年中的优秀群体,他们思想活跃,善于接受新鲜事物,能快速适应时代发展的要求。没有了地域的限制、传统的束缚、师长的权威,而主张崇尚自我、标新立异的互联网空间,没有了信息滞后、信息不对称,而充满着海量信息的大数据时代,给大学生提供了与以往时代迥然不同的发展基础。目前,各高校的互联网应用几乎已经覆盖到包括教学楼、实验楼和学生宿舍的整个校园,部分高校还实现了无线互联网的全覆盖,应用范围也从最初主要用于学习和科研进一步扩展到了购物、娱乐、就餐等各个方面。大数据时代的到来,互联网的无处不在,既为创新大学生道德修养培育提供了丰富的内容、新的途径和手段,也给大学生道德修养培育带来了前所未有的挑战。

大数据时代大学生道德修养培育就是指结合大数据时代特点,教育主体依据社会公共道德准则和行为规范,促进大学生的道德不断建构和提升的一种教育活动。大数据技术所带来的社会形态模式的构成与转型对大学生的生活方式、思维方式、行为方式乃至伦理道德价值观等有着强烈的影响,给大学生道德修养培育带来了强大的冲击。大数据时代,计算机与互联网成为大学生生活中的一部分,他们在信息传播、人际交往和日常生活中,时刻都在通过设备与互联网进行人际沟通、知识传播与信息保存等活动,与大学生道德有关的信息数据不断汇聚,从而教育者就可以使用大数据技术对大学生道德方面的海量数据进行分析、挖掘,发现并提取有价值的数据和信息,可以预测大学生的行为,可以为大学生量身定制教育方案,最终实现大学生的个性化发展,满足大学生的个性化需求。

三、大数据时代对大学生道德修养培育的影响

大数据时代是包括互联网、移动互联网、工业互联网、传感互联网、物联网及人工智能等在内的综合体互联网,它对大学生的冲击不仅仅是技术上的,更深层次的是对生活方式、思维方式、行为方式乃至伦理道德价值观等的冲击。大数据时代构造了一个新型社会,这个新社会具有虚拟性、开放性、交互性、公共性,使得大学生道德修养培育受到了一系列的影响。

(一)道德泛互联网化

泛互联网化是指使信息和服务通过当下可能的技术和手段在计算设备、通

信设备、机器、人之间传递和交付的互联网,包括物联网、车联网、人工智能等相关互联网技术和设备。泛互联网化使得大学生可以随时随地通过任何应用软件与互联网联通。超速发展的互联网技术和正在到来的大数据时代对大学生道德产生了一系列的冲击,解构了他们道德认知的构架,转变了他们的认知内容和认知方式;使大学生的道德情感在互联网的泛化传播中更易于激发,表达也更具互联网化、数据化的特点;使大学生道德行为更加简捷、快速、低成本,同时也更趋于随意、盲目和非理性。

1. 大数据时代大学生道德认知变化

传统的主流道德观念相对是比较单一的,而在大数据时代,传统的相对单一的主流道德受到各种各样的侵袭,特别是信息全球化浪潮所带来的多元价值观和社会意识形态。面对互联网信息和数据信息的狂轰滥炸,大学生的道德认知积累遭遇冲击,他们已经形成了的道德认知的架构开始产生动摇,并遭到质疑。互联网传递给大学生大量的道德经验,使得他们从传统的现实环境下积累的道德经验被挤占,因为通过互联网所进行的传递方式是立体的网状积累,并不是现实环境的线性积累(即自上而下地进行道德灌输的定向传递方式)。同时,互联网传递中各种道德价值观鱼龙混杂,况且互联网媒体还经常使用夸张处理和泛化传播的方法,对各种道德信息进行加工,大学生所看到的自以为真实的道德现象,其实被披上了伪真实的外衣,这种情况造成了互联网中道德边界模糊,大学生要进行正确的道德辨识困难重重。

大数据时代,互联网展现的道德内容具有极大的随意性、暂时性和个性化,这是由互联网虚拟空间的特性所决定的。信息社会飞速发展,指导大学生在信息社会中行为的传统道德修养培育在大数据时代的式微成为必然,大学生就好像是进入一个道德市场,在这个无拘无束的市场中,他们可以凭借所谓的自我价值观,随手摘取符合自己取向的道德观。于是,传统的道德观念在虚拟社会中更加缺乏感染力,传统的道德修养培育方式更加缺乏吸引力,传统的道德教化更加缺乏说服力。通过大数据技术、互联网空间的数据共享平台,"快速消费"在互联网中迅速蔓延,大学生接触的道德标准更加多元化,他们形成的道德认知更加碎片化,他们遵守的道德准则更加个性化。传统社会形成的道德观念,因为文化、地域、民族等的差异而相对独立并有差别,而在大数据时代,这些道德观念频繁交锋,使得大学生接受的道德信息更加多元,大学生的自我意识不断强化,原来的道德条目基本都是正统的、封闭的,但也有部分可能会阻碍个人发展,这些阻碍发展的条目逐渐被大学生抛弃,个体本位的道德见解取代了社会本位的道德认识,道德修养培育快餐盛行,原来的道德关注点是从宏观的社会角度出发的,而如今的大学生则更关注微观的个体发展。

2. 大数据时代大学生道德情感转化

大数据时代,现实世界中的道德现象延伸到虚拟世界发生、发展,大学生开始更多地在虚拟世界体验道德情感。数字化传播方式给大学生提供了丰富的道德信息,并且道德信息的呈现形式也是丰富多彩的。大学生对道德情感的感知因为增加了虚拟世界的渠道而更加多样。互联网使得道德现象和事件实现了最大范围的传播,因为它调动了包括文字、视频、音频等在内的一切载体,于是,立体化的道德现象和道德事件的呈现,使得大学生可以进行直观性的道德情绪的体验。

虚拟世界的数字化道德信息的传播还使得大学生道德移情发生障碍。道德移情是大学生激发出的道德情感到能够将之付诸道德行为的重要环节。旁观者的同情心必定完全基于这样一种想法:如果自己陷入同样不幸的境地而又能用正常的理智和判断力去思考(这种情况是不可能的),自己会是什么感觉。在虚拟世界中,大学生面临的快餐式的道德体验、同质化的道德信息、夸大炒作的道德事件、互联网化的道德传播使得仅仅依靠互联网把关人对道德信息的选择、过滤、删减变得更加困难。海量的道德信息通过所有人面向所有人的社会化传播方式,经过不同的把关人的解读,在更广泛的人群中放大和扩散。在多次的、反复的传播中,可能传达给大学生差异化的,甚至是完全相悖的道德信息,这种相悖的道德信息却轻易地引起大学生道德情绪的响应与共鸣。同时,在这种反反复复的叠加式互联网传播中,大学生的道德情感容易变得冷漠、孤僻、麻木,道德敏感度下降以至钝化,因而难以发自内心地进行道德移情。

大数据时代,由于打破了时空的隔阂,大学生获得了海量信息和数据,大数据时代提供的道德修养培育资源,比以往任何时代都丰富,大学生的道德体验和情感表达比以往任何时代都便捷、畅通。如今的多元便捷、高速高质的数字化的传播技术,使得任何事件无论发生在何时何地,均可以被逼真地重现。大学生道德情感表达逐渐符号化,由标点组成的表情文字、动画图像、火星文字等互联网语言在大学生中简单、快捷地应用,大学生个体的形象与个性在互联网的多次、反复传播中日渐消解。加上通过视频和音频的真实再现而形成的强烈的视觉刺激的冲击,大学生的道德情感得到了最大程度的激发。

3. 大数据时代大学生道德行为变化

大数据时代,虚拟世界的数字化、符号化,对大学生的道德行为产生了一定程度的影响,从而使之发生了变化。互联网传播的双向互动与无中心传播,出现了道德信息传播的"泛化"与"碎片化"。道德行为的实施借助便捷的互联网变得更加高效、快捷、低成本,加之互联网社会的匿名性特点,使得大学生在这张无形之网的掩护下责任意识有所下降。因此,道德情感所引发的道德行为,如果缺乏理性的引导,将带有一定的随意性和盲目性,这不仅大大增加了大学生道德行为的发生频率和参与度,并且这种行为还能够通过互联网得到快速的传播,这就使得大学生在互联网社会中的道德行为演变成一种集体性的道德参与,这种道德参与中既有正向的影响力,也有负向的影响力,必然在一定程度上增加大学生进行道德识别的难度,为大量不负责任的道德行为埋下了祸根。

大学生是道德信息传播的重要主体,他们在虚拟世界中个性更加彰显,互动更加便捷。互联网不仅让包括大学生在内的草根一族能够大胆发声,它还让"陌生人群体"取代了"熟人社会",这种互联网陌生人群体都是由具有共同兴趣、偏好和话题的人组成的。刻意标新立异、张扬个性的大学生,最容易盲目地跟风、从众,于是互联网成了不受控制的自发行为的集中爆发地,这种自发的互联网行为能够在瞬间产生超乎想象的影响力和巨大的轰动效应。这种互联网社会的"无拘无束"与现实社会的"不自由"形成强大反差,传统的道德信息传播路径是自上而下的,这在大数据时代被彻底打破,这种反差对大学生道德修养培育产生的后果是无法预测和估量的。由于主流意识形态和道德价值观是属于精英和权威主导型的,因此容易受到质疑,相比现实社会,互联网社会中平凡的普通人做出的道德行为更加引人关注。面对不受控的道德行为,互联网监督则显得力不从心,毫无施展之处,大学生进行互联网道德情感表达、付诸互联网道德行为的阻力减少,因为互联网中的道德行为基本要依靠个人的内省和自律来完成自我监督和自我约束。互联网不再是道德评价的一言堂,因此,如果互联网社会中传播的都是善意善行,那么,即使是再微小的道德举动、再微弱的道德声音,通过互联网的交汇都必将促进大数据时代道德的发展。

(二)教育者道德修养培育地位的淡化

随着大数据技术的发展,人们的生存方式和交往方式发生了重大变革,计算不再只和计算机有关,它将决定我们的生存。大数据时代,互联网在大学生道德修养培育领域的影响就是使得教育主体的非主体化现象突出,使教育者的地位呈现弱化的趋势。

1. 培育和接受的非对称

大学生的道德接受作为认知活动,具有选择性,教师的道德态度、道德认知可以诱导学生,使之产生与之相近的道德体验和要求,但却不可能像传递一种科学知识那样原封不动地传授给对方,因此,大学生并不会对教育者的道德修养培育全部接受。大数据时代,社会更加开放,文化也由一元主导趋向多元发展,传统的道德修养培育中,教育者的道德灌输与受教育者的道德接受的平衡与对称便日益消解。传统道德修养培育中的灌输法,在过去,在相对封闭的一元化社会中,无论师生都没有提出过什么异议,这是因为过去学生不必选择也无可选择,教育者的道德修养培育与受教育者的道德接受是天然对称的。教师理所当然地是传统道德修养培育的实施者,道德修养培育和道德接受保持对称的核心就在于教师具有的道德权威性。然而,面临大数据时代的冲击,当教育者的道德权威性发生改变时,道德修养培育与道德接受的不对称性就成为必然。

2. 教师主体权威地位丧失

在传统的道德修养培育中,教师是知识的最重要的传授者,是知识的先觉者和垄断者。中华民族素来有"尊师重教"的美德,甚至有"一日为师,终身为父"的古训,可见在社会经济和文化不够发达的年代,教师在人们心目中的地位是多么至高无上。其深刻的历史原因在于,当时的教育是一种稀缺资源,教师是知识链的中介,是学生获得知识的绝对来源。随着科技的进步,教育的大众化,知识的数据化、信息化和互联网化,教师对知识的垄断地位日益下降。相对而言,无论是对知识广度上的绝对占有,还是深度上的相对把握,教师都远远不及科学技术的日新月异和互联网社会的包罗万象。特别是随着国家经济、文化、教育等各项事业的飞速发展,大学生学习的途径变得异常丰富,社会办学、出国留学、特长培训,特别是近期出现的大规模在线教育、机器学习、深度学习等各种办学形式和知识来源令人目不暇接,大学生获得知识的渠道如此之多,教师传授仅仅成了其中的一种而已。

在传统社会,教师作为道德知识的传授者也自然成为大学生心目中道德的化身。但是经济全球化、文化多元化、信息互联网化的快速推进,使这一切发生了改变。面对互联网道德与传统道德的激烈碰撞,在大学生看来,过去教师知识渊博、诲人不倦、德高望重的形象开始变化,大学生开始逐渐陷入道德困惑,过去由教师传授给大学生的道德标准所形成的很自然的对称关系开始倒塌,大学生开始质疑和反思,因为过去的一元化道德评判标准是以教师为中心进行的。过去的以教师的道德评价标准作为大学生共同遵循的行为准则的状况也开始改变,如今的大学生特别喜欢追新逐异,因而要确立起以教师为主导的道德评价氛围就越来越不容易。现实是,大学生乐于接受的某些成分有些具有明显的道德失范因素,如果大学生将道德失范因素内化为自认为符合自我判断的道德意识、道德标准和道德行为方式,将对过去的以教师为主导的道德评价氛围产生影响,有可能使大学生过去所表现出的对教师自觉的信任和尊重,尤其重视教师对自己的道德评判的状况发生改变。以上状况已经在大学生中有所表现,如:一些大学生对集体表现出强烈的"个人离心"倾向,追求所谓的自由与解放;一些大学生信奉"道德标准多元主义",主张尊重每个人自己的道德选择和道德行为方式,认为只要不对别人进行道德评价就是"多元"。于是,当代大学生表现出的"共性"就是个性鲜明、不在意教师的道德评价,这就使得教师作为道德评判者的地位日益消解。

3．大学生个性化发展

大数据时代,互联网为大学生的个性化发展提供了更为便利的条件,他们在思想上的独立性、选择性、多变性和差异性日益增强,可以根据自己的兴趣随时选择需要的信息,随时发表自己对事件的观点、见解。同时,他们的自我意识、自强意识、创新意识、成才意识、创业意识也日益增强,可以自由地展示自己的才华。大数据时代提供了广阔的展示平台,大学生可以充分利用智能手机、平板电脑等移动设备,通过微博、微信、抖音等即时工具随时随地、尽情地展现个性,进行自我设计、自我认识、自我评价,进行个性化的选择、个性化的设计、个性化的判断,针对道德问题、道德行为和道德事件,进行符合自我价值和道德规范的评价和判断。大学生强烈追求个性的特点在大数据时代得以充分体现。

(三)高校道德修养培育功能的衰减

人才培养、科学研究、社会服务、文化传承创新是当前公认的高校的功能和作用。无论从中西方教育的历史事实看,还是从历来的思想家、教育家对教育在高校的重要性地位的论述来看,道德修养培育在高校中无疑具有非常重要的地位,甚至可以把它放到核心的地位。然而,随着大数据时代的到来,道德修养培育的功能开始在高校发生变化,这种变化直接影响了道德修养培育在高校的地位。道德修养培育在现代高校中地位的衰落大大影响了其作用的发挥。

1．高校道德修养培育地位边缘化

无论古今中外,道德修养培育在高校教育中都具有非常重要的地位。无论是哪个国家或社会形态,道德修养培育作为一个国家的文化事业,必然要反映并服务于一个国家的政治、经济、军事、科技等方面的发展,高校开展的道德修养培育也理所当然负有对国家和社会的这种职能,因而道德修养培育或多或少地、或明或暗地渗透着国家政治意识形态和主流文化价值观的要求。道德修养培育除具有政治功能外,还有自然性功能、个体发展功能、经济功能、文化功能等。从国家角度来看,站在政治视域、政治立场上思考,在高校教育中,把道德修养培育放在首位是从政治价值的角度出发做出的选择,但是,从逻辑上分析,德育的首要功能并非政治,而是文化,如果高校的道德修养培育过分重视工具性价值,过分突出了教育和道德修养培育的政治性,就会导致道德修养培育的自然性功能、个体发展功能、经济功能、文化功能等被弱化,如果道德修养培育失去了内在价值和目的价值,脱离了对学生进行的道德培养,那么忽视了其目的和价值的高校道德修养培育就失去了根基,目中无"人"的道德修养培育就是失败的教育。

2. 互联网成为道德修养培育的新阵地

大数据时代,大学生走进了一种虚拟的数字化生活,通俗易懂的信息通过方便、迅速的互联网通信技术传递到了社会的每个角落,大学生的生活方式、学习方式、交往方式、思维方式、既有的道德观念和行为规范都受到了严重冲击。由云计算、大数据等构筑的新的信息社会中,原来的以血缘、地缘为基础所形成的"集体"和"社群"被取代,而大众小众化、社群虚拟化兴起,它们都是由具有共同的兴趣爱好、个性特征和价值追求的人所组成的。从电视兴起到大众传媒的发展,手机和平板电脑等智能终端的普及,互联网已经成为大学生道德修养培育的新阵地。多元文化和价值观念充斥在互联网社会中,使得大学生的价值选择趋向盲点,互联网在大学生道德修养培育中的作用越来越大,家庭的教育角色因为互联网的侵袭进一步边缘化,高校在教育方面的权威地位也因为互联网的入侵而受到干扰。

大数据时代的互联网带来的多元价值对传统的一元价值提出了挑战,大学生可以面对不同的价值观念做出相对开放、自由和理性的选择。在这个价值多元化的大数据时代,真实世界的道德规范难以规范大学生的互联网行为,仅仅依靠外在的社会舆论和传统习惯对大学生进行制约,其作用越来越小,强制灌输方式的道德修养培育将无以为继,要对大学生的道德发展形成强有力的约束,必须提高他们内心的道德信念。数字化生存方式带来了个体主体性时代,大学生在开放多元的时空,可以凭借自己的自由意志进行价值选择。大数据时代的互联网社会,人际交往模式从人-人直接型交往转变为人-媒介-人的中介型交往,人性的接触交往被大数据技术的瞬时的、非纸化的交流所取代,呈现出非人格化的特征,信息互联网由此告别了传统人际关系的相互性和复杂性。这样,大学生的互联网交往大多是在"缺场"的情况下进行的,这种"缺场"使大学生摆脱了种种规范的现实约束,这种现实约束是他们的现实身份特征决定的,从而使大学生可以更加自主且自由地进行选择、判断和行动。大数据时代的互联网社会,还使得道德话语和权力强者愈强、弱者愈弱,在互联网社会中,道德话语只是那些拥有信息资本的人拥有的道德话语。因此,在大数据时代,高校需要充分利用大数据技术,主动在互联网社会中建立足够多的大学生道德修养培育的健康社区,为大学生能够在互联网公共空间形成良好的信息判断、选择和积极参与的能力而设定出良好的基本规范。

3. 大数据技术引发学习革命

自现代高校诞生至今,人才培养一直都是高等教育机构的主要功能与根本任务,高校组织显现出的超常的稳定性,使得大学的教学形式从未发生过实质性改变,教师教与学生学的教学手段几个世纪以来都未发生大的变化。而全球化进程使得地球变成了"村",各种技术引入高校教学过程,知识已经在相当大的程度上摆脱了往昔的创造者、过滤者、看门人,以多元形态展现在所有人的面前。人们所持有的知识观——静态的、有组织的和专家定义的,正处于更加动态的、多元化观点并存的状态中。大数据时代的到来使人类知识建构方式发生了变化,学生获取知识的方式也随之发生了变化。随着互联网大数据技术的发展,新的知识传播方式应运而生,这种新的知识传播方式具有组织松散、快速高效、非结构化、学习者掌握主体地位的特点,其传播方式就是在线教育平台的开发、开放与应用。国际上如edX、Coursera等组织的在线课程,国内如教育部在线教育研究中心、东西部高校课程共享联盟等,这种新的教育形式在未来必将打破大学的围墙,推动优质课程教学资源的开发和共享。在线教育与学习可谓给教育系统带来了革命性的变化,高校几个世纪以来的人才培养和教学方式必须做出反应,高校不改革可能就会沦落为一流高校的教学实验室和辅导教室。大数据时代,大学生选课更加自由,无论他们是否接受高校教育,都可以享受到最优质的教育资源,其中很多教育资源还来源于国外高校。大数据时代,知识将无处不在,这必然会对道德修养培育课程提出挑战。教育资源正在经历平台开放、内容开放、校园开放的时代,未来的教育也许就发生在高校之外。

第一章 大数据时代大学生道德修养培育的重要性

大数据时代全球化、信息化和市场化的特性给正处于社会转型期的中国带来了全方位、多层次的挑战,同样也给大学生道德修养培育带来了前所未有的机遇与挑战。应对这种机遇和挑战既是大数据时代的必然要求,也是促进大学生全面发展的必然要求,更是实现教育信息化发展的必然要求。

第一节 应对大数据时代机遇与挑战的必然选择

大数据时代的大学生既生活于现实物理空间又生活在互联网虚拟空间,顺应大数据时代带来的机遇与挑战,是大学生道德修养培育的必然选择。

一、大数据时代大学生道德修养培育的机遇

大数据时代,教育的理念、内容、方式、时空等均发生了变化,大学生道德修养培育也必然需要做出反应来应对这种变化。

(一)树立整体育人的教育理念

大数据时代大学生道德修养培育需要树立整体育人的教育理念。大学生在互联网社会进行的虚拟道德实践活动,是包括利用网站及应用软件发布、选择、整合、优化信息等的活动,这些活动的主要内容均以道德信息为主。现实社会中开展的道德修养培育,其主要载体通常是语言、文字和人的榜样行为,虚拟社会中开展的道德修养培育,其主要载体则是符号、数字、图形、声音、影像。无论现实道德修养培育与虚拟道德修养培育的载体存在多大的区别,教育的目标、内容、原则基本是一致的,就是对大学生进行道德方面的培养和教育。大数据时代的到来对学生的学习、成长、成才起到巨大推动作用的同时,也给大学生带来了诸如思想、心理、道德等方面的新的问题。大数据时代大学生道德修养培育的整体育人理念,就是根据学生道德养成的规律和大数据时代的特征,创新大学生道德修养培育的原则、内容、方法、措施、机制,形成具有大数据时代特征的大学生道德修养培育体系。

(二)扩展互联网道德的教育内容

大数据时代大学生道德修养培育的内容,必须从单纯的物理空间确定内容向物理空间与虚拟空间相结合来选择道德修养培育内容转换。大数据时代,世界各国的政治、经济、文化、教育、科技和思想等各方面,都受到了信息化、互联网化的全面而深刻的影响,尤为突出的是在思想文化方面的影响。互联网可以加快主导性道德修养培育信息的传播,各种思想文化就通过这种快速的传播方式和便捷的传播渠道,未经教育者的过滤而直接传递给了大学生,大学生面对的道德信息量大增。那些具有共性的、普遍的信息,并且克服了内容单调、信息贫乏的缺点的道德信息和道德价值观念,在多元信息的相互渗透和碰撞过程中沉淀下来,从而构成了大学生道德修养培育的新内容,这些新内容相互联系、相辅相成。互联网的超时空性,使得大学生可以随时随地对获得的道德信息,自主进行比较并进行自认为合理的判断和选择,然后确定适应自己的发展目标和行为规范,大学生的日趋个性化的道德需求得到了真正的满足。这就要求在开展大数据时代大学生道德修养培育的过程中,必须找准人文与科技的结合点,从而实现内容与形式的最佳结合。

(三)确立多向互动的教育方式

传统的道德修养培育方式是单向被动的,即教师主动选取经过他们选择和过滤的信息,而学生只能被动地接受信息,师生协作基本无法实现,这种方式已经不适应科技的发展,新时代对道德修养培育的方式提出了新的要求。大数据时代需要确定多向互动的道德修养培育方式,这种教育方式是教育者模拟真实的教育情境,在大数据环境下,通过互联网交互平台把大学生有益的信息挖掘出来并进行分析,与受教育者针对不同的道德观念开展讨论,对不同的道德思想进行分享,通过思维的碰撞,最终使得大学生形成自己的关于道德的知识建构。在这种多向互动的教育方式中,教育者在教育态度上表现出平等与诚恳,在教育手段上刚柔并济,在宽松惬意的教育环境,与大学生进行充分的交流和沟通,大学生的人格尊严和主体意识得到了充分尊重,他们的心理诉求和个性选择就能够得到最大程度的满足,这种选准了教育切入点的教育方式,能够自然地帮助学生分析他们遇到的道德困惑,最终促进大学生正确的道德观念的形成和正确的道德行为的实施。

(四)构建全新的教育时空

大数据时代大学生道德修养培育的时空是社会、高校、家庭与互联网相结合的教育时空。从社会的角度来看,互联网使地球成为"村",它打破了地域、年龄、经济能力等对教育资源消费的禁锢,整个社会逐渐联为一体。平等公开、共享民主的大数据时代,大学生道德修养培育与社会的联系更加密切,它逐渐地走出了校园,开始根据社会的需求和人的全面发展的需要,进行教育内容和教育方法方面的改革,社会对大学生道德修养培育的影响和制约作用在增加,因此,必须营造好大学生道德修养培育的社会"大环境"。从高校的角度看,高校必须主动适应大数据时代的发展与要求,为大学生道德修养培育活动的顺利开展提供软硬件保障。高校要对大学生道德修养培育的数据进行合理的收集与管理,因此,教育者不但要具备互联网知识、了解互联网、运用互联网,还要具备数据意识、数据能力。为了解决大学生道德修养培育面临的新挑战和新问题,教育者还要学会将技术与教育有机结合起来,如积极建设"数字校园""智慧校园",为大学生提供更加便捷地获取教育信息和资源的条件;建立优秀的校园道德修养培育网站,对大学生加强正面宣传引导的广度和深度;加强对大学生互联网行为的监督和管理,最终建设好大学生道德修养培育的高校"主阵地"。从家庭的角度来看,大数据时代互联网社会的发展对家长的教育能力也提出了一定的要求。要求家长主动掌握互联网基本知识,能够通过互联网与学生交流,能够引导学生正确处理互联网人际关系,对学生的互联网行为进行监督,积极配合社会和高校,做好"把关人"工作。

二、大数据时代大学生道德修养培育的挑战

大学生道德修养培育有着悠久的研究历史、丰富的研究理论和大量的实践经验,大数据时代的到来,对教育者和相关培育研究均提出了新要求。

(一)大数据时代对教育者提出了新要求

教育历来是非常重视因果关系的,认为学生的行为模式必定是由其相应的思想意识来指挥的,数据分析也是通过因果关系而得出结论的。而大数据时代,面对海量数据,易使教育者忘却"因",从而淡化了因与果之间的关系。对大学生道德修养培育进行的大数据分析,要求教育者既要具有道德修养培育方面的专业知识与能力,还要具有一定的数据挖掘能力和创新能力等综合能力。大学生道德修养培育者所面对的分析平台是多学科集成的,这就必然要求他们具有数据能力和教育能力,因为如果大学生的道德修养培育者不具备数据挖掘的能力,就很难通过掌握的有关大学生道德发展方面的大数据做出有效的大学生道德行为趋势方面的预测分析,如果数据分析家不懂得大学生道德修养培育,就很难从道德修养培育的大数据出发去寻找数据背后的大学生道德修养培育的规律。

然而,大学生道德修养培育的大数据分析存在一定的技术难度,要以大数据库为基础,对大学生道德修养培育的现状及问题进行数据分析,最终形成的解决方案还不能顺利实现的原因就在于大数据库是由关联子数据库组成的,目前的难点就在于它们之间的语义格式不能有效兼容,必须进行人工操作。另外,由于掌握了大量的与大学生道德修养培育有关的大数据,教育者一定程度上会对所谓的数据产生的预测结果盲目自信,从而形成对大学生道德修养培育数据进行选取与整合的困境。教育者需要不断地提升自己的数据分析能力,因为大学生道德修养培育的大数据中,有价信息和无用信息、有益信息和无益信息并存。对于教育者而言,面对海量数据,要提升大学生道德修养培育的专业水平,并不是掌握的数据越多就越可靠,而是要借助丰富的个人经验和教育实践,掌握体现因果关系的可靠的数据,并验证数据的来源是可靠的,确保数据的质量是优良的,把握数据分析的结果是有用的,掌握了具有高度可信度的数据,才能使之在大学生道德修养培育中发挥作用。

(二)大数据时代对相关培育研究提出了新要求

大数据技术的普及,必然会带来大学生道德修养培育研究方向的转变。大学生道德修养培育研究的对象——大学生,最基本的属性是"人"。过去的实证研究,最困难的方面就是数据采样,因为我们一直认为无法对人的行为和情感实现量化研究,而数据采样的困难度与真实性就成了大学生道德修养培育实现量化研究的思想和技术的阻力。教育的根本任务是"立德树人",在大数据时代,技术的发展突破了量化研究的瓶颈,教育者可以通过技术手段掌握大量的与大学生情感和行为有关的数据。虽然教育过程是充满感情的,但它也可以通过定量的数据被描述出来,数据将在大学生道德修养培育的量化研究中发声,并对研究结果起强大的支撑作用,这就要求大学生道德修养培育的研究者具有大数据素养。但是,教育者、研究者能够得心应手地运用可量化的研究方式并不是一朝一夕的事,这种研究方式是在新的基础上重建该研究领域的过程,它不是简单地修改或扩展旧的研究,这种重建要改变研究的方法和应用,改变大学生道德修养培育研究领域中某些最基本的理论概括。大数据创造了前所未有的可量化的维度,它必然会改变生活、工作、思维的方方面面。原来的研究领域中,思想、情感等被认为是难以实现量化研究的,因为这种研究被基于假设和抽样调查的有限数据所束缚。但是在大数据时代,对与大学生道德相关的大数据的收集、存储、分析和应用将实现定量研究。未来,大学生道德修养培育将从社会科学变成实证学科,大数据将成为研究大学生道德修养培育的基石。

第二节　促进大数据时代大学生全面发展的必然选择

自由全面发展不仅是未来社会的基本特点,同时也是开展大数据时代大学生道德修养培育的现实出发点和终极归宿。大数据时代为大学生的全面发展提供了前所未有的物质条件,大数据技术促进了社会文化的繁荣发展,催生了新的思维方式和行为方式,使得每个人可以与世界上任何地方的任何人发生虚拟或真实的关系,可以使每个人在任何时间、任何地点获得所需要的任何信息资源。

一、大数据时代大学生全面发展的机遇

大数据时代的到来,大学生的思想更加解放、观念更加新颖、个人素质更加提升,大学生可以展示更加真实的自我,一定程度上满足了他们的社会关系和精神生活的个性化需求。

(一)主体性得到提高

大数据时代,大学生的主体性将得到极大提高。互联网、移动互联网、物联网、智能终端、可穿戴设备等技术延伸了大学生的感官和大脑,将他们的智力放大,突破了自然限制,大学生接收、处理和加工信息的能力得到极大提高,交往范围得到扩大,交往方式发生改变。大数据时代,信息资源得到了快速的传播,这也同时提高了大学生交往的速度和效率,提高了教育者进行教育预测和判断的能力,提高了大学生道德修养培育实践活动的目的性和有效性,大学生也因为脱离了等级和身份的限制,可以自由地发挥想象力和创造力。大数据时代建立的众多的信息化公共平台(如政府网站、信息门户)和大型的数据库系统(如数字图书馆)等,都是大学生了解、认识、参与社会公共事务的新窗口和新平台。大学生还可以将自己从各种信息化平台和数据库中收集到的信息资源进行选择、组合、匹配与共享。大数据时代的智能终端所营造的数据环境,打破了时间和地域的限制,其所形成的开放数据和开放资源还极大提升了大学生的认知能力,数字化生存方式改变了大学生的行为模式。

(二)个性化需求得到满足

个性化是现实的个人的基本特征。大学生的个性化发展是他们实现自我成长的具体体现,正是他们在思想、情感和自我意识方式等方面的不同,形成了个体的独特性和唯一性。大学生的个性化发展,就是要张扬大学生的自觉性、积极

性、主动性和创造性,根据社会、个人发展的需求,自己做出科学的判断、准确的选择。大数据时代更加鼓励个体的存在与自由,从而使得大学生的个性化愈加明显。

大数据时代能够为大学生的发展提供个性化教育,即针对不同学生提供不同的教育策略、教育内容和教育模式,因此,个性化教育的实质就是以学生为中心的教育。大数据时代针对学生的个性化道德修养培育,就是通过收集和分析学生道德数据来综合学生的思想和行为等,进而实现主动推送式教育,减轻"信息冗余"的困境,深入了解学生的个性化需求。数据挖掘技术就是实现个性化教育的核心技术之一,如通过对学生浏览网站的使用数据进行收集、分析和处理,建立起行为和兴趣模型,这些模型可以用于帮助教育者理解学生行为,促进高校改进站点结构,以及为学生提供良好的个性化教育。

大数据时代可以实现大学生的个性化学习。各种移动技术的发展与普及让无线互联网覆盖了整个校园,各种智能终端的流行还为大学生提供了无处不在的学习工具和学习环境。大数据技术在大学生道德修养培育领域中的应用,对于大学生而言,他们可以自主选择学习内容、学习方式、学习资源、学习伙伴。教育环境也更加智能,无处不在的传感器可以感知教育情景,可以识别大学生的特征,可以为教育者提供合适的教育资源,能够记录教育过程,能够评价教育效果。对于教育者而言,可以合理地安排开展教育的时间和地点,为教育者提供便利的教育互动工具,掌握大学生的兴趣特点和学习需求,促进个性化教育的实现。具有丰富内容的教育资源云中心,将极大地满足大学生的个性化需求。

二、大数据时代大学生全面发展的挑战

大数据时代,海量信息的开放性、复杂性、全球性,给大学生的思想观念、价值观的形成带来了冲击,从而影响其全面发展。

(一)道德信仰危机

道德信仰是一种精神状态,它以"坚信"为中心,与知、情、意相统一。随着我国市场经济体制的建立和完善,"拜金主义""个人主义"等都曾经盛行一时,至今还对人们有着各种各样的影响,且随着互联网的发展,其影响范围不断扩大,在大学生道德修养培育方面,主要表现为对大学生的道德素质的培养尤其是个体道德自觉的生成与发展造成了严重的消极影响,使得一些大学生因为过于考虑个人价值而迷失了自我,利益成为了他们的道德评价标准,道德信仰荡然无存。随着全球化进程的推进,西方的政治制度、文化理念及生活观念也通过互联网迅速地传递给大学生,而中国传统的优秀的道德思想反而被腐朽的、低俗的、唯利

是图的道德观念所取代,文化的多元化和道德相对主义对大学生的道德信仰产生了困扰,真正的道德行为被曲解、被嘲笑,有的甚至已经改变了原本的意义,互联网舆论还经常不加辨别地对一些道德事件进行宣传,使得大学生的道德观念和诚信原则发生了动摇,从而使其对道德信仰产生了怀疑。

(二)道德意识反向

大数据时代为大学生提供了跨越现实社会界面的庞大空间和超强自由,虚拟化、数字化、符号化使得他们可借此隐匿或篡改自己的身份、地位、行为方式、行为目标等,行为轨迹的遁迹让他们不必再像以往面对面时那样确保言行的真实性与道德化。道德认知是思想上、观念上对道德实践活动的一种整体的认识,道德情感是大学生的一种较为稳定的心理品质,道德意志是大学生的一种内心状态,大学生通过正确处理互联网人际关系来形成完善的、理想的道德人格。但是,大数据时代在促进道德修养培育的同时,还使得大学生的道德意识表现出反向。互联网社会虽然是虚拟的,但互联网社会中的人并不是凭空产生的,大学生所面对的道德对象也是真实的,大学生在现实与互联网中不停地进行角色转换,亦真亦幻的虚拟世界,席卷了大学生的感官,侵入了他们的心灵,冲击着他们的信念。大数据时代为大学生提供了海量的道德信息,大学生的自我意识更为强烈,他们对信息关系的需求、占有和处理也更加体现出个性化的选择,人机交互中形成的各种关系加剧了大学生内心道德观念的冲突。

(三)道德规范冲突

大数据时代,互联网信息资源不受任何国家、地域、宗教信仰、民族、种族、文化和社会制度等的限制,也常常不受善与恶、正义与非正义、积极与消极等道德标准的限制,信息传播方式所具有的超地域性与信息内容本身所具有的地域性特征之间,产生了强烈的矛盾,这种矛盾引发了大学生道德规范意识的冲突,他们在这种错综复杂的冲突面前感到徘徊、困惑。大数据时代还带来了各种文化的冲突,如国家之间文化多元化的冲突和互联网数据技术与人的文化情感的冲突。大数据时代带来了文化的多元性,并且这种多元性是依靠互联网传播模式的多样性来维系的。随着大数据技术的持续快速发展,发达国家的"互联网霸权"有增无减。对于信息传播来说,所谓的大国、大城市、大人物、大事件具有更大的价值,对群体的影响力更大,而小国、小城市、小人物、小事件则因为图片、视频、信息、数据等的不足而极大地降低了传播度和影响力。从而使得人们对"互联网霸权"变得"习以为常"了,这些都对大数据时代大学生道德修养培育带来了影响和冲击。

第三节　实现大数据时代教育信息化发展的必然选择

目前,教育信息化发展已经成为国家教育改革与发展的一个战略选择。学生创新能力的培养和个性化发展,学生学习过程、教师教学过程、教学资源配置和教学效果评价的信息化必须以大数据分析为依据。大数据在教育行业中的应用被列入我国教育信息化的工作程序是教育事业发展的必然趋势。

一、大数据时代大学生道德修养培育信息化发展的机遇

大数据时代给大学生道德修养培育信息化带来了发展的机遇,各高校兴起"智慧校园"建设,并在陆续部署、规划、建设各自的大数据中心,以发挥大数据在高校发展中的决策价值。

(一)"智慧校园"成为道德修养培育信息化建设的新方向

"智慧校园"不同于传统的"数字校园",它是包含了大数据、云计算、物联网等技术的综合体。"智慧校园"运用现代智能技术、现代大数据技术,以精确的方式对师生的活动(如生活、工作、学习、管理等)提供智能服务。在建设过程中,需要在高校的水电系统、公共楼宇内外部、校园交通等各种物理环境系统中嵌入传感器,通过互联网将这些系统连接,形成一个完整的信息系统,然后,还要将高校的其他信息管理系统(如学工系统、电子公务、教务系统等)都整合进来,形成"校园云",对校园环境状况、师生教学状况等进行数据的实时抓取,对收集到的数据在后台进行深入的分析,形成关于校园生态系统的有效管理,并为决策提供数据依据。但是,这些数据以非结构化数据为主,这就对数据获取的方式、数据的处理效率、数据的分析能力等等提出了较高的要求。

大数据时代,教育云资源的应用改变了过去的教育资源的应用方式,师生都可以在教育云端上传或下载资源,都可以运用大数据技术挖掘、分析数据,找到数据的隐含意义,这样,教育者就可以根据这些数据制定更好的教育措施。另外,教育者还可以根据大数据的预测,对自己采取的教育方式进行评估,从而更好地引导大学生进行道德知识的学习、道德情感的培养、道德意志的锻炼和道德行为的评判,还可以对高校的课程,特别是思想道德修养培育类课程开展的效果进行跟踪,对不合适之处做出调整。教育者还可以利用大数据技术,对学生的各种行为(如经常浏览的新闻、网站、社区、论坛,对道德事件的留言、评判、价值取向等)进行数据分析,对学生未来的道德情感偏好或道德行为走向提早做出预

测,然后找到针对不同学生的不同的教育策略,使学生最终能够培养起正确的道德观念,形成良好的道德品质,实施正确的道德行为。

(二)大数据将引导决策者做出正确抉择

大数据时代之前是关系化数据的时代,关系化数据时代所采用的调查研究都是抽样调查,由部分推及整体,结果一定会有偏差而不能完全准确。而如今的大数据时代,即使是非数据专业人员,也可以通过方便、快捷、简易的数据分析工具,进行大规模的数据收集工作,这样收集到的数据就比较全面,由此得出的结果就比较准确。现在,"智慧校园"的建设如火如荼,很多高校的云计算平台也在紧张建设之中,这些设施的建成与投入使用,必然有利于大学生道德修养培育的开展。因为这种全面的数据记录了师生真实的行为,这些非结构化数据虽然是零散的,看上去似乎没有规律,但是经过数据处理中心的技术处理之后,就会展现出数据之间的关联性,这可以为高校决策者提供决策依据。决策者也可以通过模型,模拟演示使用此决策将会带来的结果,如果结果在预期目标之内,就可以发布决策,如果结果不在预期目标之内,就可以对决策进行修正,最终实现科学的决策。另外,运用大数据技术,还有利于教学质量的提高,有利于教育公平,因为决策者可以分析各类教学反馈数据,通过校园互联网信息中心的技术处理,优化教学,促进高校的改革。

二、大数据时代大学生道德修养培育信息化发展的挑战

物联网、虚拟化应用、云计算等在数字化校园建设中的勃兴,扩展了教育数据的来源。随之而来的大数据成为数字化校园新的选择,非结构化和半结构化的数据采集、存储、分析、应用对大学生道德修养培育的信息化发展提出了新的挑战。

(一)大数据对道德修养培育提出了新要求

大数据时代,要挖掘与大学生道德修养培育相关的大量数据,需要找到相应的技术与方法(如数理统计、深度学习等),并且通过对大学生道德行为进行数据建模,通过数据挖掘技术掌握的大量有用数据,结合其他变量的相关内容,对大学生未来的道德发展的趋势进行预测。大数据时代,高校在教育技术方面,需要建立一个能够整合多个预测变量推断单一被预测变量的模式,如通过学生在线参与道德事件讨论的情况预测学生是否有负面行为的风险;通过集群,根据学生在不同的在线互动模式中的表现将他们分成不同的群体,从而提供不同的教育信息,组织适合不同群体的教育活动;通过关系挖掘,找到学生的道德思想和道

德行为的相关关系,改进教育内容的呈现方式和序列以及教育方法。

(二)大数据对数字化校园建设提出了新要求

大数据的广泛性、多样性、复杂性对高校正在进行的数字化校园的建设提出了更高的要求,它不仅仅需要互联互通、无处不在、无时不有的互联网,还需要对海量数据进行抽取,经过关联与聚合,通过云计算平台来分析、存储、管理。传统的分析技术(如数据挖掘、机器学习、统计分析)在大数据时代需要做出相应调整。大数据技术能够在大学生道德修养培育中得到充分应用,首先就是拥有与大学生的学习、认知、情感、思维、行为等相关的海量数据,这对高校现有的互联网信息中心提出了新的技术挑战,因为大数据分析对数据存储技术、数据处理和分析技术均有较高的要求,大数据要求的巨大存储空间也无疑给存储硬件带来了压力。其次,大数据技术在大学生道德修养培育中应用的核心环节,就是采集与大学生道德发展有关的数据,就是分析并解决大学生道德修养培育中面临的问题,因此,高校的互联网信息中心还要面对数据采集技术和问题分析解决技术的挑战。再者,如果收集到的大学生道德修养培育方面的海量数据不能融合,那么就发挥不出大数据的价值,如果数据类型由于存储在不同数据系统而不能统一,这还会造成数据难以在不同的数据库之间实现共享,从而无法形成统一的数据平台。因此,大数据技术能够在大学生道德修养培育中得到应用,还要求必须彻底打通数据孤岛,将海量数据充分整合、有效融合,只有如此才能形成高质量的大数据,才能发挥大数据时代高等教育信息化对大学生道德修养培育的具体推动作用。

(三)大数据对教育者数据应用能力提出了新要求

大数据时代给大学生道德修养培育带来的变革,其最深刻之处便在于量化,这意味着教育者对受教育者的把握将进入一个前所未有的阶段。在宏观层面,可以对大学生的道德认知状况总体上进行把握和揭示,因为大学生无论在虚拟世界还是现实社会,他们进行道德活动时都会产生数据和信息,而教育者就可以通过大数据技术收集到与大学生道德相关的海量数据,那么他们就可以把具有不同行为活动的大学生进行分类,把具有相似行为的学生分在同一类中,仔细分析不同类型的学生对不同的道德现象有什么反应,从而,从宏观上了解不同类型的大学生的道德是如何发展的,规律如何,道德认知状况如何,接受道德修养培育的效果如何。而从微观上看,与大学生的道德有关的信息不断累积,这些信息被转换为数据,教育者就可以运用大数据技术对这些数据进行详细的分析,然后得出每个学生的道德认知水平与道德行为发展的情况,为开展智能化的因材施教给予数据上的支持,这样可以极大地提高大学生道德修养培育的效果。因此,无论是在宏观层面还是在微观领域,大数据时代都对教育者的数据分析与应用能力提出了挑战,要求教育者必须强化对大学生道德修养培育数据的敏感度,对数据具有敏锐的洞察力和鉴别力,善于对数据所承载的重要信息进行准确和完整的解读,高度重视与大学生道德相关的信息的收集、储存和分析,并能够将之应用到实际教育活动中。

第二章 大数据时代大学生道德修养培育的发展

第一节 大数据时代大学生道德修养培育的基本原则

大数据时代,互联网社会已经成为大学生的另一生存空间,在这里,他们的活动方式往往因数字化而表现出了"非人性"的特征,所以其道德的运行方式、评价机制等都与现实社会有一定的区别,因此,我们必须以马克思主义为指导,将中国传统优秀的道德修养培育思想和文化与国外先进的道德修养培育思想和文化进行融合,以其特殊性为基础来寻求一些新的道德修养培育的基本原则,形成大学生道德修养培育的合力,不断推进大数据时代大学生道德修养培育的发展。

一、主导性原则

主导,就是引导、选择的主要方向、方面及重点。大数据时代大学生道德修养培育的主导性原则就是要保证我国政治、中国特色社会主义文化和社会主义核心价值体系成为引导大学生道德修养培育的主要方向、重要方面和工作重点。

(一)国家政治主导

政治主导是坚持政治在国家社会发展前进中的方向和主导地位,并在维护国家利益中发挥政治的规范、导向和秩序作用的特性。在大数据时代,大学生道德修养培育的首要任务是要加强中国共产党的政治主导,这是中国共产党作为执政党的职责所在,也是大数据时代的形势使然。

大数据时代大学生道德修养培育,要坚持我国社会发展根本方向的主导。中国共产党的政治主导特别注重方向性主导,注重从政治的角度,引领经济社会保持正确的发展方向。在大数据时代对大学生开展的道德修养培育,坚持我国社会主义发展的根本方向就是用马克思主义中国化理论武装大学生,使其懂得以大局为重,自觉维护大局,保证他们在重大问题上能够坚持正确的方向。从思想道德观念角度看,就是要使大学生坚定共产主义理想和社会主义信念,坚持道路自信、理论自信、制度自信和文化自信;牢固树立马克思主义世界观,在为党和人民的服务中实现自身价值;重视维护党中央的权威,反对地方主义,在政治上、思想上和行动上同党中央保持一致。

中国共产党是建设中国特色社会主义的核心力量,马克思主义是我们党的指导思想,同样也是大数据时代大学生道德修养培育的指导思想。随着改革开放、社会主义市场经济体制的建立和完善,以及互联网社会的发展,我国意识形态领域也发生了复杂的变化。在当代中国,马克思主义意识形态是我国社会的主导意识形态,为我国社会主义事业的发展提供精神动力。然而,面对市场化、全球化、信息化的冲击,社会成员的选择性、差异性日益强化,社会意识多样化成为趋势。因此,无论在现实社会还是在互联网社会,对大学生开展道德修养培育时,必须根据时代的特征和我国的实际情况来发展马克思主义,揭示马克思主义在当代中国的理论价值和实践意义,使得大学生学会用马克思主义的立场、观点、方法来分析大数据时代的互联网社会所面临的社会问题、经济问题、政治问题、民生问题等。这就要求我们必须建设好马克思主义意识形态的互联网宣传阵地,制定并完善相关的互联网法律、法规、政策,以保障大数据时代的健康发展。要求我们大力发展科技,促进信息产业的发展,促进我国互联网技术的提高,因为大数据技术和互联网信息技术是西方国家对我国进行意识形态渗透的物质基础,也是维护我国意识形态安全的物质基础。同时要求我们发挥互联网舆论在宣传主流意识形态方面的导向作用,时刻把国家利益放在首位,引导互联网社会向积极的方向发展,构建良好的互联网舆论环境,用我国的主流意识形态对当代大学生进行引导,使其树立起正确的价值观念。

(二)中国特色社会主义文化主导

一定的文化是一定社会的政治和经济在观念形态上的反映。当今世界,文化在各个国家综合国力竞争当中有着十分重要的地位和作用,并且这种地位和作用的影响愈加凸显。世界正处在大的发展和大的变革时期,世界已经走向多极化,并且经济全球化深入发展,使得各种思想文化激烈碰撞。中国特色社会主义文化是马克思主义意识形态的主要载体,在社会转型期,面对复杂的局面,要保证我国现实社会和互联网社会发展的前进方向,需要大力发展社会主义先进的互联网文化,发挥主流互联网文化的功能。党的十七届六中全会上指出必须坚持中国特色社会主义文化发展的道路,十八届三中全会也指出要建设社会主义文化强国,增强国家文化软实力,必须进一步深化文化体制改革。

中华民族文化是在数千年的历史发展中逐步交融、整合而形成的有机的文化整体。改革开放以来,中国共产党领导的文化建设,在新的历史条件下推动了文化的大发展、大繁荣。中国特色社会主义文化发展的前进方向是建设社会主义的先进文化,中国特色社会主义文化发展的根本任务是建设社会主义核心价值体系,中国特色社会主义文化发展的根本方针是科学发展,中国特色社会主义文化发展的价值旨归是以人为本,中国特色社会主义文化发展的强大动力是改革创新,中国特色社会主义文化发展的创新之道是博采众长。文化是国家能力的重要构成因素,只有拥有强大文化能力的国家才能拥有强大的国家能力,才能带领这个国家实现发展,走向现代化。未来世界的冲突主要是文化冲突,未来世界的新秩序将主要由文化能力的强弱来决定。只有具有强大文化能力的国家才能在国际社会中占有重要地位,并主导这个世界的秩序。我国已经进入了一个多元文化杂然并陈的非常时代,并且这种特征在互联网社会中特别突出,因此,大数据时代的大学生道德修养培育,必须坚持中国特色社会主义文化的主导,并且吸收多元文化的正面营养并加以整合,对那些已失去存在合理性的旧文化成分予以彻底地革除或改革,有效地吸收创新的文化成分和外来的文化成分,从而建构整合出一个整体性更优化和连贯性更一致的新文化。

(三)社会主义核心价值体系主导

目前,在当代社会发展过程中已经形成了各种不同的价值观,它们的性质不同、取向不同、层次不同。这些价值观在社会的竞争中,以不同的方式和程度表现出来,这对我国社会的主导价值取向必定会产生冲击,而且对高校大学生的道德也会产生影响。如果一个社会没有主导的价值观,个人随意选择接受某个规范或价值,随意放弃他不同意的东西,这对于社会的存在是颠覆性的。社会主义核心价值体系是当代中国马克思主义重要的理论创新,是立足于社会主义经济基础之上的价值认同体系,是一个包含思想理论、理想信念、精神实质、道德准则和社会风尚的价值认同整体,反映了社会主义富强、民主、文明、和谐的发展要求,它为大学生在互联网社会中判断行为得失、明确价值取向、做出道德选择提供了基本规范。

面对大数据时代人们的价值取向、价值观多样的形势,坚定坚持社会主义核心价值体系的主导对互联网社会的发展以及大学生的全面发展来说,是一种必然的客观需要。因为社会主义核心价值体系是具有明确的整体性、方向性以及统领性特点的一种思想体系,它的内容为互联网社会发展指明了正确方向,是指向标一样的系统,起着提供强大动力及基本规范的主导作用。大数据时代的来临,给大学生带来了前所未有的自主权,大学生自身想要追求什么或者要选择什么,有着很大的自由性。但是,这种自主权与自由性,在我国社会条件下,绝对不是随心所欲或是毫无制约的。大学生也是社会的人,是现实的人,在主观条件下他们之间有着差异,且在客观上受到的影响也不尽相同,所以说,大数据时代大学生的道德修养培育必须从现实出发,研究大学生群体的价值观念及其实现方式的发展变化,在道德修养培育的过程中一定要教育学生认识主导与多样两者之间的关系,正确把握这两者之间的关系,更要引导大学生把政治理想、道德理想与事业理想,把德性与智能,把物质利益和精神动力有机结合起来,形成全面结合的目标体系、行为规范和价值取向。

二、包容性原则

在全球化和信息化的大数据时代,大学生道德修养培育要正确处理中国优秀传统道德思想的传承与发展和西方优秀道德思想的借鉴与扬弃,既继承中国优秀传统文化,又借鉴和吸收世界优秀文化的积极因素。

(一)中国优秀道德思想的传承

传统道德思想是中华民族几千年来的智慧结晶,其中的精华思想更是凝聚成了中华民族的伟大民族精神,这些优秀的道德思想一直深深地影响着人们的思想和行为。

在中国古代,教育的中心,即教育中最受重视的部分,就是进行道德修养培育。古代教育家的教育思想几乎都是以研究道德修养培育为主的,他们对道德修养培育的理论论述和实践经验,包含着许多合理的因素,取其精华、弃其糟粕,批判地继承中国古代的道德思想,对于大学生道德修养培育具有重要的参考价值。道德修养培育的地位和作用在中国古代是不可忽视的,古人常常把政治、道德和教育综合在一起,而道德修养便是其中心,教育则不过是传播道德修养的一种主要的手段,道德修养的好坏是政治成败的重要标志。可见,在中国古代,道德修养就已经有着相当的地位和作用。古代道德修养培育的经验在道德修养培育的原则以及方法方面也是十分丰富的,例如,家庭教育、高校教育和社会教育相互配合,个人的自我修养与各种形式的实际锻炼进行相互补充。可以说,古代的教育家认为道德修养培育重在解决人生观的问题。古代教育家在长期的实践中总结出的这些相当宝贵的道德修养培育的经验,具有比较重要的意义。我们则应该用马克思主义的立场、观点加以总结,以充实和丰富大数据时代大学生道德修养培育的理论和实践。

(二)西方优秀道德思想的借鉴

在人类历史发展的长河中,不同时代、不同国家的教育家结合各自的哲学思想,在道德修养培育理论研究与实践领域都进行着不懈的探索,形成了丰富的各具特色的道德修养培育理论,构成了蕴藏丰厚的道德修养培育理论宝库。西方道德修养培育理论的渊源可追溯到古希腊和古罗马时期。到了文艺复兴时期，一些人文主义教育家公开倡导把道德修养培育从宗教教育中分离出来，这在西方德育理论发展史上具有重要的意义。工业革命后，有许多教育家潜心探讨道德修养培育理论。部分有代表性的国外经典教育家的道德修养培育思想及当代西方主要道德理论教育流派的思想，都可以为大数据时代大学生道德修养培育提供借鉴和指导。

部分有代表性的国外经典教育家的道德修养培育思想，可以为大数据时代大学生道德修养培育提供借鉴和指导。赫尔巴特是德国著名的教育理论家，他强调"知"在教育中的首要地位，是主知主义教育思想的代表人物。赫尔巴特把道德修养培育看作是教育最根本、最首要的任务，是全部教育目的的核心。他认为，一切教育都应围绕着对学生进行道德修养培育——培养完善的人这一最根本的问题进行，在任何时候都不能忘记或背离。他的以"五种道德观念"（即内心自由、完善、仁慈、正义和公平）为核心内容的实践哲学构成了其道德修养培育思想的基础。观念心理学是赫尔巴特道德修养培育理论的另一个基础。他把道德归结为"观念"，进而归结为知识，认为当时教育领域中的大部分问题源于缺乏心理学知识，他第一个明确提出教学要以心理学为基础，同时要考虑学生的已有观念，通过启发、诱导促使学生再生新观念，在新旧观念融合中掌握知识、认识真理。杜威是美国实用主义哲学家的代表人物，实用主义教育的创始人。"教育即生活"与"高校即社会"是杜威关于教育本质的最基本的两个观点。他认为，教育过程是一个经验不断改造和改组的过程，是经验的生成、生长过程，最好的教育是从生活中学习，从经验中学习。教育还是一个社会生活过程，高校就是社会生活的一种方式，因而高校应该是一个雏形的社会。高校道德修养培育的目的就是培养良好公民，为将来的社会生活做准备，杜威反对传统道德修养培育脱离现实生活进行纯道德观念的传授，强调教育应保持校内外的紧密联系，高校道德修养培育要采取间接的道德修养培育途径，即将道德修养培育寓于高校生活、各类学科的教学和日常学习生活实践中，特别是要通过让儿童参加各种活动和社会实践来加强道德训练。

当代西方主要道德理论教育流派的思想，也可以为大数据时代大学生道德修养培育提供借鉴和指导。二十世纪五六十年代的美国正处于社会巨变之际，各种社会意识纷繁复杂，传统教育模式明显失效，价值澄清理论应运而生，哈明、拉思斯、西蒙等是其主要代表人物。该理论指出，儿童在生活中经常出现的一些行为问题都与价值观相关，也就是说有关道德的问题就是价值观的问题。因此，高校的道德修养培育不仅仅是要帮助学生们澄清自己的价值观，更不仅仅是只向学生传递某种所谓正确的价值观，使学生被动地接受，还要教会他们进行自我评价和自我指导,以此促进他们实现个人最理想的价值。为此,拉思斯等人提出了价值澄清理论,这个理论首先是要以生活为中心,目的在于解决学生在生活中遇到的实际问题,然后启发学生独立地思考自己的价值观问题,最终达到培养学生的个人能力的目的。以科尔伯格为代表的道德认知发展理论的核心部分是"儿童道德发展阶段论"。认知和发展是这一理论的灵魂,首先是逻辑思维的发展,其次是道德思维的发展,最后才是道德的发展。因此,道德修养培育要通过多种方法和手段激发积极道德思维,这样才能促进道德的发展。因而,道德修养培育的中心任务就是坚持发展道德的认知力,因为道德修养培育同理智教育一样,是以刺激儿童对道德问题和道德决策进行积极的思考为基础的。从高校道德修养培育的实践上来看,科尔伯格不仅提出了两种著名的德育方法,还提出了两种著名的德育模式。这两种著名的模式就是新柏拉图德育模式和新苏格拉底德育模式。两种著名的德育方法则是公正团体法和课堂讨论法。罗杰斯是人本主义的代表,在他的理论当中,道德修养培育甚至整个教育的目的就是培养学生的"自我意识",也就是学生在与他人与社会环境的关系中所具有的特性,要促进自我意识,就必须建立一种新的"高校的道德气氛",师生之间以诚相待,教师充分地信任和尊重学生,承认学生有自己独特思想情感的权利,并加以尊重和保护,并能从学生的角度去理解学生的思想、情感及对客观世界的态度。班杜拉是美国新行为主义心理学家,社会学习理论的创始人。这一理论强调人类的行为并不是单纯的环境刺激的反应,人类可以通过观察和模仿,并非一定要通过亲身操作才学会行为。该理论认为这种观察和模仿是在个人与个人之间进行的有关社会行为的学习,因此叫"社会学习"。

三、合力性原则

大数据时代大学生道德修养培育就是要将社会、高校、家庭教育与互联网教育联系起来形成合力,将虚拟世界与现实世界的道德修养培育联系起来形成合力,从而使其形成更大、更新的教育力量。

(一)社会、高校、家庭与互联网道德修养培育的合力

互联网社会与现实社会的诸多不同,使得社会、高校、家庭与互联网道德修养培育在教育的理念、模式、方法、手段、内容等方面均展现出不同的特点,因此,使互联网道德修养培育与社会、高校、家庭道德修养培育形成合力,对于开展大数据时代大学生道德修养培育具有重要意义。

1.互联网培育与现实培育具有不同的特点

现实社会中的道德的维系,一般情况下都是依靠传统习惯和社会舆论,与此同时,国家修订的法律作为其最后保障,这既体现出了自律机制,又与他律机制相互结合。而互联网虚拟社会则不尽相同,它所贯彻的大多是自由和民主的观念,在这里没有拥有最高权力的控制机构,几乎是没有任何人或是机构甚至是国家能够操控的。在这种情况下,外在的道德机制就很难有效地发挥作用,大学生在互联网中的道德行为就缺失了外在的监督。所以说,在大数据时代,大学生的行为更多地需要依靠自律来进行和完成,需要大学生自己的内心信念来维系。

在虚拟社会中,互联网的四通八达让学生在短时间内就获得了大量信息。几乎所有的思想及动态等,都可以在互联网上找到相关的网站或者评论以及视频和图片。这样一来,传统的教育者就不再是"圣人",也不再是"先学先知"之师,更不是唯一拥有信息的人。学生变得更加自由和自主,他们可以根据自己的个性和需求去选择内容,而不是接受教育者强行灌输给他们的信息和知识。现实社会中传统高校的道德修养培育最大的一个特征,即灌输性,在互联网虚拟社会中止步不前了。

现实社会中,传统的家庭道德修养培育特别强调对家的依赖和对亲情的重视,子女对父母的权威崇拜和对家庭的依恋情结,使得他们在道德观念和道德行为上常常以父母的言行举止作为自己的行为规范,这种力量就是以情感为基础的感性自觉意识。而开放的互联网社会,不少父母由于欠缺这方面的知识,使得很多家庭成为互联网管理薄弱的地方,导致家长无法对自己的孩子进行必要的指导,他们也不能够与孩子在互联网上进行交流和沟通,使得学生与家长在互联网社会中出现了代沟。

2.社会道德修养培育是大环境

社会道德修养培育与互联网的结合可以更好地凝聚社会正能量。人心向善是中国传统道德的重要表现。随着手机、平板电脑等智能移动终端的大量出现和普及,互联网传播越来越深刻地影响着舆论生态和传播结构。一些官方主体、公共主页、互联网"大V"等有着强大的互联网号召力和影响力的主体在互联网道德建设、巩固马克思主义互联网阵地、践行社会主义核心价值观等方面起着凝聚互联网正能量的重要作用,并对大学生道德修养培育产生了积极的影响。正能量正如科学、音乐一样,是没有国界的,正能量可以传递给人们向上和前进的信心和希望,能够鼓励人们爱生活、爱国家、爱社会,促使人们不停地追求一切美好的事物。

自互联网普及以来,我们不难发现,大数据时代氛围的好坏在很大程度上取决于公民素养的高低。如果互联网空间没有理性和富有公共精神的公民存在,我们也很难期待用互联网民主去推动现实社会中的良序民主。对大学生开展的互联网公民教育正是社会道德修养培育与互联网道德修养培育相结合产生的良性结果。如果在现实社会中,通过教育培养了人的自我认知和自我控制的能力,那么对于虚拟交往,人们就能够具备自我选择的能力。

3.高校道德修养培育是主阵地

大学生道德修养培育在大数据时代需要与学生的实际需求相结合,道德文化的建构必须着眼于学生道德素质的提高。这就要求高校必须以社会事实和学生发展为依据来开展道德修养培育工作,构建道德修养培育氛围。大数据时代对大学生道德修养培育这方面的培养上提出了新的要求,在传统的培养遵规守纪的好学生这一目的的基础上,还要培养出不仅符合现实社会还要符合互联网社会发展要求的好公民,所以重点应该放在培育学生的互联网公共意识和互联网公共精神上。大学生道德修养培育还需要与学生的日常生活相结合。因为成就道德素养的主要场域就是学生的日常生活,传统大学生道德修养培育要走出困境,就要回归于生活。因此,大数据时代大学生道德修养培育还需要大学生以主体身份积极参与,在学生和学生之间、学生和教师之间完成互动、合作与体验。高校可以通过很多方法吸收学生自己的意见,例如在道德修养培育内容上、道德修养培育的方式上以及道德实践方案的选择上,都可以以学生为主体,让学生自我选择和拟定,以此来促使学生更加自主、自觉、自愿和自为地参与道德建设活动,提高学生的主观能动性。

当前,各高校都在大力推进教育信息化建设、校园网建设和数字校园建设等方面工作。例如,进行教育的信息化服务公共平台的建立工作,进行数字化校园的实验工作,各种"数字化学习"试点高校的设立,"微课程"的开发,对"翻转课堂"开展的教学研究,以及进行一对一的"E课堂"教学实践,等等。又如,某高校利用预警系统跟踪学生的餐饮消费数据,并且其所有学院的实验室都纳入了智能实验室的管理,实现了实验室数据的整合、分析及可视化。信息化时代的高校,大数据可以将"信息过载"的难题转变成为个性化的教育。

高校中,无论专业课教师还是思政课教师,无论党政机关干部还是学生工作队伍,同样负有对大学生进行道德修养培育的职责和义务。大数据时代对于教育者来说,是一个大转变的时代。新技术从外围给教育者增加了新的竞争对手,新一轮的教育信息化在硬件的高速革新和软件的高度智能化的现状下,这种信息浪潮已经大踏步而至,并且不可抗拒地被推送到了教育者面前。需要重视的是,新技术的应用在很大程度上影响了学生,使其在道德认知、道德行为等多方面产生了变化,这就要求教育过程必然要从核心和内部进行新的转变。目前,高校已经拥有了大量的在学生的学习成长过程中积累下来的结构性和非结构性数据,大学生的道德成长轨迹可以在教育者面前清晰呈现。未来,教育者可以通过选择内容与方法,结合这些过程化的数据,有针对性地提高大学生道德修养培育的效果。

4. 家庭道德修养培育是大后方

人出生以后面对的第一个社会生活环境就是家庭,所以家庭教育对人来说,是整个教育体系中最底层、最基础的部分,是学生在入学之前进行行为实践的重要舞台。所以说,学生良好道德品质的形成有赖于最初良好的家庭教育。从时间上看,家庭教育占据着学生受教育时间的三分之一;从地位上看,家庭教育处于教育对象受教育的起点这一重要的位置;从效果上看,家庭教育所占据的是先入为主的优势,是先天优势,它引导着教育对象价值观最原始的取向。所以说家庭在大学生道德的培养与导向上有着非比寻常的责任。因此,作为家长更加应该主动接触并熟悉互联网,获取信息知识,应该与时俱进,将自己的道德修养培育观念不断更新,提高自己对互联网社会环境的积极适应能力和自我强化的能力,客观清楚地对待虚拟世界,只有在这样的基础之上,家长才能够正确地监督和引导孩子的互联网行为。

为了应对互联网社会的挑战,家长应当具有高尚的情操、美好的品德、良好的文化修养和心理素质,要坚持不断地学习互联网技术,要不断更新信息知识,学习现代道德修养培育知识。大数据时代的互联网将极大地丰富和提高家长的道德修养培育能力。知识化、信息化和全球化的浪潮会对家庭道德修养培育的执行者——家长,提出越来越高的要求。为了家庭的未来发展与幸福,为了孩子的健康成长,为了培养大数据时代的高素质人才,家长必须承担责任,必须与时俱进地通过各种途径,不断完善自我,努力提升自己。

为什么一再地强调作为家长一定要认识互联网、学习互联网、熟知互联网,因为对于大部分的家长来说,在这个信息时代,互联网所营造出的虚拟世界挑战了家长权威,家长如若还是对互联网一知半解甚至是完全不懂互联网,便很难与孩子沟通,那么家庭教育就变得无从谈起,没有可能有的放矢地引导和教育孩子。因而,家庭道德修养培育内容必须结合大数据时代的特点,使学生学会对网上行为的善恶、是非及正义与否进行价值判断,对各种互联网道德观有正确的评析,在个人互联网行为中学会自我调节和控制,主动杜绝互联网不良现象的负面影响和诱惑,对孩子进行互联网诚信意识、互联网社会公德责任意识和互联网自律意识方面的教育。教会大学生在他们独自面对四通八达的互联网以及繁复的大数据时代时,能够正确地对道德行为进行判断、对道德信息进行选择,从而更好地保护自己在互联网世界的正当权益,最终引导他们养成良好而高尚的道德行为习惯。

(二)虚拟与现实道德修养培育的合力

在与"虚拟"相对照的意义上,"现实"即指不以某种人为方式(如数字化方式)而是以自在方式客观存在的各种实际事物及其关系,这种客观的存在包括自然、社会、人及人的活动。而在与"现实"相对照的意义上,"虚拟"指的是对于现实的数字化反映和形式超越,这里仅指互联网世界中的数字化虚拟。

1. 在互联网的虚实中实现大学生道德修养培育的合力

互联网的主体是来自于现实社会的现实的人,因而具有现实性。而当他们出现在互联网世界之中时,又都是作为"虚拟人"存在的,他们可能表现为一个ID、一个昵称、一个电子邮箱地址、一串数字或一个IP,这是他们虚拟性的表现。处于互联网之中的"虚拟人"具有现实性,因为他们是来自于现实世界的,在互联网的虚拟世界中的活动要受到现实世界的种种牵制,这与他们所生活的现实世界有着万千的联系。因此,大学生这个群体作为虚拟世界的主体之一,既具有虚拟性也具有现实性。

相对于互联网的主体来说,互联网的客体主要是指互联网信息抑或是互联网活动中的受动方。互联网信息本身的形式就是数字化虚拟的。但信息还有现实性的一面:首先,互联网信息的生产主体以及消费主体来自于现实世界;其次,互联网上巨大的信息量也都基本上源于现实世界;再者,互联网信息在互联网中交叉流动之后又往往都流向了现实世界;最后,互联网信息基本上都是为现实世界服务的。互联网活动中的受动方也同时具有虚拟性和现实性。从这个角度来说,他们与互联网的主体又是一样的,是现实世界中的现实的人在互联网虚拟世界中的符号表现。

互联网技术世界、互联网社会世界、互联网文化世界都具有虚实二重性。首先,技术是手段和方法,人类为了满足自己的社会需要,依靠自然界的自然物质,并依照自然规律、自然能量和信息等来创造、运用和改进人工自然系统。目前,支持互联网虚拟世界的技术有通信技术、计算机技术、互联网技术、电子技术和数字技术等。技术的变化会引发互联网的变化,但无论如何变化,互联网技术世界的虚拟化是不会变的。技术在为人类活动提供支持的同时,也规范和束缚着人类行为。其次,互联网社会世界既是一个政治空间也是一个市场空间。因为互联网从诞生之初就被打上了政治的烙印,因为互联网的"主要业主仍然是政府"。互联网的政治性还突出表现为互联网中的意识形态斗争,表现在互联网世界的运行总是会受到现实政治的制约与干涉。可以说,如今的互联网虚拟世界已经成为一个大的市场空间,它越来越多地深入经济领域,商人、商业、利益在互联网世界随处可见。再者,互联网文化世界具有思想性和情感性。互联网世界中存在着许多正面的、高质量的、有品位的、具有可读性的、有思想的精华内容,互联网中随时随处可见思想的砥砺与碰撞。人们在互联网世界中的表现和行为也总是带有强烈的个人情感色彩,或高兴,或满意,或赞成,或反对,或交流,或沉默,或冷静,或狂热等,均是根据个人的兴趣、爱好、喜恶程度决定的。

综上所述,互联网世界的虚实性对于形成大学生道德修养培育的合力有着重要意义。在大数据时代,正确把握互联网社会的虚实二重性有助于教育者深入认识和研究大学生的道德发展规律。互联网世界的虚拟性进一步促进了大学生的自觉能动性。数字化生存范式和虚拟交往空间,使得大学生的自主性、能动性、创造性得以充分发展。虚拟实践使得大学生的道德展现出更为丰富和复杂的发展内容和方式,需要教育者充分认识互联网世界的虚实二重性,把握大学生道德发展规律,切实发挥道德修养培育对大学生的人生发展的指导作用。虚拟世界的现实性也需要教育者认识到,互联网社会中问题的最终解决离不开现实社会的实践活动。因此,教育者在开展道德修养培育的过程中不能仅仅就互联网而研究互联网,必须深入发掘大学生中出现的各种互联网道德问题的现实背景和现实根源。只有解决了现实性的问题,才能更好地营造健康向上的虚拟环境,才能真正地促进大学生道德品质的良好发展。

2.在虚拟与现实的关系中实现大学生道德修养培育的合力

大数据时代的虚拟指的就是互联网世界,现实指的就是现实世界,把握虚拟与现实二者之间的关系,即把握互联网世界与现实世界的关系,对于实现大学生道德修养培育的合力具有重要作用。

虚拟与现实具有差异性。这种差异性就其本质而言就好比是比特与原子的差异性。可以这样说,现实的世界就是原子的世界,而虚拟的世界则是比特的世界。原子与比特这两种完全不同的构成,使得现实世界和虚拟世界由于基质之间的差异而不同。在今天,存在着两种不同的科学,即计算机科学和自然科学。它们分别是以比特为基质的科学和以原子为基质的科学,因为比特与原子遵循着完全不同的法则,原子只能由有限的人使用,使用的人越多,其价值越低;比特可以由无限的人使用,使用的人越多,其价值越高。因而我们说,现实世界是物理的世界,而虚拟的世界则是电子世界。

虚拟与现实具有同一性。这主要体现在:无论虚拟还是现实,都是相对于人这一主体而言的;从发生学和还原论的角度上讲,尽管是虚拟,但它也是从现实发展而来,在这个层面上虚拟与现实具有源头上的同一性;虚拟是事物存在的具体形式,现实也是;虚拟性是事物的属性,现实性也是,而且,这两种属性既可能属于同一个事物,也可能属于不同的事物;虚拟抑或现实都是人性的重要方面;虚拟与现实都体现了人的本质力量。

虚拟与现实具有统一性。虚拟与现实可以相互建构,这指的是虚拟与现实之间都是因为对方而成立和存在的。虚拟与现实可以相互渗透,这是指现实世界中不仅仅有现实性,也有虚拟性,但现实性在其中占据主要地位;互联网世界中不仅仅有虚拟性,也有现实性,但虚拟性在其中占据主要地位。在现实世界中总是渗透着虚拟性的因素,在虚拟世界中也总是渗透着现实性的因素。虚拟与现实可以相互补充,这是指现实世界与虚拟世界相互之间能够弥补对方的诸多不足之处。互联网世界与现实世界还会相互影响。互联网世界中的行为、现象、事件等会对现实世界产生效应,这种效应可能是积极的也可能是消极的。现实世界对互联网世界的影响效应也可能有些是积极的有些是消极的。虚拟与现实的相互转化是指,在一定条件下,现实可以转化为虚拟,虚拟也可以转化为现实。

综上所述,准确把握互联网世界与现实世界的基本关系对于大数据时代的大学生道德修养培育具有重要意义。互联网世界与现实世界的差异性要求我们必须充分重视互联网世界中大学生道德修养培育的特殊性和大数据环境下大学生道德修养培育的特殊性。互联网世界与现实世界的同一性要求我们必须注意大学生互联网道德修养培育与现实道德修养培育的共性和连续性。互联网世界与现实世界的差异性要求我们不能将道德修养培育中的一些传统方式、方法直接照搬到互联网道德修养培育中来,我们必须针对大数据时代大学生道德的新特点和新问题,具体问题具体分析,有的放矢地运用新方式、新方法开展教育。互联网世界与现实世界的统一性要求我们在进行大学生道德修养培育的过程中必须注意发掘各种互联网道德问题的现实根源,从而找到解决各种互联网道德问题的治本之策。

第二节 大数据时代大学生道德修养培育的内容与方法

道德修养培育的价值在于帮助人们追求美好生活,即告诉人们应该如何生存且如何度过自己的人生。道德修养培育是人的自我发展的需要。道德修养培育就其原本意义而言,其主要职能是导之以成人之道、做人之理。因此,研究大数据时代大学生道德修养培育的内容与方法不只是道德修养培育发展的需要,还应体现出新的教育理念和发展思路。

一、大数据时代大学生道德修养培育的主要内容

很长一段时间内,道德修养培育一直是一种机械性的传授和灌输,使得道德修养知识因为经过了抽象的加工和认知处理成为了语言符号而脱离了生活。大

学生道德修养培育必须走出过去"知识性"的泥沼,回归现实社会中的生活,大学生只有经过现实生活中的实践体验,才能激发出内在的他们所认同的道德修养需要以及社会责任感。因此,大数据时代对大学生的道德修养培育应该以大学生个体的现实生活实践作为切入点,帮助他们真正理解生活的目的、意义和价值,帮助他们解决生活中遇到的困惑,引导他们在生活实践中形成良好的道德修养和完整的精神生活。

(一)认知教育

人类有史以来的道德修养知识"归根到底"都是一定社会的"生产和交换的经济关系"的产物。"伦理观念"经过人类的理论思维加工,成了社会道德意识形态和价值形态,在经过提升之后,成为社会的行为准则和价值标准,作为上层建筑,体现统治者的价值观念、理想和意志,如此形成的道德修养知识最终成为道德修养培育的主要内容。人类道德情感产生的依据是道德修养认知的养成,其也是锻炼道德意志的内推动力,对道德行为倾向具有决定性作用。

1. 大数据时代大学生认知教育的内容

认知教育的目的是促进学生道德修养认知水平的发展,以使学生掌握真理,指导自己的社会实践,从而进一步促进其情感、意志的发展,帮助学生养成良好的行为习惯。

(1)开展主体性认知教育。大数据时代使大学生在道德判断、选择时变得无所适从或是十分迷茫,甚至产生了选择焦虑,有时会因为来自外界的压力而违背了内心的原则,或者就算是听从了内心的选择却困于外界的压力。因而,开展主体性认知教育就是要培养大学生意志自由的人格,具体来说,是要激发学生的自我教育与自我需求,教育他们学会自律,培养他们面对问题时做出自觉的、理性的思考与判断,具有主动选择的能力,还要教会他们对自己的行为及其结果负责。因此,对大学生进行认知教育,是为了使他们在了解了什么是道德修养、什么是道德行为等理论的基础上,能够正确地认识自己、肯定和发展自己,能够对自己负责,进而对社会负责,最终能够自如、自在、自由地处理好个人与他人、个人与社会的关系。

(2)开展实践性认知教育。道德修养离不开人,也离不开人的实践行为,道德修养同一个人所处的自然条件、社会背景、具体经历等情况密切相关,因而,认知教育的内容应该在总的价值追求的目标下,同时考虑到什么样的内容更易于学生接受并理解,从而内化为自身的道德修养需求,使之成为自身德性的一部分。因此,教育的内容应该取材于学生真实生活的现实社会与虚拟社会,能够被学生感知并且经历的现实生活和互联网生活。从学生的亲身经历引发思考,领悟道德修养内涵,从而催生出正确的道德行为。另外,认知教育的内容应涉及学生现实生活和互联网生活的方方面面,包括学生在成长过程中所遭遇到的诸多问题,并对这些新的事件和问题予以研究。实践性认知教育,就是教育者通过有目的地创设系统的道德修养实践或生活情境,使学生通过实践获得道德修养认知,激发情感,产生道德修养需要,并以道德修养需要来坚定信念和意志,保障自己的道德行为,提升个体的道德修养思维能力。

(3)开展道德修养思维能力教育。道德修养思维是从道德修养感知到道德修养观念,从外在要求到内心信念的桥梁,是人类思维的一种特殊样式,是道德修养的运动变化和发展。借助于道德修养概念,学生才可以进行判断和推理,达到对道德修养本质的全面把握,从而完成思维化。大学生认知中道德修养概念的教育就是要求大学生能够对大数据时代的人与人之间的关系、人与社会之间的关系的本质有正确理解,对道德修养原则、规范、关系、现象等有正确的认识。在具体生活实践中,还要对大学生进行推理教育,也就是教育大学生在掌握一定的道德修养概念、判断的基础之上,具有由一个或几个判断推出另一个判断的思维能力,从而实现对特定道德修养问题的解决。

2.大数据时代大学生认知教育的方式

对社会道德关系和道德规范的认知,包括道德的感知、道德印象的获得、道德概念及道德观的形成、道德信念的产生、道德评价和道德判断能力的发展、对道德行为的推测与判断,等等,因而,道德认知是一个从道德刺激到道德新知的形成过程。

(1)认知教育要考虑大学生认知发展的特点。认知发展理论认为大学生的道德修养认知正处于理解认知的高级阶段,自我修养能力强,理性判断在道德判断中居主导地位。大学生的思维已经由过去的经验性上升到以抽象逻辑思维占主导地位的理论性思维,已经能够做到从一般原理和原则出发,运用获取的知识和数据等进行分析和综合。由于受到大数据思维的影响,思维越来越具有独立性、批判性与深刻性,此时大学生的思维能力足以进行正确的推理与判断。但他们还同时受到互联网"相对主义"的影响。在大数据时代,各种思想文化、道德观念在互联网中相互碰撞。科尔伯格在对道德相对主义系统的分析与批判的理论中指出,无论在哪一种文化或者是亚文化中,道德修养原则和标准大多都是相似的,都是普遍的、广为接受的。在面对海量的信息时,内心真正持相对主义的大学生也不乏其人。因此,大数据时代大学生道德修养培育应依据大学生认知发展的特点,积极培养大学生较高的推理能力和正确的判断能力,如此,必然能够促进大学生的道德修养发展。

(2)认知教育要考虑大数据时代的特点。科技的发展使大学生的交往范围得到了大大的拓展,对大学生道德修养培育提出了艰巨的任务,学习、接受教育等活动不再囿于校园和课堂,互联网社会以先进的技术手段向大学生快捷、高效地传播着当代最前沿的科技作品、人类优秀的道德文化遗产以及现实社会中所倡导的价值规范与行为准则,让大学生得到了能够在更广泛的环境当中学习大量的知识的机会,并使大学生能够根据自己的需要去接受海量的信息来发展自己的个性。当大学生能够在这种平等宽松的大数据时代中学习、了解不同的文学艺术、伦理文化、价值观念和行为规范时,他们通过自觉地比较和筛选能够将之内化,并使之最终成为自己所认可的信念和行为准则。在这种情况下,满足了大学生更高层次的需要,他们就能够全面地展示自己的潜能和价值,磨炼和升华自己的心理素质、人格和意志品质,至此,一种稳定的价值观念、道德品质、思维方式和伦理精神就最终形成了。

(3)认知教育要考虑大学生自身的特点。大学生正处在从青春期到成年期的过渡阶段,他们生理趋于成熟,但心理变化波动较大。他们通过各种途径和方法,或家庭给予,或教师给予,或耳闻目睹,已经对现实社会和互联网社会有了自己的直观认识。理想与现实、传统与现代、网上与网下等各方面存在的无数矛盾时刻冲击着大学生的思想,挑战着大学生的道德水平。大学生的自我意识迅速发展并趋向成熟,一种自我认同感显现出来,其表现为理想中的自我和现实中的自我两者之间的统一。当自我认同感逐渐地增强时,道德的选择能力、自我判断能力、自我表现欲望等方面都愈加强烈,大学生开始产生了对现实社会中个人的各种身份以及各种自我形象,包括互联网世界中身份和形象的综合全面的感受。然而,当理想中的自我与现实中的自我分化、出现差异时,大学生的心理则会产生一种情感损伤,内心世界会发生冲突和矛盾,其心理体验就会出现一定的迷茫感,这种情感会导致大学生自信心的丧失以及情绪消沉等现象。因此,开展大学生认知教育就需要考虑大学生自身成长的特点,提高大学生处各种复杂互联网关系的能力,促进大学生自觉提高自身的道德品质和道德修养水平,进而使大学生产生正确的判断和规范的行为。

(二)情感教育

情感是人们内在的道德需要是否满足的心理反应,也是行为机制中一个极其重要的价值意识因素。情感是需要的反映。人的存在具有二重性即自然性和社会性。人的自然性决定了人有自然性的本能需要,这种需要决定的情感叫自然性生活情感。而人的社会性决定了人有社会性的非本能需要,这种需要决定的情感叫社会性生活情感。情感的产生,是各种生活情感单向性、排他性、膨胀性的必然要求。

1. 大数据时代大学生情感教育的内容

在大数据时代,传统的社会道德情感经历着巨大的震撼,一般人的道德情感实际上正处于一种相当混乱的状态,这就使得大数据时代大学生的道德修养建设更加迫切。

(1)理性教育与感性陶冶。理性教育,就是对个体进行道德修养必然性的教育,以及个体自身主动地对道德修养必然性的认识、思考并获得关于理性知识的过程;感性陶冶,就是个体通过对自身内生情感和外在感染的情绪的体验、认识、控制,使情绪不断积淀、升华成为情感的过程,就是通过道德移情,使个体情感持续提升与纯化的过程。情感的产生是以道德修养认知为逻辑前提的。因此,大学生只有在现实社会实践中积累了一定的对人与人、人与社会、人与自身、人与自然等关系的认识,积累了一定的对人们行为的"应当"的理解和信念时,才可能对大数据时代互联网社会中的道德关系与行为进行理性的评价并产生一定的情感反应。大学生的情感总是与个人的理性认识相联系并以之为前提的,是大学生在对道德关系和道德活动的本质性认识中形成的。正是基于此,情感教育也必然是理性教育。另外,情感教育也是情绪的重复出现与不断积淀、情感的不断体验与磨炼、道德移情的不断纯化与提升的过程。只有通过理性教育,大学生对道德修养有了一定的认识,对个人的发展前景有了正确的展望,才可以超脱自我的束缚,达到对个体情感的正确引导。也只有通过感性地不断陶冶,大学生的情感才能升华、沉淀成成熟稳定的情感,在实践中才能真正表现出良好的道德修养。

(2)个体微观培养与社会宏观熏陶。情感教育,就是在对大学生施加一定影响的情况下,培养和巩固他们已经具有的良好的情感。然而,大学生的道德情感又是一种极其复杂的心理现象,它的形成与发展也是一个多方面相互作用的过程。在这个过程中,既要注意微观的、主动的个体情感建设,也必须注意社会大气候对个体情感潜移默化的影响。因此,大学生情感的培养,从其着眼点看,应该既是一个微观的主动施与和不断建设的过程,也是一个宏观的情感氛围的熏陶与潜移默化影响的过程,是微观控制与宏观影响的有机统一。情感的个体微观培养就是侧重于个体,通过对行为主体的情感的教育与主动塑造,培养其良好的情感;情感的社会宏观熏陶,就是基于情感社会性、外显性的特征,造就大的情感的空间氛围,通过情感感染并内化的方式来培养个体的情感。情感是主体在一定的利益关系基础上,通过对世界(人、关系、活动)的体验和对自身情绪的认识、控制而形成的一种高级感情。因此,大学生情感教育,从根本上来讲是一种微观的、个体的造就过程。要培养大学生的情感,最根本的方法就是从个体的心灵入手,通过理性的教育和感性的陶冶,通过培养个体健康的情感需要,达到个体情感的形成、成熟与完善。另外,情感又具有社会性和外显性。这就使得情感具有了与人交流、共享、相互生发、相互感染的特征。因此,大学生的情感绝不是纯个人的事,它总是对外呈现一定的辐射状,形成他人生活空间的外部情感场,表现出对社会主动影响的趋势。在这种情感场的作用下,一个人的情感可以感染他人,使他人产生与自己相似的情感。大数据时代的互联网社会中无数类似的情感就会形成一个巨大的情感场,这一巨大的情感场在无形中形成巨大的情绪感染力和情感压力,使得置身其中的大学生不得不受到这种情感的影响而表现出情感的从众趋势。由此可见,在大学生情感的培养中,宏观的社会情感的熏陶不容忽视。在大学生情感的教育中,塑造一个良好的、健康的情感导向有着重要的意义,它是互联网社会和现实社会主体情感总体素质的重要保证。

(3)激励性情感教育与抑制性情感教育。情感是一个有机的情感系统,这里面既有激励性的又有抑制性的情感。激励性的情感,就是指促使人们表现并完成行为的情感;抑制性的情感,就是指抑制人们表现出负面行为的情感。对大学生进行健康、完整的情感教育,必然是激励性的情感教育与抑制性的情感教育的相互统一。当大学生形成强烈的激励性的情感时,往往就会被推动去认识自己的义务、使命,去认识履行义务的方法和途径以及履行义务对自己、他人和社会的意义;就会对其他个体表现出的负面行为义愤填膺,并且义无反顾地制止这种负面行为的进行;就会改变自己不纯的动机,抑制自己的负面行为,进而表现出合乎道德规范的行为。没有激励性的情感,大学生道德行为的表现就缺乏了动力;没有抑制性的情感,大学生对负面行为的阻止也是苍白无力的。激励性的情感,推动大学生表现出道德的行为,抑制性的情感,阻止大学生表现出负面的行为。

(4)强度性情感教育与方向性情感教育。情感的强度性,主要是指情感的体验是否强烈,情感的表现是否稳定。具体来说,情感的强度性包括两个方面:体验的强度与情感的深度。情感体验的强度就是大学生所体验的情感增长,在一定时间内贯穿着个人的意志,并在大学生的全部心理活动中留下鲜明的印记。情感的深度,主要是指情感的稳定性与深沉性。真正健康的情感,在体验的强度方面应该是适度的,是与其内容相适应的;在情感的深度方面,也应该是稳定的、深沉的。因此,对大学生进行情感的教育,一方面要着手于其体验的强度,使其既不过于虚矫夸饰,也不过于遮掩压抑,达到内容与形式真正和谐与统一。树立大学生对待情感的正确态度,并促使其在实践中不断地给情绪体验以控制、提炼与升华。另一方面,也要注意培养大学生稳定、深沉的情感,使其道德需要真正成为真切的、稳定的、深刻的内在需要。情感的方向性就是指个体情感的内容正当与不正当、道德与不道德。它主要是指由于个体认识的正确与否所引起的情感性质的偏差。如果大学生对道德必然性的认识是正确的,那么,其情感的性质也会是正确的;若认识错误则情感的性质就很难正确。而人总有道德的行为与不道德的行为之分,人们所做出的道德的行为也总有坚决与不坚决之别。其基本原因就在于作为道德行为动力机制的情感的方向性与强度性的差别。一般地说,人的道德的行为总是为正当的情感所催生,负面行为总是由不正当的情感所导致;人的坚决的道德行为总是与稳定、深厚、强烈的情感相联系,不坚决的道德行为也总是与不稳定、单薄、微弱的情感相联系。因此,对大学生进行情感教育,就应该既是情感方向性的教育也是情感强度性的教育。只有在其强度上是稳定的、适当的、深沉的,而且在其方向是正确的、合乎人性的、合乎社会发展的,才是健康的、有生命力的、高素质的情感。只有这样的情感,才能在大学生的实践中发挥其巨大的威力。

2.大数据时代大学生情感教育的方式

大学生情感教育是有规律可循的,其规律就根植于情感的本质及特征之中。

(1)需要依据情感的本质。理性是情感最为根本的属性之一。道德修养对于大学生来说,并不是"天性"的需要,它的产生必然需要借助于所谓的"理性"。因为有了理性,大学生才会在各种单向度的需要的彼此对立和冲突之中,以及在个体与社会发生的对立与冲突之中,在利他抑或是利己的对立与冲突中,建立起统一并且协调的度,我们现在谈论的这个"度"指的就是道德修养需要。理性要求"个人的发展和完善,应该大体上与个人赖以生存的社会的发展与完善趋于同步"。可见,道德修养需要也不仅仅是一种抽象的、虚拟的需要,而是表现为对现实社会秩序的需要。无论现实社会还是互联网社会,良好的情感总会阻止一些负面行为。因此,情感也因之成为一种依附于一定的人类道德规范准则的特殊情感。大学生个体的情感的形成与发展主要是在其个体的自然情绪情感的基础上,通过教育、规范等外在手段的影响而形成的。因此,内在的道德修养需要向外在的社会理性转化时,往往具体表现为对社会秩序的规范。大学生情感的本质就是生活的迫切需要使得大学生在理性的条件下服从社会规范的情感。

(2)需要考虑情感的理性与非理性。情感基于大学生的一定的道德修养认知,是对道德行为和道德关系进行评价时产生的一种爱憎或好恶的情绪态度体验。情感是特殊的,它是以一定的行为和道德关系为指向性,既是对道德行为的认识,又是对道德关系的总体评价结果。因此可以得出,情感产生的条件应当是建立在道德行为与道德关系的基础上,并对其进行认识和评价,源于大学生内心当中建立起来的内在观念和价值标准的评价行为,就是所谓的内心的理性。理性成了情感的主要标志之一,然而情感的表达方式又是以感性为基础特征的。当大学生产生内疚、愤怒等情感时,他们的行为或多或少,或有意识或无意识会通过表现状态展现出来,如面部特征、肢体言语、声音声调等。与此同时,他们的内心感受又是一种或者是强烈的,或者是微弱的情感体验。现代心理学对这种情绪上的表现有这样的解释,认为情感是人们内心当中的一种具有直接性的行为动机,而情绪成为其行为表达的助推器。情绪在本质上具有冲动性和盲目性特点,也就是具有非理性的特点。因此,大学生所产生的基于情感的行为,就需要在一定程度上由理性和意志进行有效地疏导。如果大学生的情绪正处于比较恶劣的状态的时候,其行为的表现就会超出理性和意志的控制范围,以紊乱、无序状态特征呈现出来,因而大学生此时会表现出不道德的行为,甚至会触碰法律准绳。所以说,大学生情感的理性的教育,就是教育他们要在一定准则的基础上,让理性对道德行为进行引导,避免冲动性和盲目性。

(3)需要考虑情感的社会性与个体性。情感反映了大学生的社会关系。从社会发展历史的层面来说,在不同的基本社会关系中会产生相应的不同的社会情感,所以说,情感的演变过程是随着社会关系的变化而变化的。社会情感由每个人的情感所组成,它是社会的集合,其社会的内容自然而然也就成了评价道德行为和道德关系的主要标准,因此,社会客体也就成了情感所指向的方向。与此同时,情感以独特的个体性呈现每个人的个性情感。情感当中所具有的个体性,在一定层面上既是人们个体情感的真实显现,也是一种真实的情绪体验,并且其所具有的独特性性质就表现在情感的内容和情感的形式上。因此,由于每个大学生具有不同的气质,他们的情感表现就必然不同,例如:他们的习惯、教养不同,那么他们情感的语言和行为就会出现相应的变化;他们在社会关系当中所具有的位置不同,那么即使是同一种刺激,他们也会出现不同的反应;他们的心理承受能力不同,那么在同一种刺激情况当中,他们也会出现不同的情感体验。社会性与个体性的情感相互作用,使得大学生的情感既表现出社会的普遍性与一致性,又表现出个体的特殊性和差异性。

(4)需要考虑情感的规范性与主体性。情感活动的规范性是在社会规范调节和引导的基础上,建立在道德规范基础上的一种情感。而人们的内心已存的道德观念、价值标准是情感产生的逻辑前提之一,它是通过思维对社会规范有了一定的认识,经过思维的改造,进而将之内化的。因此,大学生的情感就是他们基于个人对理性的理解,自己内心当中的道德观念、价值标准在情感的指引下,成了道德必然的和谐一致的标准。此外,情感推动大学生的行为表现朝着合乎法则的道德方向发展,是人所独有的情感体验,因而具有主观能动性色彩,即主体所潜在地具有的并且能够发挥出来的属性。因此,情感活动又具有主体性,它表现出大学生所独有的、固定的主动性和能动性。情感的主体性还表现在主要以主动生发为特点产生的心理基础即为人们内心当中情感的需要。情感是大学生道德行为所产生的一种重要的机制,并对大学生所表现出来的道德行为具有催发和促进的作用,在人们的实践过程中,情感得到不断地提升。

(5)需要考虑情感的稳定性与变异性。情感的稳定性是深植于情感的本质之中的。社会道德关系产生了道德现象,同时也产生了不同类型的情感。从心理根源上讲,大学生具有不同的道德修养需要,他们的道德修养需要能得到满足就是通过他们的情感反映出来的。如果不同的大学生的道德修养需要具有相同的性质,这种情况下,同样的道德现象对不同大学生虽然产生的刺激效果不同,但是他们产生的情感却可能是性质相同的。当大学生的认知稳定不变时,他们的道德修养需求就会具有相对稳定性,因为道德修养需要结构的相对稳定性决定了情感性质的相对稳定性。每个大学生的个性心理特征与个性心理倾向都与他们的情感有关,因而,大学生个性的相对稳定就使其情感具有了稳定性。另外,随着社会的发展变化,大数据技术等的融入,大学生的情感还具有变异性。因为社会关系的基本结构所发生的变化,会产生新的情感形式,所以,社会道德关系及其所决定的情感的基本形式也必然会随之而变。当大学生对某一道德关系、道德行为性质的认识发生变化时,个体具体的情感的性质也会发生变化。

(三)意志教育

意志是一种人们在践行道德义务过程中,主动地或自愿地做出一定选择判断、挣脱困难时所表现出来的顽强的精神力量。坚强的意志能够使人果断地做出抉择,变认知为行为,使道德行为持续下去,最终形成道德修养。

1. 大数据时代大学生意志教育的内容

对大学生进行自觉性的意志教育,主要指大学生在行为发生、发展过程中,对自己所采取的相应的目的手段、行为结果、价值实现,以及所表现出来的目的等,有一定的理性认识。因而,外界对那些具有自觉性意志的学生的影响相对不大,他们对外界的有益信息不会盲目拒绝,因为这样的学生一般来说立场比较坚定、信仰较为崇高。学生具有自觉性的意志就能够从自身的客观实际情况出发,听从内心的自觉安排,不会轻易对外界的压力屈服。只有那些经过深思熟虑的道德行为才可称得上具有意志的自觉性。基于这种自觉品质,大学生才能敢于面对诱惑、主动克服困难,以确保自己的道德行为的发展方向是健康的、正确的。

(1)对大学生进行果断性的意志教育。果断性的意志是指大学生所具有的能够甄别是非,在合适的时间能够对一些事件进行比较合理、准确地判断,并能将自己的判断付诸行动的一种意志。那些具有果断性意志的学生,能够深入、全面地认识问题,用客观的眼光对待道德现象并做出决断。因此,这种判断与决断是正确的道德行为的重要表现,它使大学生内在的、积极主动的道德行为,通过意志转化为外在的、客观化的道德行为。具有果断性意志的学生能够抓住客观条件,最大限度地使自己的道德行为向正确的方向发展,并且当情况出现变化时还会有意识地停止负面行为,适时考虑清楚,然后等待适合的时间再付诸行动,从而改变原来的道德行为。

(2)对大学生进行坚韧性的意志教育。坚韧性的意志是指大学生能够克服一定困难所具有的百折不挠的精神品质,在行为执行过程中所具有的坚持精神,能够以充沛的精力和坚韧的毅力完成所要实现的预期目标的一种精神品质。学生所具有的那种锲而不舍、善始善终的坚韧性品质,能够指引他们在面对困难时不会因为困难而停滞不前,也不会因为困难而自甘堕落。他们会在诱惑面前运用道德行为对不利因素加以抵制,以便尽可能排除不利于道德行为发生的一切因素,促使道德行为始终朝着好的一面发展,这是他们的品质所表现出来的顽强性特点。同时,他们的品质还会表现出坚持性的特点,也就是学生在道德行为面前,始终坚持与正确的目标保持一致,坚持自己的道德行为有始有终,最终实现其目的。大学生意志的坚韧性品质贯穿于整个道德行为过程,它确保道德行为的方向性和完整性。

(3)对大学生进行自制性的意志教育。自制性的意志是指大学生在某种程度上所表现出来的一种具有自我控制的精神品质。具有自制性意志的学生能够自制控制、调节、协调自身情绪,能够约束自己的道德行为。因而,意志的自制性是大学生的积极能动性的一种主要表现,它能够使他们坚定执行决定,排除一切不良因素的影响,以使自身不被消极的道德行为所控制,是对能动的感性追求的理性牵制。

2.大数据时代大学生意志教育的方式

(1)灌输教育与自主选择相结合。大学生既具有社会属性,又具有个体的自觉意志。因而,在大学生成长过程中自我意识和外部因素一起发挥着作用,所以,大学生个体意志的形成与他们成长中所接受的外部环境和自我意识有着直接关系。内外因素的作用,使得对大学生开展的道德修养培育应当将学生自主选择与外界灌输进行有效的整合,并在整合的过程中共同指导意志教育和生活实践。意志自由是意志自我选择的重要特征之一,学生自主选择的行为又是在意志基础上发展起来的,并不受外界所影响。同时,自我意识还是在社会的基础上不断建立起来的,要受道德规范和道德原则制约。因此,大学生的意志教育是十分必要的,并且需要在尊重大学生的个体意志特性的基础上进行。但独立意志的养成并不是完全由自主选择所决定的,它需要教育者对其进行有效地引导,并予以灌输。大学生的意志形成基于一定的已存道德知识和理论基础,经过系统地学习,才能对社会的道德知识和价值认知进行准确把握,并实现意志的内化,成为个人所独有的意志。但是,这里的"灌输"主要是方法的引导,而非传统意义上的"命令式灌输""填鸭式灌输"。教育者需要将自主选择与灌输教育结合起来,将知识、标准、经验、方法等传达给学生,同时充分考虑大学生身心发展特点,使积极的、健康的道德原则和道德规范成为大学生自觉的内在需要和自我要求。

(2)激励教育与约束教育相结合。社会因素能够积极推进意志的自律,同时,个体意志也需要在社会因素中不断地丰富和完善,这就需要社会公德作为有效的后盾。社会当中的舆论机制、监督力量都将是社会公德调控的重要手段,这种社会公德调控机制,将对个人意志的形成和发展有着重要的作用。社会公德对意志的作用主要有两方面:一方面是积极因素,积极的、肯定的意志能够推动主流意志的形成;另一方面是消极因素,就是那些否定的、对意志起着抑制作用的因素,不利于主流意志的形成。大学生意志的形成是离不开个人意志和社会公德共同调节的,而社会公德在某种程度上对大学生的个人意志的规范有着重要意义,社会公德能否转变为个体的自我调控意志,他律机制能否转化为自律机制,个人的意志是具有决定性的作用的。自我道德约束是大学生自我道德调控的一种自觉的方式。大学生的道德修养发展过程,就是建立在社会公德的调控基础上,并进行不断的完善,以应用到大学生自身的道德修养当中。大学生的自我约束是道德修养发展成熟的关键所在。

(3)理论教育与实践磨炼相结合。任何教育方式都需要在实践磨炼与运用中接受检验,因而,大学生的意志的形成发展也需要在理论和实践当中不断学习积累。大学生的意志需要对自身的、主观的世界进行不断的自我完善,同时也需要在现实的、客观的社会当中得到验证、提高。因此,大学生的意志需要将理论和实践进行结合,并最终应用到社会实践中。大学生的已存意志不仅可以对自身的道德修养有着验证作用,而且还是转化为道德行为的重要力量,这都需要教育者进行引导。大学生个体品质需要在实践基础上得到不断检验、提升,需要在实践中不断得到认识,并在社会实践中得以形成、巩固和发展。因此,将意志教育有效融入大学生意志的培养过程中,并将之应用到道德实践、社会实践、生活实践当中,在真正意义上将建设社会公德和意志锻炼进行有机地融合,将理论教育和实践相结合,有着重要的意义。

(4)普遍性要求和特殊性要求相结合。大学生具有不同的性格特征、个性特点、情趣旨意,因而他们在意志和道德修养水平方面也必然存在差异。大学生意志教育,应该结合普遍性要求和特殊性要求,因材施教、循序渐进。大数据时代的社会,意识形态多样化、文化多样化、价值观多样化,而这些又必然会引起社会道德标准呈现多样化的发展态势,这些都影响着大学生的意志的形成与发展,影响着大学生的差异化的价值观的形成。因而,大学生意志教育工作势在必行,需要以大学生整体的实际情况与大学生个体的特征为根据,有针对性地,运用不同的策略和方法,同时采取相应的措施,兼顾普遍性和特殊性的要求,引导不同的大学生统一认知,以实现共同的发展。

(四)行为教育

行为是人们基于意志表现出来的具有意识、能够对意识进行评价的行为活动。同时,它又是个人对社会、对他人所进行的自觉认识和自由选择的结果,将对社会和他人的利益有着重要的影响作用。从他人和社会利益的善恶方面进行考察和评价来看,可以将行为划分为道德行为和负面行为。大体上说,道德行为就是那些对社会和他人有益的行为,也就是所说的"善行";而负面行为就是那些对社会和他人造成危害的行为,即为"恶行"。大学生要学习道德修养知识,以提升自身道德修养、陶冶情操,并要不断进行意志锻炼,这些措施的目的就是养成良好的道德行为习惯,并将自己所学到的知识运用到实践活动当中。

1. 大数据时代大学生行为教育的内容

对大学生进行行为教育,目的就是引导学生做出的道德行为无论是在现实社会还是在互联网世界中,都具有善的价值。

(1)教育大学生选择道德行为方式。教育大学生选择道德行为方式,就需要基于多种不同的道德行为,让大学生对此进行有效甄别、择优和筛选,使大学生主动、自愿地对善恶、优劣进行取舍。如何在不同的道德行为方式中进行选取,选取的标准应当是什么,什么样的教育才能有效地将道德行为方式运用到实践当中,这些都是教育者在对大学生进行道德修养培育时所要考虑的问题,也是值得斟酌和筛选的问题,这就需要大学生具备对道德行为方式进行选择的能力。因此,教育大学生对道德行为方式进行选择,需要考虑大学生的主观能动性,使学生在主观上了解哪些行为方式是正确的,了解自身所处的具体现实环境和虚拟环境的情况,以及现实社会和互联网社会的主流价值观念、道德规范、道德原则和道德责任。

(2)教育大学生预测道德行为结果。大学生对道德行为方式进行了选择之后,按照自己的选择实施道德行为,在这个过程中,大学生就要对自己的行为可能会产生的结果具有一定的预测能力,通过评价,看看自己想要实施的道德行为的结果是否达到了预期目标,如果达到了就可以实行,若出现实际结果与目标不符的情况,就需要学生选择新的实现目标的行为方式。

(3)教育大学生调控道德行为。大数据时代具有变化多样的社会形态,每一位生活在大数据时代中的大学生,其道德行为都将会受到各种因素的影响,这些因素还影响着他们的道德行为是否能够得到顺利的实施,有的时候甚至能够使道德行为出现偏离。大学生在道德行为具体的实施当中,需要根据自身的实际情况和环境的状况有效地调整自己的道德行为,以实现最终的预期目标。正确的道德行为是可以调节人的不正当的情感和欲望的,并能将不利于预期目标实现的障碍予以排除,及时对不良因素进行纠正。大学生需要依靠内心法则有效地监督自己,进行自身的管理,并根据预期结果调整行为方式,以实现维护道德价值目标的结果。

2. 大数据时代大学生行为教育的方式

(1)依据行为特征开展教育。要教育大学生,让他们自觉理解到自己的道德行为不只是个人的事情,而是涉及他人、涉及社会利益的行为,必定是与他人或社会有利害关系的行为。正是因为这一点,人们才能基于一定的利害关系而对其进行善恶性评价。一个行为如果不涉及他人或社会的利害,就不具有道德意义,如果不是道德行为,就无法放在一定的社会关系中进行道德评价。因此,要教育大学生,使他们了解到自己所做出的道德行为,都是受自己的自觉的道德意识支配的。基于对个人与他人或社会利害关系的认识,行为主体产生一定的动机,为达到一定的目的而采取的行动才是道德行为。行为主体在没有明确道德意识情况下的一些行为,不是道德行为。要教育大学生,道德行为是他们自主选择的行为,道德行为必须在自觉道德意识的支配下进行。这种自觉必须是出于他们的自愿和自主选择,也就是道德行为所具有的意志自主性。大学生基于一定的信念,在几种都涉及与他人或社会利害关系的行为可供选择的情况下,自由地抉择并付诸行动。要教育大学生,道德行为是具有一定社会价值的行为。在实际的道德世界,只有具有一定社会价值的行为,才能呈现善恶趋向,没有社会价值的行为,则不具有道德意义及善恶性质。

(2)依据行为形成机制开展教育。道德反应是道德行为的第一个阶段。道德反应是指人对大数据时代当中的现实世界和虚拟的互联网世界所做出的相应的道德解释,是"同情式的反应",就是指人们痛苦大于快乐的一种反应,也是人的伦理上的一种反应。在大学生对道德现象做出相应的反应时,其情感往往是指导自己要么遵守要么不遵守道德规范。因为如果自己遵守了道德规范,在一定意义上就会损失个人利益,如果自己不遵守道德规范,虽然在个人利益上没有损失,但是这种反应偏离了社会道德,将会使他们内心当中产生一种内疚感等痛苦感受。"同情式反应"对大学生的道德行为能够产生行为上的刺激,这时大学生就要对其进行有效的理性判断,因为这种刺激并不能马上转化为相应的道德行为。由此进入了道德判断,也就是道德行为的第二阶段。而道德判断又是针对前一种道德反应基础上的刺激的引导阶段,其本质在于道德标准和道德尺度得到确定。因此,道德判断的标准和尺度也就是大学生进行道德反应的主要规则和大学生进行道德认识的主要手段。然后,道德行为也就进入了第三个阶段,即道德激励。道德判断过程中的总体评价给我们讲述了道德刺激的特点,虽然并没有讲明道德判断里的道德评价和道德理性如何应用到具体实践中去。因此,道德行为由道德理性转化而来的过程中,道德激励就成了重要标准,这个标准包括大学生的个体道德需要,也包括如何满足个体的道德需要的措施。这两个标准与大学生的道德需要选择有着直接性关系,也与大学生的认知结果相关。大学生对不同环境的刺激可以有不同的行为方式进行选择,不同的选择使得他们面临着不同的结果。大学生在道德激励的选择当中做出相应的判断,这就意味着大学生把道德的价值看得比其他方面高,即大学生将道德观念看得比其他的观念高。然后就进入了道德实践,这是道德行为形成的最后一个阶段。虽然大学生是道德行为主体之一,他们通过道德实践能够获得一定程度的满足,但是道德实践还需要个人相应的付出。个人的付出会为社会和他人提供帮助。在这个阶段当中,大学生不会满足于只停留在纯粹的理性的观察、认识和解释,而是以道德实践来理性认识世界,并对世界进行把握。因此,大学生站在理性的层面上,将成功构建一个比较完整的心理的道德行为模式。道德反应、道德判断、道德激励、道德实践,这四个阶段的教育就是对大学生进行的道德行为的教育,并且这四个阶段之间又因为具有衔接性而实现了共同发展。

二、大数据时代大学生道德修养培育的方法

随着互联网的飞速发展,社会活动有了极大的改变。教育从整体上来说是比较独立的社会系统,它有独特的构成方式,而随着大数据技术的不断深入,教育活动也逐渐开始依赖于互联网、大数据技术、数据资源。因此,在大数据时代背景下,开展大学生道德修养培育必须结合新的时代特征,创新教育方法,才能取得真正的效果。

(一)互联网培育与现实培育相结合的方法

随着大数据时代的到来,大学生的道德修养培育逐步区分为互联网培育以及现实培育,二者既有联系又有区别,二者具有相同的教育功能,现实道德修养培育为互联网培育的发展奠定根基,互联网又使得现实的道德修养培育能够有更为广阔的延伸和发展。将互联网道德修养培育与现实道德修养培育相结合,在实践中将会大大提高大学生道德修养培育的实效。

1. 现实培育是互联网培育的基础

当我们将大学生道德修养区分为互联网道德修养以及现实道德修养时,我

们必须认识到,互联网道德修养是现实道德修养在互联网虚拟世界的投影,只是因为互联网的特性,才具有了一定的特殊性,现实道德修养才是根基。当前,使用互联网的人群中,大学生的数量十分庞大,他们兼具现实社会人和互联网主体人的双重身份。在现实社会中,教育体系中的主流道德观一直在对大学生进行培养,从而使他们发展出自身的个人品质、性格、道德观念,这些观念影响着大学生的行为。随着大学生进入互联网世界中,他们逐步将这些观念带入其中,并反作用于互联网道德修养。通常,大学生在现实中所养成的基本道德观、行为准则、个人品质,都会在互联网中得到类似的表现以及展示。不过,互联网道德修养还有其特殊性,它在适应虚拟空间需求的同时,也不应与现实道德修养发生冲突或对立。现实道德修养对互联网道德修养具有一种内在的价值导向作用,人既是现实生活的主体,也是互联网社会生活的主体,没有一种互联网行为可以脱离现实空间中的活动而独立存在。

大学生在社会活动中必然因为共识而遵循一定的行为模式,这种约定俗成是历史的产物,它能够在潜移默化中对大学生形成约束力,而这便是现实社会道德修养。现实社会道德修养所涵盖的范围,必然包括互联网道德修养,并对其有着一定的主导和指示功能,成为互联网道德修养构建的精神动力以及根基。现实社会道德修养培育是针对大学生的内在自我,加上外界的传统观念、风俗及舆论而共同构成的教育。现实道德修养培育对互联网道德修养培育具有评价的主导作用。现实社会道德修养培育通过对大学生互联网道德修养的评判,可以较好地推动大学生互联网道德修养沿着正确的方向发展。现实道德修养培育对互联网道德修养培育具有指向的主导作用。一方面,舆论对于大学生互联网道德修养的发展有着监督作用,当大学生的互联网道德修养有了偏差之时,社会舆论对其有着一定的评判,能够督促其走向正确、良好的道路;另一方面,现实社会道德修养对大学生的不断培育,能够让他们对自身的道德修养水平有着更为深层次的反思和考量,能够不断引领大学生互联网道德修养积极提升。现实道德修养培育对互联网道德修养培育具有规范的主导作用,表现为社会整体价值取向的束缚。道德修养的本质是一种自发的约束力,这样的约束也体现在互联网生活之中,具体表现为调节作用,但是这样的约束力,来自于大学生在现实中所形成的认知。现实道德修养培育对互联网道德修养培育有着深刻的引导作用,具体而言,现实社会正确的道德修养培育为互联网道德修养培育的形成提供了良好的土壤,如果现实社会道德修养出现了问题,也会作用于互联网道德修养之中,而互联网道德修养中所出现的问题,其本质是我们现实社会道德修养中所存在的问题。并且,大学生所受到的教育是有一定差异的,他们现实道德修养的高低必然会作用在互联网行为之中,而接受了不同教育的大学生所展示出的行为方式也会有所不同,即使是同一个学生在不同时间或不同地点其现实社会道德修养水平表现的不同也会影响其互联网道德行为表现的不同。

2. 互联网培育是现实培育在互联网上的延伸和发展

互联网道德修养培育是现实道德修养培育的继承。现实道德修养培育已经积累了相当多的宝贵经验,形成了一套行之有效的道德修养培育体系。互联网社会的到来,给道德修养培育带来了新天地。互联网道德修养培育,应当基于对现实道德修养培育的扬弃,以及不断地吸纳时代背景下大学生新的思想观念以及社会新的价值体系,将大数据互联网技术与现实道德中的优秀教学成果相结合,不断地进行创新。互联网技术不断提升,大数据全面融入大学生生活之中,不仅颠覆了我们对互联网道德修养培育的认知,还给我们带来更多的机会。互联网是自由的,这让我们的教育能够有更多的受众;互联网是方便的,这使得教育能够及时地传递;互联网功能繁多,这让其本身具有了不一样的魅力。这些特质都是大数据时代互联网所独有的。互联网革新了教育,使得教育者的教育水平能够得到更多的提升。开展互联网道德修养培育,就是使道德修养培育与互联网技术互相促进、互相提升。道德修养培育可以将互联网技术作为自身提升以及发展的必要手段,道德修养培育应该站在时代的角度看问题,从时代的角度去提升。同时,互联网传播的速度、广度都是十分可观的,而教育是一个面向大众、持续更新的体系,因此,快速的互联网为教育提供了便捷,使得道德修养培育的内容能够在极短的时间内传播到社会各处。互联网道德修养培育能够不断深入各个阶段、主体、环节,为教育带来新生力量,创造更适合的教育环境。互联网内容的丰富、生动、具体,能够让大学生道德修养培育呈现出不一样的状态,展示出更多的活力。互联网道德修养培育能够更加准确地掌握学生的具体需要,有利于教育者做出准确的评价,并对其中有可能发生的问题加以注意、解决,让教育更贴近学生、亲近学生,从而使道德修养培育提高效率、增强实效。

互联网道德修养培育是现实道德修养培育的新发展。大数据时代道德修养培育的发展就是使传统道德修养培育的认知、观点、方式、机制等层面都能够与大数据背景进行匹配,充分适应互联网社会和个人发展的需要,进一步提升互联网发展和人的全面发展,实现道德修养培育的信息化、互联网化和数据化。互联网道德修养培育是道德修养培育的发展,而且是现代道德修养培育领域的发展。互联网使现实道德修养培育有了巨大的改变。互联网上的双方都是平等的,这就要求教育的提供方能够更加主动,教育的接收方也要更加自觉,这对双方都有了更高的要求。而具体内容中,大学生对世界的认知、价值观念的形成、伦理体系的构建都有了新的要求;互联网让教育有了更高的科技水准;互联网让大学生能够有更为宽广的言论舞台。就方法而言,互联网可以让教育者看到更多大学生的真实的想法,从而能够开展因人而异的教育,提升大学生的自我约束力;互联网也给道德修养培育提供了更为方便快捷的方式;互联网使道德修养培育手段更加吸引人。

3. 将互联网培育与现实培育有机结合起来

(1)互联网培育与现实培育有共同的教育导向。导向可以从理念、目标、行为三个层次加以规范和引导,这是教育的三个不同方面。其中,理想信念教育是以马克思主义理论体系为主要内容,奋斗目标教育是以党的方针政策为主要内容,行为方式教育是以社会主义道德和法纪为主要内容。大学生既具有青年人的共同特质,也存在着个性差异,因此,教育还应因人而异,发现大学生的个性所在,有区别、有选择地进行培育。上述三个层次的导向是一个统一的整体,在具体开展教育时要遵循大学生的认知和行为发展的规律。内心塑造式的现实道德修养培育,要求将传达的内容简洁明了地灌输给大学生,让他们能够知道什么是应该做的,什么是不能做的。与之不同的是,互联网道德修养培育更偏向于潜移默化的隐性教育。当代大学生思想独立性比较高,对道德观有一定的认知,有较为明显的自我意识,往往不希望别人干涉自己的想法,更喜欢按照自己所想做事。因此,互联网道德修养培育的好处在于,能够通过丰富的内容,与现实道德修养培育结合,让学生们寓学于乐,在生活中学习,将一些问题以生活的形式展示出来,从而进一步引发学生的思考,进而发现自我的需要,反思自己的思想,以自主的模式选择适合自己也符合社会的道德思想以及行为。

(2)思想与行为达到统一。随着互联网社会的发展,各种思想和社会思潮得以突破时空的限制,在全世界范围内快速传播,从而对互联网社会中的人特别是大学生产生各种各样的可能积极可能消极的影响。互联网社会的稳定会直接影响到现实社会的稳定。无论互联网道德修养培育还是现实道德修养培育,都要发挥其稳定作用,即稳定互联网社会和现实社会的秩序。首要任务是让大学生在基本道德观念方面有统一的认知,通过认知的统一达到行为的统一。在两种道德修养培育融合的模式下,对错误的理论进行批评,将正确的理论加以发扬。事实上,无论是互联网还是现实,都会存在等级差异、认知差异等,这样的差异所导致的冲突是难以避免的,而这也会左右学生的认知。互联网对大学生的日常生活、学习、认知都产生了巨大的影响。如今的大学生通过互联网认识社会,通过互联网获取知识,通过互联网来了解、培育自身的价值观,并根据自身需要发展自己的个性,安排学习生活,以及选择自己有意愿的职业和爱好。互联网是一个公众平台,大学生可以在其中更方便、快捷地进行交流。大学生在自我价值环节发展得越深,个性差异就越大,最后的价值取向差别也就越大。想要大学生真正利用好互联网,只是单纯地强调要把自己融入互联网社会和现实社会的整体之中是没有多大效果的,因为这个过程是不能自我完成的,它需要教育、引导、启发、沟通和学习。因此,将互联网道德修养培育和现实道德修养培育相结合,才能使大学生在比较中相互理解和认同,做到相互契合与支持。

(3)道德修养培育是育人环节的重要一环。通过道德修养培育可以提高大学生的道德修养水平,加深他们的认知,提高他们的情感和意志,最终使大学生形成良好的道德行为。大学生要获得良好的道德修养,必须要对生活中的基本道德有着较为明确的认识,先认识到生活中的道德,而后将这份道德内化至个人的心里,最终形成具有约束力的意志,这离不开互联网道德修养培育和现实道德修养培育的共同作用。互联网世界纷繁复杂,学生在其中很容易迷失自我,因此,在互联网道德修养的教育过程中,离不开对大学生的积极引导,通过引导大学生对互联网活动以及文化的正确认识和辨析,对其中的利弊加以取舍,进一步帮助他们做出更加深刻的认知以及获得更加坚定的意志,最后形成正确的道德观念。同时,大学生还面临着对行为是否合乎道德进行判断。通过道德修养社会化的影响,让他们能够在脑海中有一个判断是非的标杆,能够正确地对其中道德的行为、不道德的行为加以辨析佐证,增强自我的把控能力,对不好的行为加以摒弃,对好的行为加以发扬,最后形成符合互联网与现实道德修养需要的行为准则,这也离不开互联网道德修养培育和现实道德修养培育的共同作用。道德修养是一种发自内心的约束力,它来自于学生对是非的把控,有道德修养的人一定是有自我约束力的人,要将外界对大学生的规范转化成他们自己对自己的规范,引导大学生自觉成为"社会主义道德的示范者、诚信风尚的引领者、公平正义的维护者",这更离不开互联网道德修养培育和现实道德修养培育的共同作用。

(4)道德修养培育能够激发大学生的内在动因。互联网道德修养培育和现实道德修养培育的共同作用的前提,是要求教育者在大学生喜好的基础之上,充分发挥他们的内在动力,进而挖掘出潜力,发挥出潜能。互联网包含大量的信息内容以及相关的价值体系,这给大学生道德修养培育搭建了一个新的阵地。将现实社会与互联网社会这两个阵地进行优势的互补,充分发挥互联网所能带来的极高的生动性、形象的具体性,让学生们从中体会到学习的快乐,以一种积极的心态去学习、去研究、去接受,不断开拓自身潜力。潜力的开拓是由内而外的,因此,我们要注意大学生的内在动力,调动他们的积极性,协调兼顾智力以及能力。互联网带来了一定的便利,互联网的资料丰富、内容生动具体、传播便捷快速,让大学生能够轻松愉快地获取他们想要取得的任何知识以及价值观念,并能够以颇具启发性以及参与性的方式激发他们内在的活力。此外,互联网道德修养培育能够为大学生潜能的开发打开一个新的领域,为学生创造精神的培养打造一个新的世界。互联网的通达性跨越了时间和地域,因此给予了大学生更为广阔的视角,更有深度的思维。大数据背景下,大学生可以很轻易地在互联网上把握国际前沿动态,接受世界各地的文化,这对他们的辨别能力提出了更高的要求,也可以增强他们的创造性思维。

(二)数字技术与人文精神相结合的方法

数字技术在高校迅猛发展和广泛应用的同时,高校传统的人文精神教育却逐渐衰落。因此,大数据时代的大学生道德修养培育必须将数字技术与人文精神教育结合起来。

1. 数字技术是大学生道德修养培育的必要方式

数字技术是人类迄今为止最伟大的技术成果之一,它是互联网的一个主要特征。数字化,顾名思义,便是将各类繁杂的文字、图片、声音、录像等,通过转码的方式,变成一串数字或符号,然后再将其转化为一系列计算机可以识别的二进制代码,存放在计算机内部并通过计算机和互联网传播。虽然互联网上的信息浩如烟海且表现形式各异,但归根到底,所有的信息都可以统称为"数字信息",因为它们最终都是以数字的形式而存在的。数字技术是支撑大学生道德修养培育的关键。大学生道德修养培育技术的数字化是指由数字化道德修养培育资源库、道德修养培育资源传输互联网、道德修养培育资源检索浏览前端平台等组成的用于教育者教学的信息化的大学生道德修养培育技术。数字技术是大学生道德修养培育的核心技术,离开了数字技术,依附于其上的其他各种大学生道德修养培育技术将成为无本之木。而大学生道德修养培育数字化的本质,无非是通过信息化、数字化的技术支持,以大学生道德修养培育为建设核心,从认知、理论、实质、模式、方式等方面构建一套完善的教育模式,并且通过将这种模式不断运用、推广,让大学生道德修养培育能够基于数字化进行一定的提升,最终发挥巨大作用。

2. 人文精神教育是大学生道德修养培育的重要组成

大学生道德修养培育的重点是要突出人文精神。人文精神是基于人文类学科以及各种文化因子提炼出的价值观念、共同准则和规范特点等等,它意味着一种为了人、关注人、理解人的思想情怀,其全部思想的内涵就是建立在对人的本质的深入理解基础上的。详细讲来,它本身蕴意十分的丰富,其中包含:从道德出发,是对人的需要、信念的研究;以正义为出发点,是对公正、自由的思考、探析;把对人的尊重放在追求的制高点,把人的个性需求放在更为重要的位置,探求对生命等命题进行的研究以及思考对人的终极关怀。其内在是基于人的思考,突出人的主体性,强调人性在其中的主导作用,发现对人的爱和关心。大学生道德修养培育运用数字技术使得其外延有了无限扩展的可能,而从其内涵角度思考,我们就会发现忽略了人文精神的培养。新兴技术确实能够为进行大学生道德修养培育带来更多便利。然而,它所带来的精神冲击更不容小觑,具体表现有:由于过去的教育中存在程式化以及对数字化的盲目推崇,不少教育成为了一项单纯的技能训练;数字化生存导致了大学生一定程度的抽象化和符号化;人文精神的缺失在一定程度上造成了大学生道德和心理的困境,等等。因此,在大学生道德修养培育中如果不注意体现出人文精神,大数据时代的大数据技术的优点反而会成为应试教育灌输知识的工具。也就是说,过去是"人灌",数字化教育的课堂是"机灌"。因此,在大学生道德修养培育中,我们必须重视和体现人文精神的教育,或者说必须使教育本身具有人文的意蕴。

3. 将数字技术与人文精神有机结合

凡事有利有弊,大数据技术也是这样,它虽然给我们带来了方便和快捷,但同时也带来了诸如信息污染等不利因素。因此,在大学生道德修养培育中,数字技术必须与人文精神教育相结合。

(1)内容控制上将数字技术与人文精神有机结合。主要包括:充分利用数字技术、互联网技术等对信息进行分类、过滤;给互联网注入人文色彩,充分发挥人对不良信息进行控制的作用,尽量以正面事件和正面能量来引导学生;对学生的行为进行数据挖掘和分析,以便对其未来可能的行为趋向做出预测;对不同的学生进行不同的人文精神教育内容的推送。

(2)教育方式上将数字技术与人文精神有机结合。人文精神如果想要对整个大数据时代产生有效的影响,必然先从源头上进行治理,而且要把大学生放在整体道德环境建设的核心地位。然而,人文精神在具体的学生的身上表现在追求、信念、道德、气质和修养等各个方面,每个方面都有特定的人文内涵和文明理念,因此,传统的教育方式必然在学生的人文精神教育方面表现弱化,而发达的数字技术的运用将在大学生人文精神教育的方式上实现多样化。

(3)内容传播方式上将数字技术与人文精神有机结合。数字技术使人文精神的传播获得了超越时空的普遍意义。因此,在大学生道德修养培育的过程中,教育者要快速传播大学生道德修养培育的内容,必须学会并善于利用各种数字技术手段,教育者要将体现了人文精神的道德修养培育内容有效展现给学生,那么在多种类型的传播过程中也必须学会并善于运用各种技术形式。

(三)数据思维与传统经验相结合的方法

教育是人类社会永恒、普遍的现象,伴随着人类的产生而产生,随着社会的发展而发展,因而时至今日,教育活动已经累积了大量的教育经验,将教育现象作为研究对象的教育学,揭示了教育的规律,帮助人们认识了教育领域事物之间的本质联系及其发展过程的必然趋势,为教育实践提供了理论指导。一代又一代的教育研究者不断将自身的教育经验进行理论抽象,从而丰富了教育理论的内容。面对正在到来的大数据时代,教育研究者和工作者均遇到了新的问题。庞杂的内容、碎片的信息、细分的受众、精准的推送,给大学生道德修养培育带来了"信息茧房"效应,即大学生在选择之时,往往根据自身喜好进行,选择偏向于个性化的需要,对自己感兴趣的问题进行探讨研究,这种抉择,将会使得大学生像春蚕吐丝一样,一层又一层地将自己包裹起来,最终把自己困在里面。在这样的束缚下,大学生的人脉被自我限制,个人的观点、见解往往也会因为以自我为中心而成为偏见,并且容易让自己变得十分狭隘,不能从整体上把握社会,产生极端心理,因为他们自己的先入之见将逐渐根深蒂固。因此,面对新情况、新问题,教育研究者和工作者必须结合教育的传统经验,同时树立数据思维,拆掉思维的围墙,为大数据时代的大学生道德修养培育提供强有力的理念引导。

1. 数据思维是大学生道德修养培育新的思维方式

(1)数据思维要求进行全面思维。大数据时代意味着人们对数据的采集、解析、保存等方面有了大幅度的提升,如果人们想要取得更加权威的数据,必须要做的便是剖析数据内在的价值属性,对数据进行准确的评估。互联网打破了信息传播的时空束缚,却也屏蔽了广阔的信息维度,使得信息局部化、碎片化,阻碍了人们对信息进行全面、透彻的了解。这样的变化对教育工作者提出了更高的工作要求,它要求教育工作者必须主动对信息进行筛选和掌握,去发现数据资源、视听资源,研究各类搜索方式、社交程序以及其他海量的数据,并能够根据自己的知识对海量数据加以整理,将其中各类价值观、思想、习惯等加以区分斟酌,根据学生的需求为他们提供相应的信息以及服务,并且,这种信息与服务应是体系化、多功能化以及整体化的有机体,从而教育工作者才能够充分把握大学生的思维模式、认知水平、言语体系、个性需要等。

(2)数据思维要求进行模糊思维。目前,正处于高速发展的大数据时代,大学生道德修养培育的问题都可以通过大数据的技术进行严谨以及精确的计算,这是一种适应现代信息化发展的表现,也是评判学生道德修养水平的一种很有效的手段。但是,在增加了便利的同时,错误信息与不良信息也乱入了进去,使得道德修养培育的难度增加。由此可见,大学生道德修养培育工作者需要树立一种模糊性的思维。教育工作者并不是以一种模糊不清的思维状态去对学生的道德修养状况进行判断,而是当大学生的道德修养现状本身处于一种模棱两可的复杂的状态的时候,教育工作者可以运用模糊性的思维通过自身对于大学生道德状况的感觉而有一个大概的判断,然后结合实际经验对其中的缺陷进行弥补,最终的目的仍是为了达到精确判断。从现实情况来说,大学生的思维与一般的青年不同,大学生有自身思维上的不确定性、隐蔽性以及动态性,这也使得大学生思维具有一定的复杂性,所以教育也必须跟随这些复杂的因素通过不同的形态展现出来。这就需要教育工作者结合自身的抽象推理能力和综合概括能力,精确地针对大学生自身习惯以及突出特点提出不同的解决方案。

(3)数据思维要求进行开放思维。大数据时代,数据的产生与信息传播的广阔性、多元性、动态性密切相关,也与数据的复杂程度和更新程度具有千丝万缕的联系,因此,大学生道德修养培育工作者的数据思维还需要具有开放性的特点。因为现代社会是一个开放的时代,突破了过去自然经济、计划经济条件下人际环境的小天地,结束了长期以来疏于交往的封闭状态。随着大数据技术特别是互联网信息技术的发展,社会信息化、互联网化的特征越来越明显。因此,在道德修养培育的过程中,教育工作者对数据要有特殊的敏感度以及对价值的判断力,进而能够形成大数据时代的道德修养培育经验,并能够将经验上升为理论,从而更好地指导教育实践。

2. 将数据思维与传统经验有机结合

(1)使用便携式智能教育载体。大数据时代技术的先进性,使得大学生道德修养培育的方式比以往更加具有携带的灵活性以及多变性,相对于以前的传统的媒介(如报纸、书刊等)有着自身更强的优势。例如平板电脑、智能手机在大学生中间起着很强大的载体作用,因为它们所具有的灵活性的优势更受大学生的青睐。目前的大学生道德修养培育者可以利用微博、微信以及其他相关的信息发布平台使大学生接受道德修养培育的信息。教育工作者还可以在上面设置新的议题,再结合自身关于道德修养培育的实际经验,严把入门关,做好互联网把关人,将积极、正面、正确的道德知识推送给学生,关注学生的情感,磨炼学生的意志,引导学生的道德行为,从而能够大大拓展道德修养培育活动的范围,并突破时空的限制,使道德修养培育活动呈现出流动的状态。

(2)精简教育信息。教育载体的迷你在一定程度上决定了大学生道德修养培育信息的精简。信息的碎片化将道德修养培育活动的时间进行了分割,学生更愿意选择零散的时间来接收教育信息,教育信息的烦琐也使得学生的抵触情绪越来越浓厚。大数据时代,阅读速度的加快以及阅读内容篇幅的越来越短小使得大学生越来越浮躁,从而催生了快餐式阅读,传播和建筑一样,越简洁越好。因此,大学生的道德修养培育必须根据社会的发展而不断变化,将传统教育经验中沉淀下来的经典的教育内容变得更加简短、新颖、有重点、有吸引力,在教育形式上则可以通过微博、微信等传递图片、语言、视频等。这种形式的信息具有篇幅短小、实时性以及趣味性强的优势,学生对此类信息的关注度比较高,兴趣度相应的也比较高。与此同时,篇幅短小、灵活多样的教育内容,在道德修养培育传播过程中也更容易通过互联网被快速地传递出去,从而达到扩大教育范围和提高教育效果的目的。

(3)分类受教育者。通过大数据对于数据的分类使得大学生据此变成相应的不同的群体类型,教育者可以根据不同的分类情况对学生进行个性化的教育。如可通过数据分析,将大学生按照成绩、来源地、性别、家庭状况、性格特征等分为不同类型,开展分类型的教育。首先,学生按照自己的需要对相关的信息进行符合自身的选择;其次,教育者可以通过不同的学生的个性化特点,来对自己的教育方案进行不同的调整,并在一些信息发布的平台进行自己所需要的信息的收集与整理。这样可以很好地解决不同类型学生的各种道德问题,使学生更加认可、理解、接受道德修养培育,实现道德修养培育的个性化与精准化。

(4)教育结构趋向扁平。从目前情况来看,教育信息更加多元,教育渠道更加多样,教育逻辑更加扁平。每一个大学生都同时在进行着教育和接受着活动,即每个学生既是教育者同时也是受教育者。因此,道德修养培育不再局限于专门从事道德修养培育的教师、课堂、高校,任何一个普通人,都拥有了教育者与受教育者的双重主体身份,都可以作为教育信息的制作者与传播者参与到道德修养培育的过程中来。人人都可以在对话中实现决策参与,成为传播主体,这就使得道德修养培育活动走下了神圣的讲台,从而更加便捷、高效、平民化,也更易于被学生接受。

(四)情境认知与泛在教育相结合的方法

知识的学习是动态的建构和组织过程,因而,教育必须顺应人们学习知识的规律,适应学习环境的变化。因此,大学生道德修养培育必须按照大学生的学习规律,并基于社会情境来开展。大数据时代,大学生道德修养培育的情境发生了重大变化,无所不在的互联网覆盖了大学生的学习环境,他们随时随地都可以与互联网联通,择取自己所需的知识。面对泛在教育的趋势,大学生道德修养培育必须做出反应。

1.情境认知是大学生道德修养培育的必要方式

教育活动总是基于一定的情境,知识的学习是大学生在与环境交互过程中建构的,既不由客观决定,也不是主观产生的,知识的学习是一种交互的状态。因而大学生道德修养培育需将各种情境纳入教育的范畴。

(1)学习的内在含义。情境认知理论认为,知识与活动是不可分离的,因而,学习知识是实践主体参与实践活动的过程,在这个过程中,他人以及环境都可以对其造成相应的影响,完成这个过程,实践主体就可以形成参与实践活动的能力,就可以提高实践主体的社会化水平。目前,社会环境是大学生开展学习实践活动的一个非常重要的平台,因为根据现实情况来看,即使大学生身在课堂,也可能心在互联网,因此,大学生主动学习行为的发生也需要有相匹配和适合的文化背景与活动场景。因为在高校的大众化教育中,学生所学到的知识是抽象的、呆滞的、缺乏生机的,这就造成了不能学以致用现象的大量发生。

(2)学习的具体手段。情境认知理论认为,大学生的学习活动需要落实于真实的他们所生活的环境,只有结合了大学生的真实环境的学习实践活动才能真正地形成能力。在大数据时代,现实中的大学生具有不同的文化背景、目标、信念和道德品质等,而在互联网社会,有着相同认知、兴趣、爱好的人集结在一起,形成的庞大的互联网群体,对大学生的道德认知和道德实践产生了巨大的影响。大学生在自己创造的互联网中有着自身的身份以及人脉圈,所以,在自身参与的互联网实践当中,既接收也传递了一些自身许可的信息,与此同时,自身对于这个圈子也有着不可小觑的作用,使大学生与互联网群体不断地相互影响、相互作用。

(3)教育者的地位。情境认知理论认为,在学习过程中,教育者是学生学习的促进者、引导者、合作者及参与者,教育者的作用在于提供真实的学习情境,搭建学习支架,了解学生先前的知识经验,促使学生利用他们在物理的、社会的环境中去建构知识和意义,促进学生综合素质和能力的发展。教育者要与学生共同分担责任,共同做出决定,相互尊重。这也正契合了大数据时代给予教育的变革。

2. 泛在教育是大学生道德修养培育面临的趋势

泛在教育即"普遍存在、无所不在"的教育,云计算、物联网、富媒体和手机与平板电脑构成了泛在教育的基础。当前,大学生凭借无线网、移动互联网和个人便携式设备可以与任何地方的任何人保持连接,因而,他们越来越期望能够在任何时间、任何地点使用自己所选的设备与他们所需要的互联网连接,进行学习、生活、娱乐等活动。

(1)大学生的成长世界。如今的大学生基本上是伴随着互联网的发展而成长的,他们同时生活于现实世界和互联网世界中。一个孩子从出生就在接受着现实世界的教育:父母的言传身教、生活环境的熏陶;随着年龄的增长,开始接受高校教育,完成幼儿教育、小学教育、中学教育、大学教育;进入社会后,不断接受着社会的教育,即使个人不曾意识到自己是被教育者。与此同时,他们也接受着互联网世界的教育。一个孩子也许在未入学之前,就已经在使用手机或平板电脑了,随时联通的互联网世界对于他们的教育或许比高校教育来得更早一些。面对实际情况,教育者对于大学生的道德修养培育必须做出反应。

(2)泛在的教育场所。日常生活时空是大学生最基本的生存时空,不同的学生在日常生活中的活动往往是按照某种惯常的模式形成各自不同的活动路径,即个人的生活轨迹。个人日常的生活轨迹是大学生对于自身发展的需要和客观社会与自然条件限定的共同结果。个人的日常生活活动包括了生活时空中的所有教育活动。社会中的每个人时刻都处于学习之中,因而,大学生还处于学习时空之中,无论其是否身在教室或校园。在学习时空中,大学生行动的直接目的就是学习,其中,教师的教育活动是主要活动,教室则是主要的教育活动场所,教室中的各种设备设施是完成教育活动的辅助条件。除此之外,还有高校之外的教育活动,即社会教育时空。社会时空是一个相对较为开放并与他人共享的领域。大数据时代,无论学生处于以上哪个时空,都同时存在于互联网时空,每时每刻都接受着互联网的教育。

3. 将情境认知与泛在教育有机结合

(1)创设泛在学习情境。互联网作为这个时代无处不在的高科技技术,它使得任何物品与设备都有着难以脱离的联系,它不仅融合了高性能计算机、传感器、高速互联网等一些设备的优势并使它们相互融合,也使得大学生可以随时随地地学习,甚至还可以根据自身需要进行资源的获取。因此,教育者必须创设适合大学生需要的泛在学习情境,对学生学习的设备、学习内容、学习资源等进行最优化的选择,为学生的学习活动提供适合的学习服务,虚心接受学生的学习评价并不断改进。

(2)推送泛在教育信息。情境感知是指通过传感器采集或感知被服务对象的情境信息,根据情境信息分析判断被服务对象当前的状况,然后选择并提供适当的业务服务。大数据时代,泛在信息环境使得大学生的活动空间更加广阔,使得现实空间与虚拟信息之间可以相互地穿插,造就了智能空间的形成,在这种信息环境中,以学生为活动的主体对象,通过不同类型的教育手段使得教育方案以及教育系统更加的完善与全面。大数据时代的教育环境因为信息聚合以及传感互联网而具有了相应的情境感知能力,这就使得现实社会与虚拟空间可以更好地融合,并使得虚拟空间可以感知现实世界。随着大数据技术的发展,无处不在的传感互联网感知情境,产生了关于大学生道德修养的海量情境数据,教育者通过情境建模形成大学生的当前情境模型,并通过观察学生以往的情境数据来获取他们相应的日常行为习惯以及特点。在此基础上,通过对动态的数据进行挖掘,将各个学生的兴趣模型进行聚类分析,综合学生当前的情境模型和兴趣模型进行主动式的个性化教育信息推送。

(3)评估泛在学习效果。泛在教育创设了更加智能化的情境让学生充分获取学习信息资源。为了更好地理解大学生和他们所处的学习环境,检验学习的效果,教育者需要利用大数据技术对收集到的关于大学生学习的海量数据,如学生在现实世界与学习系统中的活动、使用各种学习资源的情况、与他人交互的情况、心理和情感状态、个人喜好的变化、知识和技能的变化、所处的位置以及与这些位置相关的活动、参与的社会实践活动等进行分析、处理、建模,将这些数据从个人层面、课程层面、专业项目层面、高校层面、社交层面等予以解释,评估各种教育模式的效果、学生学习的效果,从而改善教学过程、学习过程以及学生学习所处的环境。

第三节　大数据时代大学生道德修养培育的措施与机制

随着我国社会主义市场经济的深入发展,社会结构的深刻变革与转型,同时受到西方思潮和后现代主义的影响,以及大数据时代的到来,当代大学生思想的独立性和差异性不断增强。这在客观上要求大数据时代的大学生道德修养培育需要有新的视角,并积极灵活地探索新的教育措施和教育机制。

一、大数据时代大学生道德修养培育的措施

随着大数据技术的发展,大数据时代的来临,大数据发展战略的制定、大数据教育模式的构建、大数据素养的培养等,均可以有效提升大学生道德修养培育的实效性。

(一)制定大数据发展战略

从资源的角度进行解读,我们可以看出,数据俨然已经成为一种重要的资源,并且越来越具有战略意义,它和自然资源以及人力资源一样具有举足轻重的作用,对于数据资源的控制能力表现了一个国家的数字主权。大数据正在思维领域引发革命,未来高校的核心竞争力还将包括对大数据的掌控分析能力。因此,国家和高校大数据教育发展战略的制定与实施将有力地推动大学生道德修养培育。

1. 大数据国家发展战略制定已成趋势

互联网技术、计算机技术以及通信技术的快速发展,使得人类社会的数据总量呈现指数级增长,这对数据的收集、运输、存储、分析利用和安全等技术应用和数据的管理工作提出了更高的要求和更大的挑战。信息作为三大社会资源(物质、能源、信息)之一,如何充分利用信息资源,如何更经济、更快速地从海量不同结构类型的复杂数据中快速提取价值成为关键。

美国的"大数据研究和发展计划"在各国引起了强烈反应。美国的这个计划涉及诸多部门（如能源部、国家科学基金、国防部等），这项计划投资近2亿美元，主要是研究和发展数据收集、访问、组织和开发等技术，这些技术开发的目的是提高国家对海量数据的使用能力和水平，这些技术的核心是数据的收集和分析。该计划并不单单是依靠政府，而是与产业界、学术界以及非营利组织一起，共同充分利用大数据所创造的计划，是美国国家层面在信息领域的又一次狂飙猛进。英国建立了世界上首个开放式数据研究所（the Open Data Institute，ODI），为那些对公众有益的商业企业活动提供数据背景支持，并且投入1.89亿英镑的资金来发展大数据技术。欧盟成立了开放数据平台，这个平台提供的是数据统一的语法规则，保证所有的相关单位能够利用数据资源，而不仅仅是简单的数据资源的集合，任何人都可以在这里下载数据，利用这些数据开发新的应用。日本政府重启了ICT（Information and Communications Technology，信息与通信技术）战略研究，并将重点关注大数据应用。

目前，我国对大数据的研究如火如荼，大数据的运用仍处于发展的初级阶段。在我国公共领域对于大数据的使用较为普遍，主要是在交通、电子政务、司法以及电力系统。在高等教育领域，很多高校开展了不同程度的研究和探索。中国计算机学会大数据专家委员会成立了大数据共享联盟（Big Data Alliance），这个组织是学术性组织和公益性组织，由相关的产学研机构以及个人自愿组成。该组织要建立一个集大数据收集、展示与共享于一体的统一平台，并且这个平台的运行与维护需要持续不断地进行。该平台负责开发和研究如何对大数据进行深层次的应用，如何更好地进行数据收集、数据展示、数据共享等工作。这样一个平台的建立将促进我国大数据研究领域的发展，使得研发方面能够得到根本性的突破。

2."智慧校园"的建设与发展

以高校为主体的教育信息化进程，是教育信息化的重要组成部分。随着校园网建设的普及和广泛发展，"数字校园"建设兴起，"数字校园"在为高校提供教学、科研管理等先进大数据服务的同时，也构建了以人为本的计算机环境、与用户相关联的应用环境、数据集成的环境以及可靠的运行环境，也就是说，"数字校园"的建设促进了高校个性化服务的发展，通过一体化的校园数字化设计和规划构建了关联整合的信息系统和支撑环境的有机集成系统。随着物联网技术以及云计算技术的发展，教育的信息化建设又有了新的目标，即"智慧校园"的建设。随着云教育平台的发展，庞大的数据量将成为教育的基础，利用数据分析手段将数据转化为信息，然后通过使用者本身具有的知识经验将有用的信息转化为知识，通过这些知识指导教育，真正地实现因材施教，这对于教育质量的提高有很大的促进作用。

"智慧校园"的建设是以个性化的教育服务理念为前提的,这种服务理念实现的基础是其能够对周边的物理环境具有全面的感知能力。这种互联网通信技术可以达到无缝互通,能够通过对学习者本身特征和学习环境的识别,对海量数据进行挖掘和建模,通过对教学过程的分析和评价,提供给高校一个开放的教育环境,同时也能够给师生提供舒适的生活环境,最终有效解决师生在校园生活、学习、工作中的诸多实际需求。基于"智慧校园"的物理感知能力,能够有效地分析现实中的物体与环境的特征和师生的教学习惯,以此形成分析模型,可以通过该模型来分析教育发展的规律、预测教育发展的趋势。基于发达的多业务互联网,"智慧校园"能够实时传递各类信息、数据,因为互联网的特性削弱了时空的限制,其在对信息化平台进行整合的同时,还可以集约化地利用,这将有利于资源的良好组织和优化存储,最终实现智能化的决策、管理和控制。"智慧校园"使用大数据技术深度地挖掘和推荐资源,支持多模式、跨时空、跨情境的学习、科研环境,其信息化应用真正与社会整体信息化应用环境融合,体现了面向最终用户的个性化、综合化与社会化。

"智慧校园"的建设在硬件上要求如下:①具备无处不在的、便捷的上网环境,即校园互联网基础设施的完善。在互联网接入方面,目前大多数高校为有线为主、无线为辅,部分高校通过引入 4G 校园互联网通道实现了有线与无线融合,未来高校应建成以无线为主、有线专用、移动互联网作为补充的校园互联网基础。在教学网建设方面,未来的高校应该是数字化、可视化的,为教学环境的改善提供技术支持,这一技术支持的主要手段就是大数据。在科研网建设方面,未来高校应建成能够高速运转的云计算平台,为学生和教师提供快速使用和管理的权限。在资源网建设方面,未来高校应建成大容量、高带宽、安全、冗余可靠的互联网,以便为大数据的存储和读取提供优质的大数据平台,未来高校也应该覆盖广泛的智能设备,完善智能互联网的建设。②拥有一个数据环境,也就是计算环境、存储环境,即构建高速的校园云计算平台。高校云计算平台的建设总体上来说包括基础设施建设和计算系统的建设。其中基础设施的建设主要是指机房环境、云计算平台、云存储平台、容灾系统等的建设,计算系统的建设主要是指云计算管理系统的建设,云计算安全环境的构建,能够对云计算平台进行管理、运维和服务的团队的培养以及云计算服务的应用。③拥有一个系统(物联系统),接入一支持各种智能终端、设施、设备联网的环境,即校园可感知物联系统的建设。基于当前大数据技术的发展和完善,高校可以利用先进的互联网大数据技术构建智能型的物联网专用互联网,按教学、管理、科研、日常生活等不同种类的需求构建各类可感知的智能化管理互联网。其中包括教学楼能耗监控系统、平安校园互联网系统以及关于校园生活管理的互联网系统。

"智慧校园"的建设在软件上要求对高校收集到的大数据信息进行挖掘、分析、管理与应用,并发现其中的价值,这就需要有能够开展此项工作的团队和相应制度的保障:①人才队伍的组建。大数据时代来势迅猛,使得大数据人才变成了稀缺人才。"智慧校园"建设要求的大数据人才和大学生道德修养培育要求的大数据人才并不是指专业的数据科学家和数据工程师,而是指这样类型的人才集合,他们需要了解教育行业、了解教育技术的不同层面,能够以综合的视角制定切实可行的教育方案,同时需要具有统计学背景、计算机科学背景、人文科学背景,在教育数据的收集上有敏感性,在教育数据的分析上有技术性,在教育数据的管理上有一定的经验,在教育数据的应用上有创新。②保障制度的建立。从国家层面考虑,应该是制定远景规划,这个远景规划必须能够充分考虑大数据的应用,能够加速推进和鼓励高校等教育机构将大数据积极应用于教育领域。从各级的教育机构角度考虑,包括学生综合信息在内的系统、能够实现在线教育的平台等的规划和采购,都应该考虑大数据的实际应用,能够统一大数据的使用规范,为使用大数据技术进行教学改善和教育决策提供相应的数据支持。从各个高校的角度考虑,可以构建虚拟学习社区,对学生进行精细分析,从而不仅能够为学生主动推送合适的学习资源,还能通过学生行为模式预测思想或行为的趋势,最终实现真正的因材施教。

(二)构建大数据教育模式

未来教育信息化的大数据发展之路,将针对决策者构建大数据科学决策模式,针对教育者构建大数据知识服务模式,针对大学生构建大数据个性化教育模式。

1.决策者的大数据科学决策模式

当代大学生的数据在互联网上是以碎片的形式展现的,因此,这就要求决策者能够将这些数据整合,从多角度和多层级来分析这些数据,从数据中得到隐藏的信息,所以,大数据时代,要求教育决策者具备数据思维方式,即具备思维的敏捷性、开放性、前瞻性和个性化。大数据时代,教育决策者只有具备数据思维方式,对与大学生道德相关的信息的把握才会更加全面、及时、可利用。教育决策者必须对数据是敏感的,这能使决策者在大数据的背景下充分发挥个人的特性,从而使得大数据可以被有效利用。关于大学生道德修养方面的大数据,其对于整个教育情况的开展与运行还具有监测的作用,这也有助于教育决策者发现和解决问题,并且在正确的时间、正确的地点做出正确的决策。教育决策者可以运用定量和定性结合的方式对学生接受的道德修养培育的情况进行分析,进而发掘大学生道德修养培育的规律,以便对他们道德修养未来的发展趋势进行预测。教育决策者在了解教育的发展规律的进程时,大数据可以为其提供更加有效和科学的数据支持。

2. 教育者的大数据知识服务模式

以大数据为依托开展的知识服务模式是一种基于多互联网(包括互联网、电信网、广播电视网等),用来处理并解决结构化、非结构化以及半结构化的数据的信息服务模式,这种模式使得信息服务业能够智慧化、协作化和先觉化。该服务模式是嵌入式多方协作的一种知识性服务模式,体现了现代信息服务的理念。这种大数据知识服务模式集成和优化了使用者、技术、能力和资源等知识服务生命周期中的要素,是大数据服务模式的核心,面向的是智慧服务和自主需求的知识服务。

大数据知识服务系统中包含着数据来源、服务能力、服务过程以及服务资源等因素,并且这些因素全部都由使用者决定,所以大数据研究和服务应该以使用者的需求为重心,充分发挥使用者自身数据的重要性。因此,为了构建基于大数据技术的、为教育者提供服务的大数据环境,就得充分进行数据的存储、获取、组织和分析,充分整合相关方(包括使用者、大数据制造方、大数据运营方和大数据处理方)资源,这是一个大数据知识服务的生态系统。

大数据知识服务依托于第三方平台,通过信息的获取、存储、组织和分析,将资源、知识、能力及过程转化为大单项的数据知识服务,利用第三方服务平台形成知识服务资源池,对大数据进行统一管理和处理。针对不同行业、领域或不同需求,在原有共性技术体系的基础上,形成专业性较强的异性技术体系的大数据知识服务体系。利用知识库、模型和数据处理框架以及专家库,真正实现大数据获取、存储、组织、分析和决策过程中对能力、知识、资源和过程的全面共享,使得教育者可以从大量分散的异构数据中提取出有用的数据,提高数据的利用率。在这个过程中需要充分利用群体创新的力量,提高大数据的利用率,实现数据、知识及服务的增值,用以支持科学和教育。

3. 大学生的大数据个性化教育模式

随着高等教育的大众化,因材施教变得更加难以实现,因为人的精力是有限的,教育者对所有学生的情况都了如指掌是不太可能的事情,因此,个性化是一个苛刻的需求。但是随着大数据时代的到来,教育者能够根据每个学生的个性设计个性化的教学方案,采用与学生个性相匹配的教学方法,使因材施教成为一个可以实现的目标。国际个性化协会对于个性化教育的定义是,教育者能够根据学生的潜质和自我认知以及与学生相关的人的需求,通过对学生进行的综合调查研究、分析、考核和诊断,制定适合学生个人的培养方案,整合相关的学习管理和知识管理技术,制定教育计划和目标,训练学生的心态、观念、信念、思维,充分地释放学生的潜能,突破他们自身发展的限制,使他们能够超越自我,从而实现自身的价值。大数据时代,大学生的个性化道德修养培育,将会在对学生已有的知识、情感、意志、行为等方面搜集到的海量数据进行整合、挖掘和分析的基础上,揭示出每个学生的行为模式,从而为学生量身定制道德修养培育的目标和计划,并通过量身定制的方法和技术,使每个学生在道德的发展中实现自我成长和自我超越。

(三)培养大数据素养

在大数据时代,我们需要主动培养个人的大数据素养。大数据素养就是要改变传统的数据文化理念和传统的对数据的思维方式。过去,我们仅仅把数据当成工具,符合利益需求的会用,不符合利益需求的就不用。而大数据的文化理念要求将数据当作基点和基石,它所反映的事实我们必须尊重,一切从事实出发,把它作为角色的基础,将数据作为客观世界建立的根本。中国传统文化中强调混沌、含蓄、大而化之,因此,对事物经常表现出模棱两可的态度,但是,在如今的大数据时代,这种思维方式已不适合社会的发展,必须扬弃。现代的数据思维方式就是,用数据去描述事实,追求准确、理性与逻辑。数据就是精确的事实,是科学的载体,是科学的语言和出发点。

1.培养大数据意识

大数据时代的变革力量逐渐改变着世界和人们的习惯,数据化的生存方式将是未来的趋势。在传统观念中,我们认为世界是由自然现象、社会现象和人类思维活动构成的,这当然没有问题,但是在信息化社会,随着大数据时代的到来,人们的认识不得不发生一个根本性转变,那就是要认识到世界在本质上是由各式各样的信息构成的。与此同时,一旦世界被数据化,就只有你想不到,而没有信息做不到的事情了。生活在这样的大数据时代,个人没有选择的空间,只有一条路,那就是主动适应它。而要想适应这个时代,就要对大数据本身是什么,意味着什么,带来什么变革,未来发展趋势如何等一系列的问题进行全面了解和分析。在此基础之上,才谈得上进一步需要面对的问题,那就是大数据时代对我们个人的生存、生活和发展会带来什么影响,特别是给自身所处的行业会带来哪些机遇和挑战。然而了解和分析数据的能力不是一朝一夕就能培养起来的,因此,大数据意识的培养是一个长期工程、系统工程。首先,必须具有明确清晰的数据意识,强化对数字的敏感度。其次,要确立对数据的全面认识,培养敏锐的洞察力和鉴别力,能够迅速并准确地判断数据的出处、采集和处理方法,对数据的价值和局限性要有充分的评估,善于对数据所承载的重要信息进行准确和完整的解读,能够吃透各种统计结果、调查报告等所传达的丰富意义。可以说,数据就是机遇,只有充分认识到数据在大数据时代是能够带来革命性发展的关键钥匙,充分了解大数据所蕴含和承载的海量信息和丰富意义,才能真正确立起强烈的数据意识,进而高度重视对各种信息的收集、储存和分析,为个人的未来发展提供强大的数据支撑。

2.培养互联网化学习能力

进入信息化时代以来的一个最显著特征就是,互联网以无法言表的加速度、前所未有的广度和深度改变了我们的学习、生活和工作环境。互联网传输便捷化带来的信息超载问题,虽然给人们带来了大量有用的信息和发展机会,使得一部分抓住机遇的人成为创新的领头羊,但是人们有限的精力和时间根本无法应对知识大爆炸带来的海量信息,而且这些信息呈现明显的碎片化特征,很多信息成了无人问津的知识垃圾。社会在这一急剧变革和整合的时期出现日益明显的两极分化现象,人们利用互联网和大数据进行激烈的竞争,同时也不断深化着合作,因为个人的单打独斗效果实在不佳。在这样的背景之下,要想成为大数据时代的强者,不被时代所抛弃,就必须提高互联网化学习的能力,这是当今时代每个人(包括大学生)追求更好生存和发展的必备条件。海量信息需要高效的学习方式,需要对数据做出及时反应和处理,而互联网化学习,就是这种高效学习方式的代表。所谓互联网化学习,就是借助现代大数据技术,将大量文字、图形、声音、动画和虚拟现实融为一体,进而为学习者提供一种具有全新互动机制、富有弹性的学习路径。在这种学习环境下,学习者可以充分利用丰富的学习资源,如原始数据、文献资料、电子书、学习软件、教学课件、学习论坛、互联网公开课等,按照自身特点、需求以及时间进行灵活选择。因此,如何充分利用这些资源,培养互联网化学习能力就成了人们加速知识升级、在学习中占得先机的重要条件。可以说,具备这种学习能力能够使大学生受益终身,因此,互联网化学习能力是最亟须着力培养的核心能力之一。互联网化学习引发了人们学习方式和学习习惯的一次革命,使得随时随地的学习更加便捷,这种知识传播方式带来的效应使人们进行知识创造、技术创新的能力竞相迸发。需要指出的是,互联网化学习的弹性和灵活性并不是不讲规划,相反更应该结合自身学习实际、学习条件和职业生涯规划,对学习的内容、学习的目标进行科学、合理的安排,按照长远目标和短期目标相结合的原则,统筹安排、合理规划,真正成为自主学习、创造性学习的高手和能手,实实在在地提高自身的交流能力、思维能力、创新能力和理论联系实际的能力,真正实现学以致用、学以修身。

3. 培养数据分析能力

确立重视大数据的意识,提高学习能力和搜集数据的能力只是完成了第一步工作,更重要的是对数据进行科学、合理的分析。面对浩如烟海的信息,我们要培养的数据分析能力包括哪些呢?首先是数据认知能力,必须以敏锐的洞察力对数据的价值和意义进行初步的判断,这是在海量数据中进行数据筛选的重要条件。其次是数据收集和整理能力,这个比较简单,我们可以利用互联网对数据进行收集,然后按照数据的属性和特点进行归类和整理,为最后的数据分析奠定基础。最后是数据的表述能力和探究能力,表述能力是对数据丰富含义的解读和转述的能力,探究能力是对大量数据进行分析和综合,并最终得出结论的能力。数据分析能力的提高并非空中楼阁,而是建立在坚实基础之上的,基础就是高超的思维能力、系统的数据分析方法以及明确的数据应用需求。只有以数据应用需求为牵引,利用科学的方法才能制定科学的方案。对分析过程进行合理的监视、评价,选用适当的统计图表或统计量表描述数据的波动性、典型性以及相关性,揭示数据背后的规律,并对分析结果进行反馈、调节和修正,这个过程也是零散的数据系统化、条理化的过程。

4. 培养数据安全意识

随着科技的进步,互联网及移动互联网的快速发展,云计算、大数据时代的到来,人们的生活正在被数字化、被记录、被跟踪、被传播,同时其带来的个人数据信息安全及隐私保护方面的问题也成为社会关注的热点。每天人们在互联网的活动以及使用移动互联网的过程中产生的包括文字、图片、视频等信息在内的各类数据,以文件、数据库、多媒体等形式存在于计算机信息系统的数据,各类数字设备所采集的数据,如摄像头产生的数字信号、医疗物联网中产生的人的各项特征值、天文望远镜所产生的大量数据等,都以爆炸式方式在增长。数据的爆炸式增长使得数据安全与隐私保护成为大数据时代的关键问题之一,"棱镜门"事件更加加剧了人们对大数据安全的担忧。大量事实表明,大数据未被妥善处理会对用户的隐私造成极大的侵害。大数据时代保护个人数据信息安全,除了需要法律和政策方面的监督、管理和保护,同时也需要个人提高数据信息安全保护的意识和能力。要有数字化节制意识,不能随意将个人重要信息和照片发布到社交网站上,更不要随意在社交媒体上透露个人行踪,如果发布了相关信息,最好是通过设置访问权限的方式,防止陌生人特别是违法犯罪分子的侵入。在注册论坛和互联网账号时,最好不要将个人姓名和生日等信息作为账号或密码,防止被非法分子破译并利用,同时不要通过手机短信、微信和QQ等即时通信工具发送互联网账号和密码,特别是微信、支付宝等涉及财产安全的账号和密码。另外就是要通过主动学习,提高个人的信息防护能力,通过接受相关教育,认真学习互联网运营商的安全隐私协议和提示,掌握相关的隐私设置方式,切实保护好自身信息安全。

(四)完善大数据政策与法律法规

大数据时代,借助数据存储、数据分析等为自己牟利的情况越来越多,由此引发的包括数据版权纠纷、用户隐私泄露等在内的一系列问题一直是伴随着大数据发展的巨大的挑战。这些问题概括起来主要包括两个方面:一方面,基于云计算的应用以及普遍存在的社交互联网,许多企业和个人的身份特征、思想特点等都成了以各种形式存储的数据,存在极大的风险和牟利空间;另一方面,法律、政府监管的漏洞导致各类数据泄露事件带来的法律纠纷无法可依,争执不断。如何积极处理这些问题,并使数据的生产、共享和利用进入良性循环,是事关互联网社会和大数据时代的健康发展的大问题,因此就需要加快立法步伐,尽快完善和健全相应法律法规。目前,我国的《互联网信息服务管理办法》中的部分规定还远远不能适应大数据的发展。针对企业或机构自行采集或生产的数据,在数据未公开或利用前,没有明确的政策与法律法规,相关规定主要集中在数据的利用上,且当数据被公开、被泄露或被不正当利用时,也缺乏相应的政策与法律法规。

在数据共享方面,我国政府编制了《科学数据共享工程建设规划》,制定了一系列数据共享的政策法规,但即便如此,和国外发达国家还有很大差距,主要原因在于数据共享政策不完善,已经制定的法规条例没有足够的法律效力,使科学数据的广泛共享一直停留在字面上。在数据版权方面,其鉴定依然模糊,缺乏清晰完善的法规作为指导。在用户个人信息保护方面,我国还没有个人数据保护方面的立法,也没有专门的个人隐私法。目前现行法律中对个人隐私方面的保护仅在一些相关的法律中有零散的规定,还没有形成完整的法律体系。隐私权还没有成为我国法律体系中一个独立的人权,对隐私权的保护以及侵害隐私权的诉讼也没有专门的诉讼制度,因此,在实际执行中是难以具体操作的。大数据的发展给个人带来了生活、工作、学习、娱乐等方面的便利,给企业发展带来了更多机遇,为社会创造出了更多的价值。大数据的创新发展需要开放的数据,因此,法律层面的保障是大数据时代发展的迫切需要。

二、大数据时代大学生道德修养培育的机制

大数据时代,传统的道德修养培育的机制已经不能完全适应新的时代要求,构建符合大数据时代特征的大学生道德修养培育的机制成为必然。大数据时代

的大学生道德修养培育机制的构建必须符合大数据的特征,能够体现大数据的价值,能够使大数据在大学生道德修养培育中发挥潜在作用。

(一)预测预警机制

1.预测预警机制的内容

大学生道德修养培育不是孤立封闭的"院墙教育",它必然会受到现实社会和互联网社会各种因素的影响和制约。因此,大学生道德修养培育必须考虑社会环境,包括现实社会和互联网社会的影响因素,并有针对性地构建和完善相应的预测预警机制。大数据时代的大学生道德修养培育预测预警机制是指高校在收集到的与大学生道德修养相关的海量数据的基础上,通过数据挖掘、分析、处理等技术手段,对与大学生道德修养有关的思想动态、言论、立场、行为趋向等因素进行客观、科学的评估,及时做出预测,并依据相应的程度发布不同等级的教育预警信息,采取必要而且有效的教育行动和措施。

构建大学生道德修养预测预警的指标体系,包括大学生道德意识指标、道德生活指标和道德关系指标。大学生的道德意识指标主要包括以下几个方面:①道德习俗,就是要了解大学生对日常生活中风俗习惯等情况的把握程度;②道德原则,就是了解大学生对社会行为是非、善恶的判断尺度的把握情况,这个是其行为基本准则的反映;③道德范畴,就是了解大学生对有关基本道德概念、范畴的认识与把握程度,从而管窥其道德知识水平;④道德观念,就是了解大学生对道德事件的认识与看法,从而把握其道德思维的特点;⑤道德信念,就是了解大学生对社会普遍遵循的道德规范形成的信仰状况;⑥道德理想,就是了解大学生对高尚道德境界的追求和向往情况。大学生道德生活指标包括以下几个方面:①道德选择,就是了解大学生在面对多种冲突的道德行为、观念而需要做出抉择时,所经历的内心斗争和心理活动;②道德评价,就是了解大学生对各种道德行为的对错进行的评价活动;③道德修养,就是了解大学生积极自发地通过学习与锻炼,不断提升自身道德境界的活动。大学生道德关系指标主要包括人与人的道德关系以及人与社会的道德关系等,就是了解大学生在社会行为中与他人通过交往形成的关系如何,与整个社会结成的关系如何,从而把握其道德境况。

2.预测预警机制中的大数据分析原理

在小数据时代,由于缺乏获取全体样本的手段,只有通过随机调研的方式获取所需样本数据,这样一来,样本的抽取越随机,就越能把握问题的真实状况,但这种方式实现起来难度太大,不仅代价极高,而且颇为耗费时间。但在大数据时代,云计算和数据库能够帮助获取更为全面的样本数据,实现起来就简单多了。过去使用抽样的方法,需要在具体运算上非常精确,时间代价非常高,到了大数据时代,在保证不放大偏差的前提下,以最快的速度把握整个轮廓和发展脉络就比精确的计算更为重要了。而且大数据不是利用逻辑推理方法,而是充分利用了相关性分析。所谓"相关性",是指两个及两个以上变量的取值之间的本质联系。通过相关性分析可以发掘数据集里隐藏的关联网,而反映相关性则通过支持度、可信度、兴趣度等参数。通过发掘两个及两个以上数据集之间的数理关系,通过某一个现象的关联物的发现进而建立相关关系,在此基础上可以实现对当下的把握以及对未来的预见。传统的数据处理方法是通过建立抽象的理论模型来完成预测以及模型修正的,与之不同的是,大数据的相关分析是采用全样本分析,能够不受偏见的影响,从而避免偏差的出现。在大数据预测结果的基础上,决策者就可以对大学生的道德修养状况进行准确预警,为高校相关部门提供参考,从而通过迅速及时的反应,有效防止发生大学生道德危机。

3. 预测预警机制的实践

大数据的运用可以说非常广泛,不仅可以广泛运用在教务管理、科研规划等业务层面的宏观规划、预测之中,还可以在学生个体道德危机这一微观层面发挥积极作用。其微观层面的作用主要通过对单个学生的需求进行评估和判断,以便及时发现问题并处理。例如,可以根据校园一卡通的消费数据来把握不同学生的经济情况,如果一个同学家庭比较困难,那么长期来看,他的一卡通消费肯定会表现出省吃俭用的特点,这就需要教育者给予足够重视,通过高校资助系统有效减轻其生活困难问题,这既是以人为本的应有之义,也是避免心理危机和道德问题的先手棋。此外,还可以根据学生各个学期学习成绩的变化,把握学生学习波动情况,及时跟进,分析学生学习方面的变化是否由于心理或思想问题引起。有些高校还通过大数据的采集、处理和分析,对学生行为特征、招生与就业情况、教育质量以及舆情等其他各领域问题进行了分析。

大数据时代,传统图书馆也面临着冲击,大数据可通过对数据的分析和挖掘,对云服务端存储的各种数据进行把握,分析学生的借阅习惯和偏好,通过对学生需求的预测,帮助图书馆管理人员科学决策,同时大数据的分析还可以帮助教育者利用智能决策等技术为图书馆建立科学及实用的风险评估模型,如数据图书馆馆藏信息安全评估模型,其主要优势是根据对软硬件资源、互联网资源、信息资源、服务资源及知识资源等的状况分析,对可能出现的故障进行预测,从而做好预防,避免遭受信息攻击和信息泄露。

(二)数据化管理机制

1. 数据化管理机制的内容

(1)教育资源的数据化处理。教育资源的数据化处理、存储以及计算的问题是一大难题,而云计算很好地进行了解决,因此,各高校为了提高教育资源的利用率,都在大力建设以"云"为中心的教育教学环境。大数据时代提出了一种全新的教育资源分析方法,就是利用内存检索技术、数据实时反应技术等 Hadoop 技术,构建一个基于云计算的大数据信息处理平台,对数据进行基于 MapReduce 编程的模型管理,从而使数据分析效率得到大大提高。其工作原理是,首先收集各种碎片数据,主要是学生信息数据、教师信息数据、基础信息数据、学习信息数据、搜索信息数据等教育信息资源,然后过滤碎片数据,将连续的、低信息粒度的数据提炼出来之后形成优质数据,将这些数据交于上层并进行数据分析,通过这个数据处理平台就可以对学生的学习行为、协作能力、课后行为和娱乐行为进行分析。运用分类算法、回归算法、聚合算法等数据挖掘算法,挖掘已经进行了数据分析的数据,以找出数据背后隐藏的有价值的信息,为做决策提供参考,比如给学生提出最适合他们的指导意见。此外,还可以通过数据分析来评估教师当前的教学效果以及学生的学习效果,从而预测未来的教与学的效果,在对预测结果进行分析、挖掘之后,给师生提出最佳策略。可以说,在大数据时代对数据的挖掘依然是结合云计算,采用数据挖掘技术对教育资源进行挖掘之后,揭示隐藏的但又确实对教师和学生非常有价值的信息,并以此提出预警和指导。

(2)教育资源的数据化服务。高校资源服务随着云计算和大数据技术的兴起以及师生对知识需求的变化而得以变化,比如高校教育资源的服务方式、模式、途径的变化就非常典型。未来的高校将通过数据的汇聚、过滤、分析和挖掘等操作为教师、学生提供服务,因此,这些服务将更具针对性。首先,在大数据的背景下师生只需要关注其最终结果而不必知道其原因。高校数据处理中心只需运用大数据技术分析和挖掘各种碎片数据,以研判采取某种教学方式对教学效果或学习效果的影响,如果得到正反馈,那么决策者要做的就是决定是否采用这种教学方式即可。其次,大数据时代的资源服务将会更加主动、更加贴近师生的实际需求。当前,各高校在"智慧校园"的背景下纷纷整合资源系统,以提高资源的应用效率,这样高校师生就可以尽可能地应用资源,同时也可以为资源平台建设、服务评价等交互式工作提供协助。而且系统通过收集师生在平台上留下的"痕迹"可以动态把握他们的资源需求,进而及时满足其个性化需求。因此,师生的认可度将得到极大提高,而资源中心也会因此增强主动服务的意识。

2. 数据化管理机制的作用

对于高校管理者来说,数据化管理可以给高校管理者提供清晰的管理依据。数据化有助于其理清管理思路,使工作目标化、制度化,减少人为过失,形成科学的管理行为。对于高校的教育工作来讲,数据在教育工作中无处不在,数据化促使教育者有条理地记录、分析、处理日常教育工作,养成良好的工作习惯,让高校的教学过程更具条理性,同时还可以让高校在数据分析的基础上做出决策,为高校管理方式、方法的改善与创新提供依据。对于高校发展来说,数据化管理有助于高校管理精细化,有助于对教育目标分解的细化和落实,有助于高校的发展改革规划能有效贯彻到每个环节并发挥作用。只要数据采集是真实、准确的,相关的数据研究和分析就会有说服力,从而有利于决策者做出最优的判断,制定最科学的发展规划,优化工作流程,建立数据标准,改善教育结构,助推高校的改革和发展。

(三)开放性机制

1. 政府的数据资源开放机制

想要对所有的数据资源进行整合,必须是建立在数据公开的基础之上的。政府作为数据资源的掌控者,所谓的数据开放,就是指政府将各种生活、社会、国情等数据资源向公众公开,这样有助于政府对信息及数据资源进行有效利用,有助于政府在国家的管理方面更为有序、细致,也有助于增强政府科学决策的能力。

近年来,越来越多的发达国家选择将一部分信息及数据对公众公开。以美国为例,其在信息公开方面做了诸多工作,例如颁布了关于政府信息公开的法律法规,为信息及数据的公开提供了相应的法律保障。除此之外,美国的诸多其他组织也构建了一些数据公开的网站,例如,普林斯顿大学建立的网站为民众提供了关于美国国会在立法方面的数据;OMB(Office of Management and Budget,美国政府管理预算局)则针对美国政府的预算及支出等建立了公开的网站,对美国政府 21 世纪以来历届的政府资金支出情况、政府合作项目情况等数据进行了公开,这些数据可以被任何进入该网站的人进行访问及下载。除了美国,全球的许多发达国家都在数据公开方面做了诸多努力。英国政府不仅提倡数据及信息的公开,还认为在信息膨胀的今天,数据权是每个公民都应该拥有的基本权利,并就此承诺在英国对此权利进行普及,推行数据权项目。法国也针对数据公开建立了互联网共享平台,对政府的财政信息、环境问题等数据及信息进行了共享。韩国则在其首都构建了数据及信息公开场所,同时将十类关于公民生活、国家政策等的信息对公民开放。新加坡也建立了相应的信息及数据开放平台,并对新加坡六十多家公共机构的相关数据及信息进行了公开。在国内,上海市率先在信息及数据公开方面做出了努力,上海市政府将市政办公厅、公安局以及交通局等十多家政府机构的相关数据进行了公开,成立了国内第一个电子政府,并对上海市的所有政府部门提出数据公开的要求,要求他们加入上海的相关政府数据互联网,向公众公开他们的有关信息及数据。此外,北京市也号召全市各政府部门一同参与,构建了相应的数据及信息公开网站。

2. 高校的数据资源开放机制

随着经济及科技的发展,21世纪注定是信息数据膨胀、知识需求不断加大的时代,所有的进步与发展都将离不开知识的支持。而大数据、云计算以及互联网必定会是教育改革的重要推动力量。近年来,仅仅在知识的传播方面,教育的有关资源就经历了逐渐公开的过程,这在以前是不敢想象的。我们相信,未来的教育模式必将颠覆传统,互联网教学将会成为主流,教育资源将会更加丰富多彩,学习者可以针对自身需要选择性学习,教育不再有年龄的界限,教育将突破距离的界限,教育将不止局限于高校,等等。

经过长期建设,在现阶段,我国的高校信息化基础设施建设已经取得了良好的成果,建立起了以"人、财、物"为主要核心的业务系统。然而,由于我国的历史原因和教育行业的特殊性,这些业务系统并不是在同一时间、同一环境背景下建成的,甚至在开发语言和后台的数据库方面都是完全不同的,因此,这些数据都是分散、重复、相对孤立的。这一情况正是现在各高校所持有数据的现状。但是随着社会的快速发展,高校的业务开展对数据的依赖程度越来越高。随着各种业务系统与数据需求的不断增加,系统间的数据共享与交换的需求也越来越突出,不同系统之间要实现数据的交互需要通过传统的 excel 表来导入和导出,这种方法不仅烦琐而且容易出错,不能很好地保证其准确性。要做好数据资源的开放与共享,首先必须将所有的高校数据资源进行整合,确定需要整合的资源类型,在考虑业务变化的同时也要考虑到未来数据应用的趋势,了解高校未来的发展方向及在信息化、数据化建设过程中的定位,这样才能做到有效整合。随后,将集成后的数据库作为中心节点,不同的业务系统的工作都围绕中心节点开展,从数据的集成到数据库的建成等方面全面加强,最后从数据库的集成中心下发到公共数据库中为大家所用。因此,数据集成平台在"智慧校园"的建设中有着重要的作用,这一部分是所有系统的信息传输、信息交换的总线。通过数据的集成平台来实现数据的及时交互与传输,按照高校业务系统的需求将所需的数据分发到各自的业务子系统中,从而实现业务的综合管理。作为当前高校各类数据整合的中心,公共数据库也是高校数据云服务平台的运营中心,其内容主要包括：教育部、信息产业部等行业标准在内的标准模型；公共标准及能够满足教学管理执行的标准模型；教师、学生、教学管理、领导机制、师资队伍、培养模式等在内的全部数据模型。在公共数据库、历史数据库与数据仓库的基础上，高校能够按照实际的业务工作需求建立起相应的数据综合查询、统计分析、决策支持等功能，为高校的用户提供综合性的数据服务。例如，为师生提供基本信息查询服务，为院系、部门的工作人员提供本部门的信息查询服务，为院系、高校领导提供决策制定的辅助服务，这样就能让高校的不同用户对自身的基本信息情况有所了解，进而掌握高校的宏观整体情况。

(四)评价机制

大学生道德修养培育评价机制是根据一定的评价标准，在系统收集资料和信息的基础上，对高校教育工作者的教学方法、教学效果与水平，学生的道德行为与基本情况进行评定的一种方式。通过评价机制能够较为全面地了解高校乃至社会的道德发展水平，对于高校道德修养培育目标的调整、教学方式的改进等都具有重要的意义，这样就能更好地培养出道德修养良好的学生。教育评价机制作为整个教育活动的一个关键环节，对教与学均具有导向性作用。

1. 评价机制的新要求

目前，各高校均积累了大量的教育数据，由于过量的冗余数据和数据的不一致，教育数据没有充分地发挥其优势作用，在教育决策与评价过程中无用武之地。在大数据时代，大学生道德修养培育评价需要运用多种评价指标，使多个评价主体对教育的全过程进行全方位和整体性的评价。在进行评价时涉及的内容包括学生学习情况，教师教育情况、研究情况等方面，通过对这些方面的数据进行积累和挖掘，从中提炼出有用的信息，从而对影响学生与教师正常发展的因素进行分析，提出有效提高教育效果的对策。但是目前的教育评价体制在数据的综合使用方面都相对比较单一，不能综合内部与外部的数据进行统一的分析，不能有效地抽取教育数据形成统一的格式。现阶段的教育评价技术主要的缺点在于数据的多位分析。数据仓库的出现对于消除冗余数据来说是非常有效的，通过这一技术能够将真正有用的数据信息保存下来，剔除那些冗余、无用的数据，在数据仓库中更加合理、有效地处理数据。随着教育评价的主体更加多元化，不同的主体都希望从各自的角度来进行数据的分析，针对这一情况，现有的教育评价技术的效率其实是比较低下的，而通过数据挖掘技术进行的数据分析可以从多角度、多维度进行数据的查询与分析，将所需要的信息及时展现出来。数据仓库提供的联机分析处理工具，可以提供各种分析处理功能并将数据可视化，将教育评价的结果直观地提供给评价人员。此外，评价人员也能够自主地选择需要研究的数据,不同的分析角度与分析结果可以让他们对数据的分析更加深入。

2.评价机制的内容

大数据决策支持系统,是建立在数据仓库基础上的,伴随着联机分析处理技术的发展而发展起来的,这种新系统可以解决旧有系统在处理过程中出现的问题。大数据决策支持系统还可以进行综合决策,它可以提出一整套的解决方案,这种解决方案也是运用了数据挖掘技术和联机分析处理技术。数据挖掘技术和联机分析处理技术能够多维度地对数据信息进行分析,通过建模将数据知识化,从而发挥其在影响空间和聚合空间中的重要作用。另外,数据仓库可以为联机的数据分析提供可靠、有效的数据保障,为决策的制定提供科学、合理的依据。正是由于这种内在的联系,才能促使数据的挖掘与分析相互配合,为决策的制定提供坚实有效的技术保障。数据仓库以数据组织和存储为主,联机事务处理系统中的数据库能够提供大量的、真实的、可靠的数据,从而可以促进决策的有效制定,而这些大量的、真实的、可靠的数据正是建立数据仓库的物质基础。数据仓库对其中的事务性数据可以及时地提取、转换和综合,重新形成面向全局的数据库,从而为决策的制定系统提供有效的数据存储的组织环境,为决策的制定提供统一的数据模型。数据的联机分析一般多用于多维度的分析,从数据仓库中提取有效的数据,通过多维分析快速有效地提取数据,为用户分析问题提供一种更加人性化与自然化的观察方式,从而全面、系统地研究各种影响因素的本来面目,为决策的制定提供依据。

大数据时代,大学生道德修养培育评价机制的发展不仅表现在评价的过程中,而且在大学生通过信息化设备进行的个性化发展上、大学生之间的交互的道德活动中也表现得比较明显。与学生道德活动有关的大数据在互联网空间中随处可见,通过大数据技术方法的运用为大学生的个性化道德评价提供了可能。正是在这种评价的客观性与科学性的基础上,才能根据学生的特点判定出其道德活动状况和道德行为实施情况,使教育者能从中洞察学生的道德思维,从而相应地调整教育活动。

对教育大数据进行分析后产生的学生的个性化道德评价,主要包括以下几个方面:①大学生学习道德修养知识的效果如何。这方面主要是对学生在学习之后取得的成绩、积累的道德修养知识和学习道德修养知识的态度等方面的陈述性知识进行评价。②大学生对道德修养概念掌握的情况如何。这方面主要是对学生对道德修养概念的理解、能否正确使用、是否有深度认知等方面进行评价,因为如果教育没有考虑到学生之前已经掌握的知识,那么这些知识一般来说只能用来应付考试。只有学生从自身的角度意识到掌握道德修养概念的重要性,他们才会逐渐完成从知识的获得到知识结构的建构的转变。③大学生对学习到的道德修养知识能否进行迁移。这方面主要是对学生的知识应用能力和迁移能力进行综合性评价,主要包括学生解决问题的能力和创造性思维的能力,通过对学生在复杂情况下解决问题的能力进行评估来判断学生是否具有较高的解决问题的能力。④对大学生的学习能力进行评价,其评价指标主要是学生的心智,评价学生是否有更好的学习能力,评价内容包括学生的学习能力、学习动力与学习的毅力,在此评价的基础上为学生的自我导向与学习技能的获得提供参考与借鉴。

3.评价机制的功能

大学生的道德修养培育评价机制具有引导决策的功能。运用大数据技术对大学生各个方面的具体信息进行科学的统计与分析,通过教育效果的评价找到教育工作中存在的不足与问题,指明今后教育工作应该改进的方向,从而为教育的决策提供科学、合理的依据。

大学生的道德修养培育评价机制具有对大学生的道德行为进行鉴定的功能。运用大数据技术收集和处理的信息,通过教育反馈,可以使教育者更好地了解学生的道德修养水平、道德倾向等的具体表现,这样就能对学生的道德认知水平、道德行为进行科学的鉴定,从而引领大学生道德修养朝着正确的方向发展。

大学生的道德修养培育评价机制具有教学改革的指导功能。可以通过教育评价指标与结果的分析对改革教育进行指导,对指标体系中的权重进行分析研究,从而对教育改革起到指导的作用。

对大学生道德修养培育来说,主要是通过对道德修养培育的评价来对学生的道德水平进行评估,从而为大学生道德的进一步发展提供参考。因此,在评价的过程中,作为评价的主体,不仅要客观、公正,而且要认真、细致,通过对道德修养评价结果的分析和梳理,对大学生的道德修养培育情况中遇到的问题进行分析,不断修正,改进道德修养培育方式,不断提高学生的道德修养水平,让学生在评价中不断提高,从评价中了解自我的不足与缺点,从而为大学生道德修养的健康发展明确方向。然而,大学生道德修养培育评价机制,在进行大数据的分析时也面临着各种挑战:①由于评价过程是综合了多种因素进行的,其本身包括非常复杂的内容,能否对这些因素进行科学的评价,在大数据背景下进行数据的分析是挑战之一。②数据的复杂性。从客观的角度来说,在学生的成长过程中能够对他们的成长产生影响的事件是很多的,如何将这些事件梳理清楚也是一个巨大的挑战。③时间的长期性。由于在道德修养培育的过程中,要理清教育的规律是非常困难的,而那些成功的案例也不是能够百分之百复制的,这就说明教育评价体系本身可能存在一定的缺陷。④交互性。从根本来说,道德修养培育是一个相互交流的过程,在交互的过程中有可能会涉及个人隐私保护与内容收集方面的矛盾,这一挑战也是目前急需解决的。

(五)保障机制

大数据在未来必将从概念走向应用,从尝试走向普及,其价值也将逐渐得到认同。有着数据资源、人才资源优势的高校,应该建立大学生道德修养培育的保障机制,使大数据的分析和使用发挥出其独特的优势。

1. 教育环境保障

大数据、云计算、智能终端共同形成了新的教育环境,不仅给大学生道德修养培育提供了前所未有的新的工具,也给高校的改革和发展带来了前所未有的机遇,为大学生道德修养培育提供了新的动力。在未来的科技化社会中,将会实现万物相连,包括人与人、人与机器、机器与机器的连接。百度总裁曾经说过,在过去的三十年中人们将物理世界不断地数字化、虚拟化,将各种文字、音乐和视频都转换成数字的形式存储于计算机中,而且这些存储的信息又通过互联网相连接,而在今后的三十年,我们的世界将会走向另一个方向,也就是要将数字构建的世界重新转换为物理世界。

高校中有着海量的大数据信息,站在学生的角度来分析可以发现,大数据信息包括学生的联系方式、生活住宿、饮食消费、学习娱乐、课外活动等各个方面的信息;从老师的角度来说,大数据信息包括老师的教学任务、教学课件、发表的论文专著、参与的科研项目等基本信息;从高校管理者的角度出发,可以发现大数据信息包括的内容有高校的资产、师资力量、招生就业信息等。随着新一代互联网技术的快速发展,高校中学生、教师与管理者所遇到的信息会越来越多,如各种社交信息、搜索信息等等。从全国范围来看,很多国内一流高校都开始了大数据信息的收集与分析工作。

随着高校校园信息化建设进程的日益加快,伴随着新的业务和服务系统更容易出现新的"数据孤岛",所以就需要建立起与大数据时代相匹配的教育大环境,从而保证在大数据时代高校的管理和运行能够更加科学、合理。通过加强数据的标准化建设,在全校范围内推行统一编码,可以将数据整合与流通方面的潜在威胁排除。在业务管理工作中,可以通过学生入校后生活、学习主线的建立来将学生的相关数据全部串联在一起,从而形成条理清晰的数据链;在教学资源方面,建立起知识化的资源管理模式,将不同类型的资源整合后进行统一管理;在互联网行为方面,选择以数据化作为重点,建立起以"人"为核心的数据搜索和存储模式。高校需要对数据的变化情况加强关注,发现数据的变化规律。另外,由于传统的业务和服务系统一般只注重短期和实时的数据对业务工作的支持,而在数据的关联性方面较为缺乏,但是在同一条主线背景下的数据一般都能正确地反映出学生在某种特定条件下的变化与发展趋势,通过对这一数据背景的分析能够及时、有效地发现问题,并针对这一问题提出具体的解决办法,从而优化服务与业务系统。在大数据的分析过程中,还需要对教育工作的思路与实践进行深入的理解。一般来说,最初级的数据挖掘工作只能解决大约四分之一的问题,而真正重要和核心的问题需要对数据进行细致的分析与研究后才能解决,这就要求高校数据的处理人员有专业的技能和较好的业务能力。高校应当注重对数据的分析与挖掘,从大数据中挖掘提炼出对高校发展有用的信息,为高校的决策提供依据。建立大数据环境对高校的信息化建设有着非常重要的作用,同时也是高校在未来大数据时代发展的基础。在未来,大数据在高校的普及与应用将会进一步促进教育环境的完善,从而为高校的发展提供导向性的支持。

2.教育制度保障

(1)加强顶层设计。在信息社会中,高校的信息化、数据化制度建设是一项长期、系统的工程,这项工程的建设需要高校对各项业务进行系统整合,需要通过对全校资源的调动才能完成。因此,现代高校的信息系统建设工作已经不是某一个独立的部门能够完成的,它的建设需要全校调动各项资源,从高校顶层开始进行设计,依次推动落实,需要全校各个系统积极参与和协调。通过对全校资源的有效整合建立起完整统一的职责职能体系,有力推动信息系统建设,做好大数据的处理与应用。

高校对大数据进行分析应用,需要从建设目标方面设计系统,要在思想上足够重视,既不能影响高校本身的正常教学与管理工作,同时又要达到大数据时代的教育创新目的,这一过程涉及高校整体的管理及教学的各项工作,需要做好系统的设计。在早期阶段,高校的信息化工作人员都有一种基本的认识,即所有的数据都是有用的,但是如何去用这些数据在当时并没有明确的方向。因此,在大数据的管理与分析应用中必须要有早期的设计与规划。现在,随着大数据时代的到来,高校在系统信息的规划建设过程中就需要加强系统性建设,确定有哪些类型的数据需要长期保存,哪些数据的使用年限可以缩短,哪些是重点数据需要进行进一步分析,哪些数据的质量必须有所保证。因此,数据的长期规划在高校信息系统的建设过程中是非常重要的。只有有良好的数据管理制度才能在数据标准、数据积累、数据管理等方面建立起系统的互联网体系,促进大数据时代的数据交流。数据只有在流转中才能体现其价值,而只有有价值的数据才能受到使用者的关注,这就要求数据的使用者主动去维护数据,保证数据的真实、有效。信息化部门需要为高校不同层次的用户定制数据分析的层级,建立起"个人—院系—高校"的数据管理与运行制度,确保信息化发展的良性循环。

(2)确立数据交换与共享制度。长期以来,政府教育机构之间,政府教育机构与高校之间，不同高校之间，高校内各业务部门之间的数据一直处于相对独立的状态，形成了"信息孤岛"或"数据孤岛"。如与学生有关的思想政治教育、道德修养培育、教务管理、学生的奖勤助贷、学生学习、学生心理、学生身体素质等方面，因为系统建设缺乏统一规划，采用不同的专业化管理软件，造成相关的管理信息系统和数据资源类型各异、来源不一，导致大量可共享的数据被重复录入，缺乏教学活动、教育资源、教学管理、教学评价的有机整合，从而造成了教育工作效率的低下，相关数据利用率低等状况，一些亟须此类数据的部门或教育者不能及时掌握这些信息和数据，从而不能提高教育的针对性。因此，教育部要求按照"两级建设、五级应用"的模式建立教育管理信息的数据交换与共享体系，这个体系的建设重点是国家教育管理核心业务信息系统以及省级业务系统，通过两级系统的建设，使得业务管理信息系统中的基础数据能够随时进行更新。建立数据交换和数据更新的安全认证，建立"省、市、校"多级审核备案机制，确保交换、更新的数据的真实、可靠。各级教育行政部门和高校依托核心系统和通用系统自建的系统，要按照上级管理系统的数据标准回传数据。

（3）建立决策系统。在大数据时代，海量的数据都要通过信息管理系统来运行，而运营系统也正是为了提高工作效率、提高工作质量而设计开发出来的。虽然这种系统并不是主要为数据的分析而设计的，但在这一系统中，所有的业务过程都可以被记录下来形成数据存储起来，使这些数据便于查询。因此，运营系统一般采用关系型的数据库来存储数据，以便数据的查询与统计，在这一系统中主要用来进行信息转换的方式是形成报表。而大数据时代建立的决策分析一般都是建立在数据仓库的基础之上的，通过数据的挖掘、分析等方法来实现决策分析，这些业务系统都属于智能业务系统，用于提供决策的基础参考。在决策分析系统中，最主要的就是数据仓库、数据挖掘、数据交流与数据的可视化技术。数据仓库一般是决策分析的基础，通过对仓库中海量的数据进行分析，形成核心框架，形成多元数据存储中心。在大数据时代，数据都是来源于不同的信息系统，通过统一的格式与定义将这类信息经过清洗、转换等过程，加载到数据仓库中。实际上，数据仓库是大数据的资源集散地，在数据仓库中将数据资源进行集中，这样就能保证数据资源的价值。数据的挖掘则主要指的是对数据资源的开发与利用，发现隐藏在数据仓库中的数据之间的关系、历史变化规律以及数据模型规律等，通过对这类数据进行分析来进行预测，最终做出决策。数据的交流主要是指对数据进行透视性的探测，技术人员通过在后台建立起多种数据模型形成数据魔方，保证用户在前台使用时能够实现所需数据的及时切换，从不同的维度开展数据的分析，从而获取全面、有效的数据。数据的可视化是指通过以上技术，将繁杂、枯燥、难以理解的数据通过可视化的过程呈现给用户，让业务智能与风险决策成为人人都能够使用的工具。

（4）制定数据安全制度。一般来说，现实中的事物都有正反两面性，大数据技术同样如此，既有巨大的潜在价值，又有巨大的潜在风险。在现有的信息安全制度基础上，必须制定针对大数据的信息安全管理制度，从而提高应对风险的能力。在个人隐私方面，教育者可以通过大数据的挖掘与分析来得到有关学生个人隐私的信息。因为在现代社会环境中，监视无处不在，从政府部门的依法监管到互联网公司、电信运营商的无形监督都无处不在。只要社会中的我们上网、上微信、打电话就不可能逃脱监控。例如，任何人都可以通过分析其他人的互联网行为，发现他们的想法，从而预测别人未来可能做出的行动。然而，通过现有的技术手段来应对大数据时代的信息安全，所起到的效果显然不是很好的。另外，教育者还可以通过对数据的分析来实现对学生的行为与动机的预测，这就有可能会涉及司法公正与个人隐私的保护。在大数据时代，教育者可以通过对数据的分析和统计为教育的决策者提供科学的参考和依据，从而做出正确的决策。但是，如果过分依赖数据则会导致另一个极端，那就是被数据所统治。在大数据时代，开放的社会倡导数据的开放与共享，但是这一情况也会带来一定的风险，即数据的垄断。在数据的自身安全方面，涉及数据安全的密码学、信息安全计算、系统数据存储、终端确认、数据挖掘、数据来源与通道等，这些都是具有很强的专业性的。大数据信息的保护越来越重要，随着大数据量的不断增加，对数据存储的物理安全性的要求也会越来越高，这就对数据的容灾性提出了更高的要求。在大数据时代，犯罪分子也更容易获取个人的隐私信息，这也进一步加剧了进行安全防护的技术研究的重要性。因此，在大数据时代，信息的安全防护需要从制度、法律、政策等方面进行变革和创新。

3.教育队伍保障

目前，我国高等教育信息化在基础设施建设方面也就是硬件方面已经取得了较快发展，与大数据技术相关的人才的培养正在飞速发展，关键技术的应用信息化标准建设也取得了明显的进展，高等教育数字化、信息化在总体水平上已经迈入了推广且普及的阶段。大数据时代背景下进行的高校信息化建设，在其实践当中，所遇到的最大困境并不是来自技术层面的，而是受到了掌握高技术人才队伍的限制。因此，越来越多的大学领导者已经达成了这样的共识，并且在全世界范围内积累了越来越多的成功经验来创建与大数据这个背景相适应的大学信息化管理体制：将战略规划逐步统一，共同建设教育资源并将资源进行共享，建立协调部门之间工作的机制，重组高校的管理体制使之更加高效能工作。其中，以CIO(Chief Information Officer,信息主管)为领导的大数据管理与运用的教育队伍，成为了大数据时代大学生道德修养培育的保障机制中的一部分。信息主管也被称为首席信息官或信息总监,是专门负责处理与组织与大数据技术系统相关的各方面事务的高级管理人员。

以 CIO 为领导的高校大数据教育队伍的主要职责有以下几个方面:①统一管理本校的各类信息资源,负责制定全面的大数据建设与管理制度。这个制度必须是结合了自己高校的实际情况,包括数据质量标准规范和数据挖掘的程序,在这些技术、制度的基础之上综合管理全校的信息数据。②负责管理本校的与大数据或者海量信息有关的技术部门与服务部门,统一规划本校的大数据系统建设方案。③参与本校的与大数据系统的建设、项目的开发、系统的整合等有关的决策工作。建立这样一支教育队伍的目的在于它将会为高校领导层的各类决策提供基于大数据技术方面的支撑,从大数据时代所具有的特征这一角度出发,提出本校在未来如何更好地发展的建议,保证本校所做出的决策是符合时代发展的新要求的,是可以提高本校的工作效率的。④负责科研管理的信息系统、负责决策支持的信息系统以及教学管理信息系统和后勤的管理信息系统,并能够通过云平台将这些系统整合成为一个无缝集成的综合管理信息系统。⑤负责共享和协调信息系统部门和其他部门之间的数据和任务。⑥负责本校互联网基础架构的设计、管理校园网的建设以及校园网资源共享,为全体师生提供互联网服务。⑦制定本校与数据共享和信息交流相关的政策和机制,以此来保证所掌握的信息数据不外流,是绝对安全的。⑧负责制定相关信息库系统。大数据时代的大学生道德修养培育,源自大数据技术的普及和应用。然而,技术是一把双刃剑,大数据时代所带来的对大学生伦理道德方面的影响可谓是积极与消极共生,机遇与挑战并存。

综上所述,大数据时代的大学生道德修养培育是落实立德树人根本任务的重要组成部分,因此,大学生道德修养培育的工作者、研究者,都应不断充实自己在大数据时代的知识积累,除了必备的道德修养培育的专业知识以外,还应该在大学生道德修养培育中运用新的视角和创造性的思维,随时关注大学生的思想动态与道德观念的发展变化,向具有数据科学专业知识的人虚心请教,掌握科技发展所带来的新知识,了解新变化,面对大学生在大数据时代遇到的新的道德困惑,能够将现实教育与互联网教育相结合,将理论教育与实践活动相结合,主动更新自己的教育理念,随时关注发生的新问题,运用开阔的视角来进行全面的分析。

然而,大数据技术是在不断发展的,如今的大数据技术在将来也许会被其他新的技术所取代,那么大学生道德修养培育研究也将随之继续深入发展。本章提出了大数据技术在大学生道德修养培育中进行运用的一些观点,这些观点的提出结合了笔者所掌握的与大学生道德修养培育、思想政治教育等有关的专业知识,结合了笔者所积累的实际工作经验,然而,毕竟笔者还存在理论水平尚有缺乏、教育经验尚有不足的限制,加之科学技术日新月异,大学生道德修养培育还会面临更多的更加难以预料的新的挑战,因而还需要对以后出现的新问题继续进行研究。本章提出的大数据时代大学生道德修养培育的基本原则、内容、方法、措施、机制等都不是固定不变的,而是处于不断发展和更新的动态过程中的。理论的产生源于实践的需要,而实践的不断发展又会推动理论的深化,只有经得住实践检验的理论才是科学的、符合社会发展规律且有价值的理论。大数据时代大学生道德修养培育的理论,必须通过大学生道德修养培育工作的实践检验,被实践证明是可行的才能被接受与认可。随着科技的不断发展,大数据技术的发展也不会停止,所以大学生道德修养培育研究也必须不断适应时代新的变化和要求。

第三章　大数据时代大学生道德修养培育的理念指导

大数据时代对大学生道德修养培育产生了巨大的影响,新时期必须根据大数据技术带来的变化,结合大数据技术的特点和规律创新大学生道德修养培育,而道德修养培育指导理念的创新是道德修养培育创新的根本,大数据时代的道德修养培育创新应坚持以下指导理念:整体育人理念,一元主导与包容多样的理念,道德修养培育价值取向与社会整体道德发展趋向相一致的理念,道德修养培育与大数据特点相一致的理念。

第一节　树立整体育人理念

整体育人指把道德修养培育看成一个完整的整体,从道德修养培育的主体、客体、介体到道德修养培育的现实环境和虚拟环境,看成一个完整的整体。这样,大数据时代的整体育人理念包含两方面的含义,一方面指虚拟与现实道德修养培育的融合,另一方面指高校、家庭、社会与虚拟道德修养培育的融合。这两方面的含义共同构成了大数据时代整体育人理念的完整内涵。

一、虚拟与现实道德修养培育的融合

当前,大数据给人们带来的最本质的冲击是传统意义上的物理空间概念发生了革命性的变革,"虚拟空间"横空出世。传统的、直观的实在物理空间与虚拟空间相比存在许多本质的区别。实在物理空间可以三维度量,在物理世界里开展道德修养培育工作,必须符合事物的客观性、实在性原则。教育者、教育对象、教育环境和教育媒介都是实在的。教育者在现实空间里把握教育对象的思想的针对性和准确性一般是较高的,教育效果也较理想。我国的道德修养培育有上千年历史,现代意义上的道德修养培育也有数十年的成功经验。

大数据给人们带来的虚拟空间具有全然不同于物理现实空间的诸多特征。在大数据创造的虚拟环境中,人们的思维悬浮在虚拟空间中,摆脱了肉体的束缚,沉浸在充满数字情感的虚拟世界里。科学家试图通过人工技术操作使虚拟空间更加类似于物理现实空间,以便在虚拟世界中可以不打折扣地解决以往必须在现实空间才能解决的问题,也包括我们关注的道德修养培育问题。但是人

们办不到。一方面,现在的大数据技术还达不到如此先进的程度,更主要的是我们在价值判断上难以取得共识。虽然我们感觉到虚拟和实在之间存在着共通性,而且这种共通性日趋成熟和稳定,但我们不得不承认,虚拟空间代替不了物理现实空间,物理现实空间也代替不了虚拟空间。物理空间具有实在性、唯一性,某个事物只能在某个特定的时空出现,不可能有第二个空间让其展示同一发展过程。虚拟空间则不是唯一的,而是多重的,同一场景可以被模拟到不同的虚拟世界里。即使某一虚拟空间全部地模仿了某个物理空间,人们在进入其间的那一瞬还是不得不做出判定,虚拟空间应当模仿人类主观感觉的那个世界还是模仿客观存在的自然科学所认定的那个世界。虚拟空间在某种含义上可以理解为它来源于柏拉图主义。互联网虚拟空间的物体正是从柏拉图想象力所构造出的理念出发,但那些完美的立体或抽象的思维在意义上却不同于柏拉图所构造的理念,相同的则是互联网虚拟空间的信息秉承了柏拉图形式的内涵。

鉴于虚拟空间和物理现实空间之间存在的差异,笔者认为,无论两者有多大的包容性,虚拟空间代替不了现实空间,现实空间的道德修养培育工作并不是什么都可以在网上得到解决的。道德修养问题一般是复杂和多元化的,单凭肤浅的交流往往看不出、看不准问题症结所在。我们又如何保证虚拟空间的思想交流具备针对性和指向性呢?另外,道德修养问题的真相和假象往往很难区分,有时连受教育者自己也分不清到底自己的问题出在哪里。这种情况下开展虚拟空间的道德修养培育依然不能保证教育者能准确、及时找到问题真相。而且,虚拟空间模拟不出人类的全部情感,互联网和计算机有时缺乏人文关怀。

一方面,我们认识到虚拟代替不了现实,现实空间的道德修养培育任务很难全部放到虚拟空间完成;另一方面,我们又看到虚拟以其强大的优势弥补着现实做不到的漏洞。因为虚拟空间同样具备着"教育者→交流沟通→受教育者→信息反馈→教育者"这一道德修养培育基本环节,那么,在虚拟空间中开展道德修养培育一定会收到实效。而且如果能够把现实道德修养培育与虚拟道德修养培育进行融合,一定会达到单一的现实道德修养培育与单一的虚拟道德修养培育所不能达到的最优效果。

二、高校、家庭、社会与虚拟道德修养培育的融合

近年来,关于道德修养培育合力的问题引起了人们的广泛关注。发挥好道德修养培育的合力,一方面可以产生比单一高校道德修养培育更强大的力量,另一方面可以产生类似于几何效应的一种新的力量。而面对大数据环境,实现从单一高校教育向高校、家庭、社会与虚拟道德修养培育融合的方向转变就显得尤为重要。

随着大数据技术突飞猛进的发展，道德修养培育出现了社会化、本真化、深邃化、立体化的发展趋势。从空间上看，道德修养培育已经完全超出了高校范围。从时间上看，道德修养培育也已经完全超出了高校教育的阶段。跨越了时间和空间的特质所界定的道德修养培育成为一个终身的、全员的认知理性和实践理性。从主体上看，主体间关系已经完全超出了国家的范围，在全球各民族的各种思想文化的交融和碰撞中共生与融合。

传统道德修养培育体制的封闭性与以大数据为标志的信息社会的开放性形成了强烈反差。大数据的开放性必然与封闭式的传统道德修养培育模式产生矛盾与冲突，教育不是一个孤岛，它不仅与高校其他各方面的教育密切相关，而且与整个社会紧密相连。但是长期以来，我国高校道德修养培育与社会道德修养培育形成了相对独立的封闭性体系，因此在面对大数据的开放性时，传统道德修养培育体制就存在一定差距。在大数据时代，要把单纯的高校道德修养培育扩展到家庭、社区、社会乃至大数据自身，让社会来共同承担道德修养培育任务与责任，要健全高校、家庭、社会的互联网化的评估体系，尽量减少道德修养培育与大数据的结构性落差，减少信息开放与道德修养培育封闭的冲突。客观上，大数据对高校、家庭、社会、学生的影响是巨大的，大数据全方位地改变了人类的生存方式。从长远来看，如果道德修养培育在大数据中日渐萎缩的话，道德修养问题将会面临灾难性后果。我国当前一些大学生的离经叛道、放纵等行为，与信息社会初始时期的无序状态不无关系，与传统道德修养培育的功能失效也不无关系。道德修养培育体制应与时俱进，如果不与时俱进，自身的生存和发展也将成为问题。因此，在大数据时代，道德修养培育应实现从单一高校教育向高校、家庭、社会与虚拟教育融合的方向转变。

第二节 树立一元主导与包容多样的理念

21世纪以来，道德修养培育面临着市场体制和全球化的推进等变化，大数据技术的迅猛发展更使文化多元化、社会信息化、社会多样化和个体特色发展等日益明显。在这些新背景下，道德修养培育要正确处理大数据时代的多元文化激荡、社会多样化发展、学生个性化发展与社会主义核心价值体系主导之间，多元道德冲突与中国传统道德的继承、对西方道德观念的借鉴与扬弃之间的多方面的辩证关系，就必须坚持一元主导与包容多样的理念，既坚持以社会主义核心价值体系为主导，又继承中国传统道德文化的优秀传统，同时借鉴和吸取西方道德文化的积极因素。坚持一元主导前提下包容多样的指导理念，是当今大数据时代背景下道德修养培育的必然选择。

一、坚持以社会主义核心价值体系为主导

全球化和信息化是推进当代社会发展的主要潮流,大数据的发展促进了信息化和全球化的进程,大数据时代中多元文化、多元价值观相互激荡,西方意识形态对我国主流意识形态的渗透与冲击不容忽视,而个体自由、无监督状态下的选择,更使得个体易于接受多元的价值观,也使得道德选择处于迷茫和混乱状态。因此,必须加强社会主义核心价值体系在大数据时代中的主导作用。

在大数据时代,东西方文化思潮的交汇、碰撞更为直接,信息化传播环境是一个多元文化交织的、多种思想碰撞的相对复杂的文化环境。由于传者与受者的广泛性与主动性,在价值导向上曾经有效的调控手段,如封锁信息源、控制传播渠道、筛选信息流等都很难实现。因此,用社会主义核心价值体系主导现代文化是优化传播环境的需要,更是大数据时代创新道德修养培育的现实需要。

二、弘扬中国传统道德修养培育价值

(一)大数据时代使中国传统道德文化面临挑战和冲击

大数据时代形成了跨越时空的互联网交往,对"私德主导、公德不彰"的中国传统道德文化造成了严峻挑战。中国传统道德文化是建立在"熟人社会"基础上的"熟人伦理",由于传统社会交往面窄,交往对象大都是熟识的人,传统道德文化得到较好的维护,而大数据时代的传播领域是一个基本由陌生人组成的社会,传统道德文化面对陌生人交往表现出滞后性和不适应性。大数据改变了传统的社会资源的分布格局,社会财富、权力和地位流向代表现代科技发展方向的群体和个人,打破了传统社会等级差序结构、封闭的组织方式和相应的门第观念等制度与观念。大数据带来的开放、平等的互联网文化精神不断冲击着传统道德文化中的保守性的精神理念与气质。大数据由于其去中心化的传播特点、全球性的广泛参与特点,使伦理相对主义和伦理多元化强化,使中国传统道德文化面临开放的多元道德文化并存的挑战。

(二)继承中国传统道德文化及其道德修养培育价值

大数据时代的传播推进了经济全球化和文化多元化的进程,同时也促进了中国传统道德文化中的优秀成分逐步得到世界性的认同。如何正确认识和把握中国传统道德文化,继承中国传统优秀的道德文化是一个必须认真面对和解决的课题。从人类道德修养培育活动的历史来看,道德修养培育主要有三种类型:一是继承与发展,就是在保持本民族道德体系的历史完整性基础上发展、创新道

德修养培育；二是移植与复制，以外来道德体系代替本民族道德体系；三是解构与重建，彻底告别本民族的道德传统，在新型价值观念指导下建构新型道德体系和道德价值观念。从后果来看，第一种道德修养培育方式的优势在于保持了道德传统和已有的道德成就，劣势是局限于民族自豪感而拒绝外来先进价值观念；第二种道德修养培育方式的优势在于吸收其他国家和民族的优秀道德成果，劣势在于可能造成本民族道德传统的遗失；第三种道德修养培育方式的优势在于能够彻底清除既有道德的不良影响，劣势在于这种方式有可能因为拒绝人类道德成就而陷入道德迷茫之中，脱离公众的道德实际和要求。科学的道德修养培育方式应该是在继承本民族的道德传统的基础上，吸收优秀的外来道德价值，不仅保持本民族道德体系的完整性、继承性，而且赋予道德价值观念开放性和时代性。大数据时代的道德修养培育创新应该在继承、发展中国传统优秀道德文化的基础上，学习、借鉴西方道德文化的积极因素，根据时代发展特点和传播特点，促进我国道德文化和道德修养培育在大数据时代的创新和发展，以适应我国社会发展的需要。

中国传统道德文化是大数据时代大学生道德修养培育的精神家园，是不可撼动的"根"。通过对中国传统道德文化进行梳理、分析和扬弃，实现对中国传统道德文化的继承和创新。就主流而言，中国传统道德文化是以儒家思想为核心、以道家思想和佛家思想为补充的三位一体的体系。这个体系随着社会的发展一直处于变化之中。经过认真梳理，学界挖掘出了支撑中华民族近两千年的道德修养培育价值，并把其作为推进当前道德修养培育发展的思想基础。中国传统道德文化的核心价值规范包括仁、义、礼、智、信等方面。中国传统文化的道德精神与西方道德价值观的重大区别就在于，西方道德崇尚个人自由以及人与人之间的平等，个人的成功和幸福是决定其道德价值选择的主要动机，但是中国传统文化的道德精神的重心不在于个人，而是把个人的道德修养当作个人参与社会活动、推动社会发展与进步的途径，道德修养从"修身"开始，直至于"齐家、治国、平天下"，这是中国传统道德文化目的论的总纲领。中国传统道德文化的重要内容就是关注个人在各种道德关系中如何做出道德选择，在各种道德冲突中如何坚持操守，施行仁义。正是在反复不断的道德价值冲突和人的道德选择过程中，形成了中华民族独特的伦理风格和道德精神，例如以理导欲而欲不可纵，公私分明、公而忘私，"礼、义、廉、耻"德之四维，知行合一，荣辱在己，直至于"修身、齐家、治国、平天下"，这些都是宝贵的道德资源，当代中国的道德进步需要建立在对传统道德精神的继承和创新基础之上。当然，中国传统道德文化中的"私德主导、公德不彰"，君臣、父子、男女不平等的"三纲五常"等需要在现代化的进程中予以改进。

第三章 大数据时代大学生道德修养培育的理念指导

中国传统道德修养培育在大数据时代的继承与创新主要应从以下几个方面着手：

(1) 传统道德文化是大数据时代道德修养培育创新的根基。道德价值观念的先进性和发展性是道德发展的重要标志，每一个时代的道德观念都可以通过反思、批判前人的道德观念进行创新和重构，形成新的道德观念和价值标准，推动道德进步。虽然大数据技术创造了与以往传统不同的虚拟与现实共存的环境，其虚拟、开放的特点受到西方价值观念的强烈影响，也表现出西方道德与大数据时代相契合的一些特点。但无论是从理论逻辑还是历史经验教训来看，道德修养培育都不能建立在抛弃民族传统的基础之上，放弃几千年的道德传统转而投入西方的怀抱，或者是毁灭传统将道德前途交付给脱离实际而且不可预测的价值体系，后果都将是可怕的。如今中国的道德修养培育只有以中国传统道德文化作为发展的起点，得到中华民族文化的孕育和支撑，才有可能为大数据时代社会主义价值体系的构建提供可靠的基础。

(2) 传统道德文化是大数据时代实现道德修养培育高端目标的必要条件。道德修养培育以一定的道德目标为落脚点，而道德目标则是由一系列不同层次的目标系列所构成的，从低级阶段的日常生活中的基本生活规范，到高级阶段的理想、信念等人生的追求，都是进行不同层次的道德修养培育所要关注的目标。在大数据时代，这些道德目标仍然需要或者说更需要更好地坚持。道德修养培育的高端目标是指以远大的人生理想、爱国主义、民族精神、为人民服务等为内容的个体道德品质的培养目标。从道德修养培育资源来看，中国传统道德价值体系中注重的就是君子正其谊不谋其利，明其道不计其功，即大公无私。今天我们的道德修养培育目标不可能将每一个人定位于"君子"模式，但中国社会的发展确实需要引导人们为国家的民族前途而放弃个人利益，为人民服务而奋斗一生。从民族精神、爱国主义道德的特殊性来看，这些道德目标都具有非常鲜明的民族和国家的特征，对于自己祖国的情感、对于本民族的追随必须建立在对以往传统道德的继承上。在大数据时代，这些道德目标更需要很好地坚持。

(3) 传统道德价值是大数据时代民族文化认同的核心。大数据时代，各民族文化相互激荡，在此背景下进行道德修养培育必须处理好两对关系：一是继承传统道德与道德创新的关系，二是重视传统道德价值与吸收外来道德观念的关系，应该在继承传统美德的基础上创新道德，推动道德价值的现代化。大数据技术的发展推动了中国现代化的进程，中国的现代化不仅体现为生产方式的现代化，更体现为思想观念的现代化，公平、平等、自由、对个人权利的尊重等都是现代化社会不可缺少的价值观念。但是，由于中国传统道德文化的历史性和时代局限性，它是不可能为我们提供现成的解决道德问题的方案的，我们只能不断进行道德观念的创新,追寻适合大数据时代的、能够推进中国现代化进程的、更具合理性的道德价值观念,并通过道德修养培育的途径向公众传播,从而解决各种道德问题。西方发达国家属于先发型现代化国家,在此过程中,西方国家和民族形成了丰富的道德成果,这些成果已经显示出在推动人的发展、促进社会进步等方面的巨大作用。我们坚持传统道德价值,同时学习西方先进的道德价值观念和道德修养培育的思想和方法,可以促进中国传统道德和德育的创新,还可以将中国传统道德通过大数据技术向全人类传播,使中华民族的优秀道德成果走向世界。

三、学习西方道德修养培育积极因素

西方道德修养培育文化主要是立足于狭义文化角度而言的,是指西方道德修养培育的基本精神、原则、理念和基本模式等主要属于观念形态的道德修养培育文化,主要内容包括以自由、民主、平等为核心的人文主义价值诉求,理性主义的哲理基础,自由公民的培养目标,趋于生活世界的实践指向,教育方式多元发展,等。

西方道德修养培育文化的内容存在着一些前后基本一致的深层次的理念和精神脉络,具有不同于东方文化的特征,很多方面表现出与大数据时代现代性相契合的特点。一是人文理念深入人心,内涵丰富,涉及面较为宽广,并且随着历史发展不断丰富、提升,其中自由、民主、平等是最具代表性的人文价值诉求。二是理性主义的哲理基础。理性主义在西方文化中占有非常重要的地位,苏格拉底的"美德即知识"奠定了"围绕着理性树立德性"的道德修养培育理路,反思和重建后的理性主义是当今欧美的道德修养培育主导信念之一。三是自由公民的培养目标。从个体受教育者角度而言,道德修养培育主要是为了实现自我道德修养方面的完善和发展,形成和谐的个性,成为有德性的人;而从国家角度而言,主要是为了培养热爱国家、维护国家政权、遵守道德秩序、能为国家和民族做出贡献的道德国民。两者有冲突的地方,也有相通之处。西方道德修养培育在两者的结合方面有独特之处,培养奠定在个体主义和自由主义基础上的,既富有德性和自由个性又忠诚爱国、遵法守纪的自由公民成为西方很多国家的道德修养培育目标。四是注重个体主体精神、权利与义务对等、契约的公民伦理价值。西方道德修养培育文化中的公民伦理价值包括如下基本价值范式:个体主体精神、权利与义务对等精神、契约精神。五是趋归"生活世界"的实践指向。西方道德修养培育的唯智主义、主知主义早在其最初萌发时期就已经遭到一些思想家的批评,例如亚里士多德提出了实践理性思想,恢复道德修养培育的生活实践向度。到了现代社会中,人们对传统主知主义、科学化道德修养培育模式的缺陷和弊端有了更清楚的认识。恢复道德修养培育的人文特性,回归道德修养培育的

生活实践向度,成为当代道德修养培育的主导倾向。

西方道德修养培育的以上所有特点,如自由、民主、平等的人道价值理念,自由公民的现代合理定位,注重个体主体精神、权利与义务对等、契约的公民伦理价值,趋归生活世界的实践指向,都契合了大数据时代开放、多元、自主的环境。加之大数据本身是西方科学技术和文化发展的产物,因此西方道德修养培育文化本身与之具有更好的契合性,这些是我们应该积极汲取和借鉴的有益因素。同时,西方道德修养培育理论深掘与实践创新并进、理想性与实效性共举的教育路径也是我们应该学习和借鉴的重要方面。

第三节 树立道德修养培育价值取向与社会整体道德发展趋向相一致的理念

道德修养培育是道德活动的一种重要形式。它是培育理想人格、造就人们内在道德品质、调节社会行为、形成良好社会舆论和社会风尚的重要手段。一种道德修养最终能否被社会所接受,关键固然在于它能否反映社会道德关系的本质,是否符合社会发展的必然性。但是,这种道德修养究竟能够在何种范围和程度上为人们所接受,却取决于它的传播程度,取决于道德修养培育实施得好坏。道德修养培育不是一种无须外部条件的抽象的、孤立的活动,社会的政治、经济制度对于道德修养培育的性质和具体内容有着直接的决定作用,社会道德的整体发展趋向决定了道德修养培育的价值取向。大数据技术促进了我国社会伦理向现代公民社会伦理的演进,大数据时代的道德修养培育创新应坚持道德修养培育价值取向与社会道德整体发展趋向相一致的理念,顺应大数据时代我国社会伦理向现代公民社会伦理演进的趋势,注重大学生的公民伦理道德修养培育。

一、社会道德发展决定了道德修养培育的价值取向

"现代化"是最深刻揭示近百年来中西方社会发展脉络和世界秩序变动的语境,以大数据为代表的信息化推动了中国现代化的发展。现代化是一个巨大的社会变迁过程,它通常由物质层面的变革始发,进而引发制度与文化全方位的变革。精神层面的变革是现代化中最深层、最内蕴的变革。现代化与现代性不能仅从社会的政治、经济结构来规定和把握,也必须通过人的体验结构来把握和规定。以道德修养为核心的人的精神气质的现代化是社会现代化的必然趋向,又是全面实现社会现代化的根本。现代化促成传统伦理精神的变迁和伦理范型的转换,同时也呼唤和铸造与社会现代化互动的时代精神气质与人格范式。现代化及其所创造的现代性价值,集中体现在它对社会价值范式与权重的根本性转

变上。

  伦理道德作为社会结构中的观念形态,随着社会物质与制度层面的改变而变迁,这种变迁有自发的演进与自为的推进两种形态。自发的演进指伦理价值生态因其存在的物质基础的改变而变革,其间有不依人的意志的发展趋向;自为的推进则是社会主体力量根据变迁的社会生活与利益关系,有意识地推进伦理道德价值与规范,构建新伦理精神与塑造道德修养范式。现代化中的伦理变动是自发的、自觉的两种力量相互交织、相互作用的过程与结果,是实然与应然的统一。中国现代化进程中新的社会境遇和人的生存方式促进了传统人伦秩序的改变和新伦理范式的形成。从社会主体道德构建的自觉行为考察,现代化中精神文化的促动因素包含社会主体的自觉行为。代表社会意志的主体通过道德文化建设和道德修养培育来导引精神文化与规范社会生活的人伦秩序,现代化中的精神气质的转变是实然与应然的统一。社会变迁经历由器物到制度发展,进而引发思想观念、精神文化的全面转型,社会主体的自觉构建与教育(道德修养培育是社会主体自觉的体现),使得这种突然变迁朝向体现社会主体意志的应然发展方向。因此,社会道德的整体发展趋向决定了道德修养培育的价值取向,道德修养培育的价值取向应与社会道德的整体发展趋向相一致,只有这样才能发挥道德修养培育的社会主体自觉作用,才能使社会道德变迁朝向体现社会主体意志的应然发展方向。

二、大数据时代的传播促进了公民社会的发展

  从伦理学的角度分析,公民社会是公民作为社会主体的社会,公民身份的现代含义主要是通过与"臣民"的对比中显现的。臣民是在君主专制制度下的无主体性、不自由、不平等的社会存在状态中形成的依附型人格,公民具有人格独立、自由平等、权利与义务关系上的对等等特征。

  公民社会与政治国家二元架构下的公民社会是西方公民社会的基本理论维度,对于中国是否存在公民社会,一直以来争议较多。公民社会在不同的历史阶段以及不同的文化背景和国别也会有所不同,东西方的历史和现实的差异决定了中国的公民社会不会走西方的老路。中国社会目前正在形成公民社会的基本特征和精神特质,中国市场经济的发展为公民社会的形成奠定了社会制度和经济基础,中国的互联网化、全球化机遇进一步改变了传统社会的价值观念。互联网通过对公共领域的建构,促进了中国公民社会的形成,孕育了现代开放的价值理念与精神气质。

  大数据时代的传播促进了中国公民社会的形成,孕育了开放、民主等现代伦理精神。哈贝马斯认为公共领域的建构必须具备以下三个条件:由私人组成的

公众,他们具有独立人格,能够在理性基础上就普遍利益问题展开辩论;拥有自由交流、充分沟通的媒介;能够就普遍利益问题自由辩论,进行理性批判并达成共识,形成公众舆论。大数据时代的传播为中国建构了较理想的公共领域,推动了中国公民社会的进程。其一,大数据时代的传播为中国培养了自主理性的公众。大数据时代提供的出版空间刺激了个体对信息创造性活动的主动参与,也实现着参与者的自我发现与完善。大数据将个体置于一个反思和重塑自我的循环之中,由于立足于大数据技术的各平台有相对固定的发布空间,这使传播者的身份相对确定,出于获得他人赞赏的需要,参与者倾向于表现自己的优点而故意收敛个性中的负面因素,使交往行为趋于理性,从而培养了具有独立性、自主理性的公众。其二,大数据为中国民众提供了可以表达主张的功能强大的话语平台。在此之前,中国大众传媒基本上处于精英力量的主导之下,民众参与度不高。大数据把传统媒体的受众转变为公众,使中国普通民众大规模介入公共信息传播。当今中国社会各个地区、各个层级几乎都在互联网上建造了信息传播平台,公民的知情权、公共表达、公共监督、公共参与和公共协商等信息权利得到极大的实现。其三,大数据促进中国公众就普遍利益问题自由辩论,形成公众舆论。利于大数据的互动平台向所有人和所有的问题开放,公共话题的范围从传统公共领域的政治和文学艺术话题,扩展到社会生活的几乎一切领域。公众可以不经过"把关人"的审核把事件上传到网上形成草根新闻,按照自己的意愿自由讨论问题并推动舆论,使公共事务更多地置于公众的监督和评判之下。大数据通过建构公共领域,促进了我国公民社会的形成,也孕育了开放、平等、民主等现代伦理精神。

大数据时代的传播促使中国传统伦理向公民社会伦理演进。中国现代化转型与发展为公民社会的形成准备了良好的条件。公民社会是一个器物存在、制度存在和精神文化观念统一的社会。公民社会的现代性意义通过公民社会精神形态——公民伦理体现出来,公民伦理形态是实现伦理传统创造性转化的必然抉择与过程。

中国传统道德文化有心性伦理、制度伦理和日常伦理三个层面。中国传统人格状态分为理想人格与现实人格两个层面。心性伦理揭示了"圣贤人格"理想的崇高价值目标,制度伦理孕育了中国传统社会的现实人格。中国传统社会的现实人格表现出了以依附、无我、不自由为特征的"臣民人格"状态,中国传统理想人格的终极归宿是服从和服务于宗法血缘关系基础上的政治关系及其统治的需要,中国传统理想人格与现实人格统一与共生于"臣民身份"中。

大数据时代的传播使广大民众积极参与到公共事务中,公民社会趋向与公民伦理诉求成了当代中国的基本社会存在境况。从传统社会依附型人格走向公民社会独立型人格,成为中国社会伦理变迁和公民伦理趋向的必然蕴涵。公民人格的价值包含两个方面。其一,既尊重个体独立价值的主体性,又强调尊重他者权利的主体间性。公民人格在强调对依附性、受动性消除和对主体性、独立性获得的同时,强调人所应当承担的社会义务和对他人的尊重。大数据时代的传播环境促进了人们独立性和主体性的自我意识,同时互联网社区中的社群化又使人们形成了对他者权利的尊重和认同。一方面,互联网化生存解构了传统的整体主义至上的价值模式,在大数据创造的存在时空中,个体摆脱了现实社会群体与社会关系的制约,凭自由意志做出体现自由意志的价值选择,促进了独立性和主体性的自我意识。另一方面,大数据时代的人们持有各自不同的价值观,在彼此没有根本利益冲突的前提下,人们选择了包容与尊重他人,从而促进了主体性与主体间性统一的公民伦理精神的形成。其二,既推崇契约精神和规范意识,又高扬德性价值。契约精神是平等主体为了尊重相互间的主体地位与权利而达成契约的精神凝结,是维系公民社会正常交往的最基本的主体人格要求。道德修养是一种道德价值信仰,是主体内在的对美德与崇高人格范型的追求。公民人格既推崇契约精神又崇尚德性价值,在优先强调契约与规范意识的同时,又倡导作为价值信仰存在的德性精神。大数据所具有的互联网文化精神和技术理性与契约精神之间相互贯通,大数据时代的互联网化生存使差异主体的独立性越发强化,个体权利诉求更加自由与开阔,而现实社会的他律机制在虚拟时空中的淡化,使差异个体间的矛盾更加纷呈。互联网虚拟空间的理性化与规范化迫切需要更加完备的法制与契约形式,大数据不断催生现代完备的契约精神。又由于现实社会的道德规范对大数据时代中的行为不具有较强的约束力,个体是否遵守道德规范主要依靠其自身的道德修养。因此,大数据催生了契约精神与道德修养统一的现代道德精神。

三、大数据时代大学生的公民道德修养培育的创新

对于大数据时代的中国而言,伦理道德的现代性是一种应然性的期待与选择,公民伦理形态是实现伦理传统创造性转化的必然抉择。因此,大数据时代的大学生道德修养培育应根据我国社会伦理向现代公民伦理演进的现实状况,注重大学生的公民道德修养培育的创新。

(一)认识传统道德修养培育的困境与局限

大数据时代,中国传统道德修养培育面临一些困境与危机,主要表现为:①传统伦理文化与人格范型相适应,传统道德修养培育理念与模式是忽视个体的个性与主体性的;②传统道德修养培育根本上是一种道德义务与道德责任的

教育,在教育内容上缺乏对个体道德权利的应有考量;③传统道德修养培育有着塑造"圣贤人格"的远大志向,却缺乏对作为人伦底线的基本的理性与规范的考量;④传统道德修养培育有着发达的亲缘伦理精神教育的传统与根基,但同时存在着公共生活的伦理教育的巨大的"空场";⑤传统道德修养培育在教育方法上维系着由外向内的刚性有余而柔性不足、理性泛化而感情缺失的灌注方法。

(二)注重大数据时代大学生公民道德修养培育创新

大数据时代中国公民社会、公民伦理的发展趋向于对现代道德修养培育的期待。中国传统伦理文化及其所规定的传统道德修养培育在现代生存方式下的式微与困顿,都呼吁着一种基于互联网化、全球化的境遇下的,契合公民社会及公民伦理发展思路的,能够实现自身历史性转型并获取现代性价值的道德修养培育形态。这种现代道德修养培育形态的现代性价值与意蕴,集中通过其现代性的道德修养培育理念体现出来。作为公民社会的精神文化表征的公民伦理与公民人格的价值规定,框定了现代道德修养培育中现代理念的存在形式,体现在主体性精神、契约精神和权利与义务对等精神等方面。因此,在大数据时代,应注重对大学生进行公民道德修养培育,应在坚持社会主义核心价值体系教育的前提下,注重培养大学生的主体性精神、契约精神和权利与义务对等精神,并将其具体内化于道德修养培育的目标设定、内容取舍与方法论选择之中。

第四节 树立道德修养培育与大数据特点相一致的理念

检验道德修养培育是否有效以及效果的大小,其主要依据就是道德修养培育的目的和意图实现的程度。从大数据时代的传播特征和传播规律来看,大数据为道德修养培育的创新和促进大学生"内化"提供了新的契机。树立道德修养培育与大数据特点相一致的观念,有助于提高道德修养培育的效果。

一、大数据时代的传播特征为提升道德修养培育效果提供了契机

道德修养培育效果主要体现在三个层面:一是教育者把社会要求的道德修养培育信息作用于受教育者的知觉和记忆系统,引起其信息量和信息内容的变化,属于认识层面的变化。二是作用于受教育者的观念和价值体系而引起情绪的变化,属于心理和态度层面上的效果。三是这些变化通过受教育者的言行表现出来,成为行动层面的效果。第一、二层面叫"内化",即受教育者接受社会要求的思想和道德规范并转化为自己的个体意识的过程;第三层面叫"外化",即受

教育者将个体意识转化为行动,产生行为结果的过程。三个层面体现了效果形成的不同阶段,是一个效果累积、深化和扩大的过程,其中"内化"是关键。

大数据时代的交互性与即时性、自主性和参与性、共享性和社群化、个性化与信息海量繁杂、多媒体与超文本等传播特征,使其丰富了道德修养培育的载体,促进了道德修养培育知识价值传播,契合了道德修养培育的互动需要。大数据技术的多媒体、形象化的特点使其对学生具有较强的吸引力,易于引起学生认知层面的变化。大数据时代的虚拟环境,使教师和学生在隐去身份的前提下可以轻松自由地表达自己的想法,易于引起学生心理和态度层面的变化。一个人在虚拟空间形成的习惯也会带到日常的现实生活中,因而学生在虚拟空间接受的教育,也会显现在现实生活的行动中。因此,大数据时代的传播特征为提升道德修养培育效果提供了很好的契机。

二、根据大数据时代的传播特征创新道德修养培育

根据大数据时代的传播特征创新道德修养培育,需根据相关的传播理论创新道德修养培育的内容与方式、方法。

(一)运用新理论数字化道德修养培育内容

结合大数据时代传播的特征,运用"把关人"理论、议程设置理论创新道德修养培育内容,并将内容数字化,以提高道德修养培育效果。"把关人"理论是传播学研究方面的经典理论之一,该理论认为,信息总是沿着包含有"门区"的某些渠道流动的,而由"把关人"把持着信息流动的"关口"。在那里,"把关人"根据一定的规定和价值观念,对信息是否可以进入渠道或继续在渠道内流动做出决定。经过"把关人"的过滤和筛选,剔去那些被视为不符合群体规范的内容,而将符合规范、包含"把关人"的自身价值观念和主观态度的信息传达给受众。在大数据时代,任何人都可以成为传播者,而每个人都有自己感兴趣和关注的内容,这就决定了把关尺度的多样性。由于没有统一的、公认的把关标准,任何人都可以根据自己的需要和兴趣决定自己是否成为传播者和传播什么样的内容。由于传播中"把关人"的地位被极大弱化,所以信息内容繁杂、良莠并存。传播内容虽然复杂多样,但是它也有议程设置的作用。议程设置就是为公众安排议论的话题,决定人们谈什么和想什么,一般来说,报道什么,公众就注意什么。因此,应注重以社会主义核心价值体系为主导,适当发挥"把关人"的作用,并对传播内容进行议程设置,使传播内容体现社会主义核心价值观,并注重把教育内容数字化,使道德修养培育内容图文并茂、声像交融,从而把道德修养培育由平面引向立体,为受教育者提供真实的表现效果,增强道德修养培育的吸引力和感染力。

(二)创新道德修养培育方法

创新道德修养培育方法是实现大数据时代道德修养培育目的的必要条件,道德修养培育方法是道德修养培育者基于大数据平台,利用传统道德修养培育的基本理论,使道德修养培育对象形成正确的道德修养和道德观念的各种手段、程序的总和,是传统道德修养培育方法在模式、理念和手段上的一种全新拓展和延伸。它除了具备传统道德修养培育的特点外,还应具备大数据自身的特点。

(三)注重针对性

大数据技术作为一种新兴技术,整合了众多优势,已成为广大学生获取知识和信息最方便、有效的途径和手段,对大学生的道德修养产生了深刻影响。大数据时代的道德修养培育方法要从实际出发,有的放矢,根据不同性质和类型的问题来选择不同的方法,根据问题的不同起因来选择相应的方法,根据受教育者的不同性格特点来选择方法。

(四)突出隐蔽性

相对于把道德修养培育内容照搬到信息化平台的显性方法而言,教育者把带强制性要求的目的巧妙地隐藏在受教育者平时必须进行的互联网活动中的隐性教育,淡化了受教育者的角色意识,充分照顾受教育者的内心需要,有利于更好地实现大数据道德修养培育的目的。

(五)彰显个性化

基于大数据技术的信息化平台内容形式多样,为我们多渠道地进行道德修养培育提供了条件,大数据道德修养培育方法应该是全方位的,个性化是道德修养培育改革和创新的基本价值取向。传统道德修养培育往往过于严肃,教育者只是根据大多数受教育者的需要进行教育,人们的个性得不到应有的尊重和满足。大数据道德修养培育方法使得个体的独立存在价值和尊严得到重视,让教育者迅速、准确地了解受教育者的实际思想状况和他们关心的热点问题,有利于受教育者个性的张扬和发展。

第四章　大数据时代大学生道德修养培育的内容创新

大数据技术对大学生道德修养培育变革提出了新要求,应根据大数据技术带来的新变化,在坚持社会主义核心价值观的基础上,实现道德修养培育内容的现代化。应将社会主义核心价值观内化为学生自身追求的价值观和内在的行为准则,并根据大数据技术对中国公民社会和公民伦理道德的推进,注重大学生的公民道德修养培育,针对大数据时代的多元价值观对学生的道德修养选择能力提出更高要求的实际情况,注重培养和提高大学生的道德修养选择能力。

第一节　注重大学生德性与德行的统一

由于大数据时代价值观的多元化对大学生道德意识和道德行为产生了较大冲击,因此,应加强大学生社会主义核心价值观教育,使之内化为学生自觉的价值追求,并外化为学生的道德行为,实现大学生高尚德性与德行的统一。

一、德性与德行

德性是道德的本质规定,是道德的灵魂。德性概念可以从文化人类学、人学、伦理学角度来理解。德性概念的文化人类学内涵即内在化。在词源学意义上,"德性"有两种含意:一是使客观的、外在的东西主观化或内在化;二是优秀或卓越。在先秦时期,"德"具有"内得于己,外得于人"的含义,"性"指万事万物的性质和特点。在西方文化中,亚里士多德认为德性泛指使事物成为完美事物的特性或规定。到了近代,德性概念指一种人在获得尘世的成功方面的功用性品质,或者指一种履行道德原则和规范的个人秉性和品质。德性概念的人学内涵即人性之"善"。中国传统思想认为德性是指人的品质、品性,指人的自然至诚之性。在西方文化中,德性是人的一种内在的、稳定的"善"品质。德性概念的伦理学内涵即从品德到美德。从伦理学意义上看,德性是指个体所具有的理解、内化与践履伦理原则和道德规范的秉性、气质和能力。对德的规定有质的区分,品德意指众多种类、不同等级的德性。美德是得到比较普遍的尊崇、在一定意义上具有普遍和永恒价值的那些品德,是最高的德性境界。

马克思主义认为,人的本质属性是其所拥有的社会关系的总和。德性有赖于后天的修养,是知、情、意、行相互作用的结果,其基础是社会实践。德性具有以下特征:它是规范的内化和积淀,道德主体的主观与客观的统一,自主性、自律性与他律性的统一,是自觉或不自觉塑造道德人格的过程,是一种目的和归宿。德性具有内在价值和外在价值。德性作为人格主体自身的价值,决定了德性是生命价值之源,这是德性内在价值的根本所在。就德性的外在价值而言,德性的实现根本上不是孤立的个人活动,而必及于家国天下。德性蕴含了构成一个社会应当有的基本规则,德性的社会价值不专属于某个具体的生活领域,而渗透于人类的一切活动领域。

德行即道德行为,是一种复杂的行为。从伦理学上讲,人的行为只是指自觉的、有目的的行为。道德行为不同于一般行为的规定就在于它是自觉的、出于道德准则的,并且是与他人的意志具有本质联系的行为。其一,就德行的特征而言,道德行为是基于自觉意识而做出的行为,是自愿、自择的行为,它不是孤立的个人意志的表现,而是与他人意志有着本质联系的行为。其二,就德行的机制而言,道德行为是有意识、有目的的行为。就行为本身来说,道德行为是由道德意识支配的行为,是道德意识内容的外化、客观化的表现。道德行为具有两个方面:行为的道德意识和行为活动本身。道德意识是道德行为的主导方面,在这里就是道德行为的内在方面,构成道德行为的内在机制和动因。道德意识作为主体化的意识,表现着主体自身的欲望、动机、情感、意志、信念、理想等因素的作用和相互关系。所有这些因素的作用和相互关系,就构成行为主体的价值意识。其三,就德行的过程而言,道德行为是一个复杂的过程,它是主体与客体、主观与客观、内面与外面的统一。这一过程包含着一系列相互联系的环节,其中最基本的环节就是动机与效果、目的与手段、理智与情欲、选择与责任、自由与必然。道德行为就是这些环节的运动、整合的过程。人的道德行为是自觉选择的行为,行为选择不但要受到行为主体的主观方面的限制,而且要受到来自客体的限制。人有选择自己行为的相对自由,同时也要对自己的行为选择承担道德责任,不仅要对自己的内心需求负责,而且要对外部行为结果负责。要做出正确的、恰当的行为选择,不仅要按照正确的选择标准,采取对行为负责的严肃态度,而且要正确处理选择过程中的各种关系,即正确处理动机与效果、目的与手段、理智与情感、选择与责任、自由与必然的关系。主体的道德行为能力主要是行为选择的能力,而行为选择的能力则在于正确认识和处理这些关系。

德性与德行是紧密联系的。在人们的道德生活中,一定的德行总是以一定的德性为基础的,而人们的德性又总是由一系列的德行铸成的,德性与德行存在着统一与不统一的复杂关系。其一,德性是自觉、自主的行为过程。人的德性是一种道德生活习惯或习性,更是一种凭借意志选择而获得的行为习惯。其二,德性是在行为整体中表现出来的稳定特征和倾向。道德行为整体包含两方面含义:一是指构成个别道德行为的主观方面和客观方面的统一,二是指一个人的一系列的道德行为的综合。人的德性不但体现在他的某个持续进行的行为中,更充分体现在他的一系列行为所构成的行为整体中。维系人的德性之质需要道德实践来检验。道德实践是德性外化为德行的"行善过程",只有内在的德性外化为实在的、良好的德行,才会对现实生活具有积极影响。其三,德性与德行存在着统一与不统一的复杂关系。德行之优良选择不仅仅完全取决于德性结构上的"我应当"之自律保证,因为道德行为的发生取决于特定的道德情境,取决于社会伦理秩序给予支持的程度,取决于个人对当时道德情境的利害考量等因素。德行可以是情境性的,也可以是倾向性的,因而使得德性与德行的不一致在主体的权衡中变得复杂起来。德性与德行的复杂实践关系表现为四对具体德性与德行的统一关系:高尚德性与高尚德行之间的协调统一;卑劣德性与卑下德行之间的协调统一;高尚的德性可能表现出卑下的德行;卑劣的德性可能呈现出高尚的德行。

德性与德行的统一与否,一定程度上决定着道德修养培育是否取得了最终的效果,一个人只有具备了高尚的德性,并达到了德性与德行的统一,才具备了高尚的道德品质。要实现德性与德行的统一,须从两个方面做起。首先,化内在德性为外在德行。任何知与行的统一均表明德行受到以下两个因素的直接影响:一是德行产生的外在不稳定情境因素,二是德性内在的相对稳定的结构因素。情境因素在很大程度上会影响一个主体的德性之稳定。德性对德行的担保要取得实效,关键在于对社会主流意识提倡的道德行为付出代价应给予补偿,进而形成支持高尚德行的社会伦理氛围和社会伦理秩序保证。其次,由德性到德行的中间环节——常德的培养。在社会伦理的建构中,无论是东方还是西方的学者,都不同程度地忽视了由德性到德行的中间环节——常德的培养。常德源于德性,在人性规定性上是无数个体之性趋于完善的集合体,无限接近于天地之性,却远远高于个体人的初端德性,它已具有一定社会集体性的遵循原则和规范要求。德行是在常德指引下的实际行动,体现着人们做事的自觉性、规律性和目的性。德性、德行、常德三者的关系表现为:一方面,德行是常德的真实反映,是德性的社会性活动;另一方面,常德是德行的前提,德行是常德的显现,二者保持高度的一致性,而且,由常德见诸德行,需要实践活动。在人类社会伦理建构中,从德性、常德到德行是一个连贯的进展过程,常德的培养至关重要,起到承前启后的作用。

二、使社会主义核心价值观成为大学生的德性目标

德性建构的基础是社会发展的客观需要。某种道德修养要成为全社会崇尚的德性,必须满足以下条件:首先,与现实生活的整体性、同一性、普遍性相关联,能够增进社会的和谐与稳定,有可能被全体公民认可;其次,有助于社会的发展,具有不容争议的合理性。

从伦理学意义上讲,社会德性建构的目标指代表社会成员的道德理想,具有普遍和永恒价值的那些品德。在大数据时代,东西方文化的聚集,价值观多元化趋势的显现,大数据时代开放、平等、包容的环境,较宽松的规范和制度,为大学生自由选择价值观和道德文化提供了较大的空间,但也带来了易被西化、价值观混乱等问题。因此,更应提倡社会成员普遍遵守的德性目标,而在当前我国政治、经济社会现实状况下,社会主义核心价值观应成为我国社会成员普遍遵守的德性,更应该成为大学生自觉追求的德性目标。社会主义核心价值观是社会主义核心价值体系的内核,具备成为社会德性的条件。其一,社会主义核心价值观不是某一个阶级或阶层的价值追求,而是全社会的价值追求和应遵守的道德规范,具有普遍适用性;其二,社会主义核心价值观包含着特定的道德规范,也蕴涵着特定的道德德性,体现着中华民族的传统美德,是确立价值取向、做出道德选择、判断行为得失、分清是非荣辱、明辨善恶美丑的基本准则。社会主义核心价值观体现了大数据时代我国社会的道德追求,应成为社会成员普遍遵守的德性。

在大数据时代的传播环境中,东西方文化思潮的交汇、碰撞更为直接,传统与现代文化交织,大学生以更自由、开放的姿态更真实地表达自己的文化和价值取向,大数据时代的传播环境是一个多元文化交织、多种思想碰撞的复杂文化环境。由于传者与受者的广泛性与主动性,传统有效的调控手段,如封锁信息源、控制传播渠道、筛选信息流等手段很难实现。用社会主义核心价值体系进行主导是优化传播环境的需要,也是社会德性建构的需要。我们应创新发展社会主义核心价值体系的内容和表现形式,充分把握传播特点,将核心价值的内容和表现形式平等化、具体化、形象化,推动我国优秀传统文化的数字化、互联网化。运用议程设置、沉默螺旋效应等传播学原理和手段,强化社会主义核心价值体系的主导作用。大数据时代的传播融大众传播、人际传播、组织传播于一体,有广泛的互动性,而且在时间的快捷、内容的丰富、深度的拓展上有优势。大数据时代的传播促进了公共领域的形成,理想的公共领域是在国家与社会之间进行调节,从而更好地保障社会整体利益的场所,具备公共性、独立性和自主性等特征。由于其互动性、平等性、开放性、超越时空性等特征,形成了较理想的公共领域,是一种全民参与、网状辩论、空前多元的公共场所。它拓展了传统公共领域的内

涵,关注内容不仅指向社会政治事务,还指向与现实生活相关的事情。根据公共领域的特点,合理进行互联网议程设置,在论坛、网站、微博上通过设置议题、邀请专家做论坛版主等方式,可以加强社会主义核心价值体系的主导作用。

三、实现大学生德性与德行的统一

加强道德修养培育,应提升大数据时代大学生的德性,增加大学生道德实践的机会,并注重大学生的道德自律,促进形成大数据时代大学生德性与德行的统一。

(一)加强道德修养培育,提升大学生的德性

道德修养培育是道德活动的一种重要形式,一种道德能够在何种范围和程度上为人们所接受,很大程度上取决于它的传播程度,取决于道德修养培育实施程度。应根据大数据时代环境的变化,加强和改进大学生道德修养培育的内容和方式、方法、手段。根据大数据时代的特点,在坚持社会主义核心价值体系的主导下,对学生进行社会主义公民道德修养培育、媒介素养教育、信息化道德修养培育,提升学生在大数据时代的道德修养水平。运用立体、多面的道德修养培育方法,确立现实道德修养培育与虚拟社区的道德修养培育相结合的指导理念,使现实道德修养培育与虚拟社区的道德修养培育在内容、方法、手段上互补与融合。创新道德修养培育的方法和手段,将教育内容数字化、形象化地展现在虚拟空间里,吸引学生参与并在参与中受教育。

(二)增加大学生实践机会,为德性与德行的转化创造条件

道德修养培育具有强烈的实践性,其中包括道德修养培育必须适应当时社会实践的客观状况和客观要求,必须引导受教育者实际践行道德义务。只有让受教育者多参加实践,在实践中接受锻炼和考验,才能促进其德性与德行的统一,整体提升道德水平。在大数据时代,必须增加大学生在虚拟空间以及现实中道德实践的机会,使其受锻炼、提素质。通过建立道德修养培育网站、开通道德修养培育微博、创建道德修养培育公众号等方式,引导学生通过参与辩论、留言、交流等方式,参与热点问题的讨论,引导学生在大数据时代中,在两难的或多难的情景中进行道德选择和道德判断,促进其形成正确的世界观、价值观、人生观。鼓励和支持学生参加现实中的实践锻炼,引导学生在实践中加深道德修养认知,培养学生在实践中的道德判断和道德选择能力,提升德性修养,促进德性与德行的统一。

(三)注重大学生的道德自律

自律是道德修养发展的最高境界。大学生的道德自律包括个体自律和业界自律,主要指大学生自愿认同互联网规范,以自觉的道德意识对互联网运用行为进行自我约束和自我完善。加强大学生道德自律是大数据时代德性建构和促进德性与德行统一的有效途径,在道德自律、技术支持、法律规制三位一体的互联网立体管制体系中,技术与法律只是手段,大学生的道德自律才是根本,其主要内容包括:树立主体意识和规范意识,做到自我约束和自我完善。

第二节 塑造大学生现代公民人格

公民社会是指一种与私人、独立经济以及民主等概念相联系的,不同于国家的社会形态,是一种文明化的、世俗化的社会存在形式,这个社会由具有自由人格的公民构成并具有自治能力。公民道德修养培育是指一定国家和社会为了培养具有基本公民道德素质的、国家、社会所需的良好公民,从公民与国家、公民与法律等角度入手,对公民进行系统的、多元的和制度化的道德修养培育活动,将一定社会的基本道德原则和规范内化为公民基本道德素质。

一、大学生公民道德修养培育的意义

(一)是中国公民社会发展的需要

全球化、市场经济、信息化为中国公民社会的发展创造了条件,推进了中国公民社会的发展进程,也对加强大学生的公民教育、公民道德修养培育提出了新的要求。我国传统道德文化是建立在农业社会族缘、地缘基础上的,以人伦秩序为代表的"熟人伦理",存在着"私德主导、公德不彰"、上下等级差序较明显等问题,与公民社会所需要和提倡的民主、平等、自由等道德文化存在着较大的差异。随着全球化的推进,市场经济和民主政治的逐步发展完善,公民社会的兴起已经成为一种不可逆转的趋势,而大数据技术的飞速发展又成为我国公民社会发展的强大助推力。在西方发达资本主义国家,公民社会的构建已经比较成熟,而在我国却仍是一个薄弱环节。构建现代公民社会,关键是要培养具有现代意识的公民。我们必须着力培养国民的现代公民意识,我国家庭公民教育的淡化,使得大学生公民教育的重要性更加显著。家庭教育是公民教育的第一步。目前,在家庭生活中,家长对孩子的教育还停留在传统的道德修养培育范畴内,在对孩子的主体意识和国家意识、权利意识、义务意识、法律意识和环保意识等方面的教

育上还存在许多盲点。因此,要着力培养大学生的公民意识,加强大学生的公民教育,尤其是公民道德修养培育。大数据技术的发展促进了民众的参与意识,使民主、平等的现代伦理道德观念进一步深入了民众和大学生的心里,为培养大学生的公民意识和公民道德创造了条件。因此,大数据时代大学生公民道德修养培育是适应中国公民社会发展的需要。

(二)是构建社会主义和谐社会的需要

中国社会是一个熟人社会、关系社会。在一体文化圈内部,群体片状分立,这种文化模式给予个体良好的私德,却导致了公德淡漠。这些一直影响到今天的中国社会,对我国当前社会主义和谐社会的构建是巨大的障碍。大数据技术的发展促进了公民对国家公共事务的参与,促进了民主政治,但自主参与的特征,加之管理中存在的漏洞,及"把关人"在一定程度上的缺位,使得公众舆论导向较难控制,使得一些社会问题被扩大化,对构建和谐社会既带来了机遇也提出了挑战。现代社会的构建是基于国民的普遍福利之上的,在本质上是与熟人文化相悖的。公民社会是根植于现代政治理念上的,内在地追求公民个体的平等,以对公民权利的维护和对公民义务的明确规定为特征。现代公民教育的使命是吸引个体构建良好的个体道德,给予个体平等的视角和民主的行为方式。和谐社会的构建是我国当前的建设目标和努力方向,和谐社会中的道德主要表现为公民道德,必须从培养公民道德入手实现和谐社会。大数据时代大学生公民道德修养培育对构建社会主义和谐社会的作用与意义主要体现在公民人格的养成、社会私德与公德的和谐接轨、公民道德法治国家构建的基础、社会公共精神的养成等方面。

(三)是大学生自身健康成长的需要

加强大学生公民教育能促进大学生自身健康发展。大学生道德修养的主流是积极向上的,但是部分大学生对公民概念理解模糊,重权利轻义务,法制意识不强。尤其在大数据时代中,学生的公民责任意识不强,有的大学生甚至会见利忘义。公民教育要让"中华人民共和国公民"的概念植根于大学生的心中,培养学生的平等意识和公共精神等公民伦理观念。大数据时代大学生公民道德修养培育是改进大学生公民道德现状的需要,目前大学生存在着道德理论认同与具体实践、日常行为脱节的问题,大部分大学生在思想上能认同公民道德修养培育的内容,但不能认清自己肩负的道德责任,在进行道德行为选择时会产生偏差。尤其在虚拟空间里,在无人监督的状态下,大学生的公民道德自律、自觉状况并不令人满意。

二、大学生公民道德修养培育的取向

公民所需要的是某种丰富的品质,包括自律、义务、礼貌、宽容、公平和慷慨等德性。大数据时代公民道德修养培育应根据大数据的特点及公民社会的需求确定教育取向。公民道德修养培育不属于私人道德的范畴,而是公民在参与国家活动、公共生活时表现出来的公共性要求。大数据时代大学生公民道德修养培育的基本取向包括以下三个方面。

(一)以公民拥有独立的人格为前提

公民社会要求造就适应现代市场经济和民主政治的新型社会成员,由于我国的国民受"封建臣民"观念的影响较大,因而提高全民文化和观念、改造我国的国民性成了一项极其艰巨的工程。公民道德修养培育的基本取向就是培养社会成员的公民意识和公民能力。互联网的开放、自由、互动、无中心的传播特点,使全民参与社会公共事务,为加强大学生公民教育、培养公民独立人格创造了条件。

(二)以权利和义务统一为基本的教育取向

中国传统社会是差序格局的社会,人们作为社会成员主体存在的意识较弱,依赖性较强,主动性较差。公民社会将人们在社会生活中的一切差异都消除在法律这一平等的理论起点上,人们可以在法律许可的空间里获得行为自由。而大数据时代的传播更使得人们的交往范围扩大到全世界,并从现实领域走向了虚拟领域,人们在法律许可范围内的虚拟与现实领域获得了广泛的自由,但也对人们的权利和义务的统一提出了较高的要求。公民道德修养培育必须以追求公民权利与义务高度统一的自由境界为教育取向,公民权利与义务的统一是公民社会的本质要求,这一要求面向全体公民,体现在道德、政治、法律各个层面。因为权利与义务构成了社会的规范体系,也是保障社会成员获得公正地位的前提,所以在大数据时代这一强调高度自治的虚拟领域,必须对大学生加强权利与义务对等的教育。

(三)以合法性为底线

公民社会是以一种普遍的契约关系和契约精神建立起来并保证其良性运转的,契约关系的最高表现就是国家法律,公民社会中国家的权力、人们之间的权利义务关系都在法律规范中得到体现。公民社会建立的基础、自由市场和民主政体存在的前提是法律化的契约关系。大数据时代的空间中汇聚了来自世界各地、不同民族、不同文化的人,只有在坚持遵守法律的前提下,才能保证大家公平、自由地参与交流,并能够互相尊重、包容不同的文化和传统,否则将无法保证虚拟空间的秩序。

三、塑造大学生的现代公民人格

人格是由外在的社会环境赋予的,是社会价值精神在人身上的内化和人的"类"本质在个体性上的体现,是人作为活动主体的精神品质和性格气质特征。公民人格就是公民社会价值范式与精神生态在公民个体身上的内化与展示,公民伦理的价值范式与精神从根本上塑造了公民人格特征。大数据时代的大学生道德修养培育要顺应我国公民社会发展的要求,培养大学生的现代公民人格。现代公民人格的内涵主要体现在以下几方面。

(一)主体性与主体间性的统一

公民身份和公民伦理的基本前提与本质特征就是公民的主体性价值与地位、公民权利不可剥夺和权利与义务的统一。主体性原则与特征是公民人格成立的基本前提和首要条件。黑格尔认为,人格一般包含着权利能力。哈贝马斯认为,正是黑格尔发现了现代性的基本原理和理念,即所谓的"主体性"。"主体性"从根本上把现代人(公民)与传统人(臣民)区分开来。公民人格是人类社会发展到现代工业社会后,在市场经济条件下生成的独立人格形态,公民人格最本质的价值特征就是独立性、主体性。公民人格除了强调主体性,还强调其所应当承担的社会义务和对他者主体权利的尊重,公民人格既包含主体性,还包含主体间性。马克思认为人的本质是一切社会关系的总和,公民人格的价值蕴含不仅停留在个体独立性、自主性,还包含个体对社会义务的承诺与认同、对他人权利与独立主体性的承认与尊重。公民人格是存在于主体间的交往互动中,通过主体间性的尊重来实现主体性价值的,公民人格主体性的实现以其尊重主体间性为前提。互联网的传播特点决定了学生在交往中的独立性、主体性,同时广泛的、无中心化的、陌生人之间的交往又决定了他们必须在坚持自己的独立性、主体性的同时,尊重他人的主体性权利,从而实现主体性与主体间性的统一。

(二)契约精神和德性价值的统一

契约精神作为公民伦理的基本价值范式,它是平等主体在同一生存平台上为了尊重相互间的主体地位与权利而达成的契约和规则的精神凝结。契约精神一方面揭示了公民社会中的契约、规则和制度具有优先性和不可毁损性;另一方面指出了公民人格要摒弃人们由于出身和社会关系的差异而产生的现在的人格不平等,具有普遍的平等性。契约精神从根本上说就是一种公民道德品格中的规范意识,是一种现实人格、底线人格。契约精神揭示了公民人格的基本特征,但公民人格并不排斥它应有的德性精神的价值面向。德性精神是一种道德价值信仰,是原发于主体内在情感世界的对美德与崇高人格范型的追求。契约精神是一种内化了的道德观念与品格,公民社会对规则过分倚重,易导致对契约、规范的片面强调而忽视公民德性价值,最终导致人情冷漠和生活世界被割裂的现象产生。因此,现代公民人格在优先强调契约精神的同时,也应重视德性精神的作用。在大数据时代,首先要求人们遵守规范,在遵守规范的前提下,推崇德性精神,倡导建设高尚、和谐的互联网文化,因此,大数据时代背景对培养大学生契约精神与德性价值的统一提出了要求,也创造了条件。

(三)多元范型与一元价值的统一

公民社会是一个在充分分化基础上形成的社会,社会主体的个体差异和社会价值评价体系多元。在多元的人格状态及其价值取向中,各种人格范型之间以一种平等的身份存在,并在法律规范范围内交互生存,这就决定了公民社会的人格范型的自由性和多样性的外在特征。人格范型及其价值的平等和多元必须确立这样一个前提:自由人格和多元价值之间有一种为各方共同接纳和信奉的一元价值标准,这就是作为底线道德的制度认同与法治精神。互联网的高度开放性,使全世界各民族的道德文化充斥其中,由于没有根本的利害冲突而能够和谐共存,人们须遵守的一个基本规则是对制度与法制的认同。大数据时代中多元的文化对大学生的价值观带来冲击,应注重对大学生进行社会主义核心价值观教育,使其牢固确立社会主义核心价值观,坚持在此基础上的多样化。

(四)多元价值中的共生性独立人格

培养主体的共生性独立人格是大数据时代道德修养培育的根本要求。共生型人格具有以下特征:其一,个体是一个独立性的存在,个体以形成独立人格为前提;其二,这种独立性是以承认他人的独立性,人与人之间的平等、公正为其规定性的;其三,共生性是一种新的人的结合关系,它不是依附型的关系,而是否定之否定;其四,这种共生性不是追求完全的同质性,它更多的是一种异质文化之间的"和而不同"。共生性主体的生成体现了民族文化自觉与价值导向建构两个过程的统一。一方面,它体现了民族文化自觉得以实现。共生性主体具有在多元文化中依据本民族主导价值观进行自我选择、自我发展、自我超越的能力,这种能力使价值观认同的困境在社会层面和个人层面都得到解决,使民族文化自觉得到实现。另一方面,它体现了中国特色社会主义价值导向内化的完成与共生性主体的出现。共生性主体能够在多元文化中保持自身的统一性,因而具有坚持并发展本民族文化的能力,这种能力是民族文化自觉的具体表达,它推动了具有中国特色社会主义的内化,促进了共生性主体的形成。大数据时代的传播为共生性主体人格的形成带来了挑战和机遇,也创造了促进其生成的条件。大数据时代的开放环境将大学生置于一个价值观多元化的环境中,教育者有意识的、不着痕迹的引导,在虚拟空间中坚持社会主义核心价值观的主导,有利于培养大学生的民族文化自觉,有利于其核心价值观的确立。

第三节 重视大学生道德选择教育

道德选择是人类活动中最重要的选择形式之一,道德多元化的环境对大学生的道德选择能力提出了新的要求,因此,应注重大数据时代的道德选择教育,提升学生的整体道德修养。

一、道德选择

道德选择是人在一定的道德意识支配下,根据某种道德标准,在不同的价值准则或善恶冲突之间所做的自觉自愿的抉择。道德选择体现人的价值取向,又是价值观的表现形式,它以心理活动和行为活动的形式把人们内在的价值观念、道德品质等呈现出来。

(一)道德选择的机制

道德选择的机制可以从道德选择的心理机制和社会机制两方面来分析。

1. 心理机制

道德选择首先来自于认识的选择性。其表现在主体的信息感知模式、认知定势和期待以及人的注意等方面。认知定势和期待使人能认识到特殊的对象,从而有选择地接受信息。注意则犹如在黑暗中打起的一束光,它指向哪里,哪里就会显现出来。正是注意的不断变化,才使我们的认识面逐渐扩大。道德选择又依赖于情感,情感是人类道德发生的直接心理基础,也是道德选择的重要心理依据。情感包括理智感、审美感和道德感,是广义情感中的最高层次,其选择作用最为突出。意志是一种直接的、现实的选择机制。意志就是自觉确定目的,根据这一目的来支配、选择、调节自己行动的心理过程,是知识和情感相互作用而形成的一种活动能力,是把主观的东西见之于客观,把内部的倾向变为外部的活动。意志通过自己的活动,使主体形成一定的倾向和目的,这种活动就是意志的决定和选择。

2.社会机制

道德选择的社会机制就是指道德选择是怎样在社会结构中进行的。一方面,多层次和多方面的道德要求为道德选择奠定了客观条件。另一方面,在社会关系和社会制度确定的前提下,个人身份和地位的确立是通过选择来实现的。道德选择不仅在多种可能性之间进行,而且还在价值冲突中进行,价值冲突增加了道德选择的困难度。价值冲突表现为两种性质不同的形式,即同一价值体系内部的不同道德要求之间的冲突和不同价值体系之间的对立冲突。在价值冲突中做出正确的选择需要提高选择主体的选择能力,确立选择的标准,认清选择所要达到的社会目的。价值冲突要求人们思考、选择,这就是道德选择的社会机制。

(二)道德选择的实现

道德选择的实现由道德选择的自由、道德选择的尺度、道德选择的规定性和道德选择的过程等四部分组成。

1.道德选择的自由

道德选择必须有一定的前提,这个前提就是自由,道德选择的自由表现为两种形式,即社会自由和意志自由。社会自由是道德选择的外在可能性,人的意志自由是选择的内在自由,也是较为重要的道德选择前提。道德选择的自由是社会自由与个人自由的统一,是必然与自由的统一。道德选择以自由为前提,以道德责任为结果,主体在自由地选择对象的同时,也自由地选择了责任。

2.道德选择的尺度

道德选择总是依据一定的标准进行的,这个标准就是道德选择的尺度。道德选择的尺度具有确定性与不确定性、主观性与客观性、功利性和超功利性。道德选择的确定性是指任何道德选择都是根据一定的尺度进行的,该尺度在价值体系中的地位是确定的;不确定性是指尺度的确立依赖于主体的认识,尺度的作用取决于它在道德体系中的地位,尺度的价值存在于具体的选择之中。主观性决定了选择尺度都是具体的;客观性决定了尺度都是普遍的。功利性是指道德选择尺度的确立,都是为了达到或实现某种利益;超功利性是指选择的尺度虽然来自利益关系,但又具有相对独立性,与利益关系并没有直接的决定关系。选择的尺度反映社会整体的利益,而不是个人的利益,而且选择的尺度往往需要人们做出个人牺牲。

3.道德选择的规定性

道德选择并不仅仅是理智的事情,还必须有意志的参与,意志与理智相结合构成了道德选择的规定性,体现在自主、自决和自控三个方面。自主是道德选择的基本规定性,它使道德选择成为选择主体的活动,而不是外在的活动。自主性的第一个含义是说,道德选择是有目的的,这个目的就是"善"。自主性的第二个含义是说,道德选择是"我"的选择。自主性的第三个含义是说,道德选择从一开始就是一种主动的选择。自主性从出发点和性质上规定了道德选择的内容,而这一内容就是意志的自决。只有自决的意志才是现实的道德意志,这种自决使选择成为自主的选择。自决建立在明察、深知的基础上,是根据道德的本性、客观的规律和现实的条件做出的决定。它着眼于长远的目标、理想的境界,把每一次决定都看作道德攀登的一步、自我完善的一种形式。道德选择在性质上是自主的,在内容上是自决的,而在过程上则是自控的。自控是道德选择的基本规定性之一,是保证选择顺利进行的机制。道德选择的自控性表现为选择开始时的控制、选择过程中的控制和选择结果上的控制。

4.道德选择的过程

道德选择是道德行为的前奏,道德选择的过程就是道德行为形成的过程,表现为道德动机的选择、道德目的的选择、道德手段的选择等。任何行为都是有动机的,动机就是直接推动个体活动以达到一定目的的内部动力。人们之所以能够选择动机,不仅是因为人有自由选择的能力,而且是因为动机本身提供了选择的可能。动机的好坏对行为的善恶往往起着决定性作用,几种动机共同发生作用形成了某种行为。目的不同于动机,动机是行为的原因,而目的则是人们预定通过行为所要达到的结果。目的是行为的灵魂,规定着行为的方向,选择正确的目的是道德选择的关键环节和主要使命。目的不仅仅是主观的东西,它是客观的关系在人们头脑中反映的结果,其本质是主客体的统一。选择目的既是选择活动自主性、自觉性的突出表现,也是道德责任的主要依据。目的和手段是密切相关的,在目的既定的情况下,手段的选择具有极为重要的意义。一是正确地选择手段可以尽快实现目的,只有目的和手段在性质上一致时,才能有助于目的的实现。二是选择手段可以强化道德选择的责任。动机和目的都是作为主观的东西存在的,对它们的选择是一种思想斗争,对于形成人的品质极为重要,但由于还没有表现出来,选择的责任尚不明显。只有经过手段选择之后,目的、动机才开始由观念形态向现实形态转化,从而表现出一定的道德责任。三是道德手段可以扩大人的自由。选择自由是人的一种能力,这种能力是由不断积累选择经验而形成的。在众多的手段之间进行抉择,既表现了选择者现有的自由,又为选择自由的增长奠定了基础。

二、道德选择教育的特点

道德选择教育以强调人的主体性为根本特点，以允许道德选择为前提，以实现对人的本质、主体性、社会理性的充分尊重为本质内涵，以提升道德认知能力、判断能力、意志力和道德实践能力为核心内容，以实现人的主体人格的完善为最终目标，是新的道德修养培育的理念和实践形式。道德选择教育的特点主要表现为如下几个方面。

(一)注重"以人为本"

道德修养培育的对象是人，道德修养培育的目的也是使人成人。道德选择教育反对道德修养培育的功利主义，功利主义是我国道德修养培育的一个弊端，表现为道德修养培育急功近利，教育课程随社会要求变动较多，重说教，强调理性、公正而忽视关怀品质的培养，导致了道德修养培育信度的丧失、效度的缺损和地位的下降。道德选择教育承认学生是具有独立人格的完整的人，尊重学生的人格和需要。

(二)融入"生活世界"

道德与生活相融一体，"生活世界"是道德选择的源泉和基础。但是我国的高校道德修养培育却存在着重知识教育、与"生活世界"脱离的现象。道德选择教育是一种回归"生活世界"的道德修养培育，道德选择要在生活中展开，道德选择教育要以贴近大学生生活的方式进行。

(三)注重道德选择能力的提高

传统道德修养培育对现实的认识和理解存在着误区，道德修养培育主旋律的声音很响，但很难入心，没有很好地利用现有的道德现实的资源优势。多元的价值观念、多样化的道德体系可以为道德主体提供选择的可能，有比较才能有判断和抉择。传统的道德修养培育形成的观念、意识容易发生变化。道德选择教育强调对现实情况的充分运用，最为关注的结果是道德选择能力的提高。

三、大数据时代大学生道德选择教育的价值取向

道德选择教育是以道德价值为基础的。价值是一个关系范畴，它体现着主体与客体的利益关系。道德价值作为道德主客体价值关系的反映，体现着一定的社会道德现象(客体)对于个人、群体和社会(主体)的意义。对个人来说，道德是自我肯定、自我发展和自我完善的必要形式。对社会来说，道德是发展生产力

和科学技术的精神动力,是巩固和完善经济关系的精神条件,是上层建筑的精神内核,是社会文明的精神向导,是培养社会主义新人的精神要素。从总体上看,道德的价值就在于能促进个人和社会的相互改造、相互超越、共同发展和完善。

道德选择教育的基础是道德价值。道德选择教育一方面是一种理性的选择,体现着人们对事物发展客观规律的认识、利用;另一方面又是一种价值选择,体现着主体的利益和需要,牵动着主体的感情、心绪,影响着主体的意志,具有强烈的主体性。与人类一般的选择活动相比,道德选择教育具有明显的利他性和超功利性,即道德主体在利益矛盾的选择中,对道德的践行仅出于对道德准则的认同、尊重和诚服,不是以获取个人的某些外在私利为条件的。这种行为超越了行为者自身的外在私利,无疑具有超功利性。但是,道德选择教育作为一种价值选择无疑也具有个人功利性,功利主义或幸福论的一个合理之处在于它们对人的行为动机和动因的分析,揭示了人的道德选择教育的功利性。道德选择教育是对人们之间利益关系选择优化的过程,在一般情况下,道德主体在进行道德选择教育时,总是不自觉地利用主体自身的利益来衡量客体属性对于主体道德需要所具有的意义。大数据时代大学生道德选择教育的价值取向体现为以下几点。

(一)确定道德价值的等级序列

作为道德选择教育尺度体系的第一层次,其包括两方面内容:一是社会生活所必需的、最简单、最起码的公共生活规范,如守信诚实、尊重人的价值和尊严等。二是以"整体协调"的原则,评判那些人与环境、与集体发生关系时的行为和思想的道德规范。这些道德规范主要用于审度人与事、人与群体发生关系时的道德行为和思想。

(二)坚持正确的道德价值导向

任何社会都必须有一些共同的道德价值目标和道德标准,这是社会存在和发展的基本前提。根据社会实践发展的需要,每个社会在每个时代都有占主导地位的道德价值和规范。在当代中国,社会主义核心价值体系是主导的和基本的道德价值和规范,我们应坚持以社会主义核心价值体系来影响和教育人们。

(三)尊重不同的价值选择与追求

在当代,人们的价值取向和道德标准越来越多元化。在法律和社会共同的生活准则范围内,我们应尊重人们不同的价值选择和追求。在大数据时代,在坚持社会主义核心价值观的前提下,我们应尊重个人的不同选择。

(四)做好传统道德观念的现代化

在现实生活中,传统道德观念与市场经济发展、信息化社会的道德要求不相适应,使人们易产生道德困惑。我们应根据时代和社会实际情况的变化,在发扬中国传统道德优秀因素的基础上,促使其增加民主、平等的现代因素,实现其现代转化。

四、以提高道德选择能力为道德选择教育的核心

大数据时代大学生道德冲突的特点决定了道德选择教育的核心是提升其道德选择能力。

(一)道德冲突的类型

一般说来,道德冲突的类型有三种:一是同一道德体系内不同道德原则、道德要求之间的冲突;二是不同道德体系、原则规范之间的矛盾和冲突;三是个体道德心理上的冲突。第一种冲突往往发生在同一文化语境中。第二种冲突时常发生,突出表现在社会变迁迅速之时。大数据时代传播的高度开放和自主性,全球化的进一步推进,使得虚拟空间充斥了各种文化和价值观,使大学生受到多元价值观的影响和冲击,在面临道德选择时经常处于不同价值观冲突的两难或多难境地。第三种冲突表现在个体心理上。一方面是个体所扮演的不同社会角色所承担的不同的道德规范之间的冲突。在大数据时代,个体经常扮演着各种不同的虚拟角色,有时甚至连性别与年龄都是虚构的,这使得学生在道德选择时经常处于迷茫、冲突之中,甚至淡化了责任意识。另一方面是个体人格中的自我冲突。弗洛伊德用"本我""自我"和"超我"来说明人格在动态发展中的矛盾与冲突。"本我"是道德心理结构中最底层的部分,即本能冲动,它的唯一机制是趋乐避苦,"本我"是无意识、非道德的东西,是社会发展和人类生存的潜在的危险力量。"自我"是后天形成的意识结构,是一种理性的道德机制,它既不违背和对抗社会的伦理道德要求,又想方设法找到实现个人欲望的合理途径。"超我"是个体道德心理结构中的最高层次,是传统的道德观念和善恶标准在个体身上的内化。"超我"按至善原则行事,目的是为至善至美而奋斗,在内容上与本能冲动对立。三者密切配合,使人能有效地与外界现实进行交往,满足人的基本需求与欲望,同时也为社会所允许和接受。但是这三者常常发生冲突,当社会化的"我"面对"本我""自我"和"超我"的同时要求时,强烈的道德冲突就产生了。在大数据时代,由于人们隐去了真实的身份,可以不受现实中身份、地位等的制约,人们更乐于表现真实的"自我",应该说"本我"的成分更多,所以会较多地遇到三个"我"

之间的冲突。

(二)促进道德选择能力提高的方式

创新大数据时代的道德修养培育方式,促进学生道德选择能力的提高,主要有情感型、渗透型、环境型、互动型等方式。

1.情感型

大学生道德选择教育不仅要以理服人,而且要动之以情、以情感人。在大数据时代,教师应积极运用信息化平台与学生沟通交流,达到情感的共鸣,促进学生自觉接受主流价值观念,并内化为自身的道德意识,外化为道德行为。可以通过两种方式实现,一是情感投入式。情感是开启学生心灵的钥匙,情感是学生将其自身的认识转化为行为的必不可少的因素,是道德修养培育工作实现内化的中间环节。情感投入促进道德修养培育诸要素的反应速度和水平,可以对道德修养培育工作起到价值评估的作用,体现着道德修养培育主体行为选择是否协调进行和和谐发展。二是平等谈心式。现代教育的发展和社会进步为民主、平等的师生关系提供了基础,互联网的发展为师生平等交流搭建了平台,由于互联网的虚拟性、平等性,教师可以隐去身份,与学生直接交流。

2.渗透型

渗透型道德修养培育模式就是教育者运用有教育意义的知识学习和进行有培养价值的组织活动,使学生潜移默化地在思想、道德、价值观等方面受到感染、熏陶和陶冶。主要通过三种方式实现,一是人文知识长效渗透。大数据时代的多元化对中华传统文化、人文氛围产生了较大冲击。高校道德修养培育要认真研究人文教育的内涵和特征,丰富现代道德修养培育的内涵,充分运用信息化平台,形成人文知识长效渗透的道德修养培育模式。二是科学精神重点渗透。所谓科学精神,是指从科学中凝练和提升出来的文化精髓和价值观念体系。科学精神重点渗透的道德修养培育模式,一方面教育学生要脚踏实地、刻苦钻研,另一方面教育学生要以开放的眼光、宽广的胸怀、敏锐的洞察力去认识世界和掌握世界大势。三是制度规范强化渗透。要把社会主义核心价值体系、互联网管理法规和道德规范的内容,借助信息化平台,通过数字化的形式对学生进行强化渗透。同时,高校要根据党的教育方针和培养目标形成指向明确的制度规范。这些制度规范必须坚持社会主义的办学方向,坚持爱国主义和集体主义的价值取向,体现社会主义的本质要求,为形成积极、健康、高尚的校园环境和成才氛围发挥规范作用。制度规范强化渗透具有诸多功能,包括教育功能、约束功能、导向功能、塑造功能等。

3. 环境型

现代教育思想十分重视环境因素在道德修养培育中的作用,许多教育家认为道德修养培育环境和道德修养培育内容同样重要。大数据时代对大学生产生了深刻的影响,通过加强社会网站和校园网的管理,建设以社会主义核心价值体系为主导的、健康高雅的互联网文化,会对大学生产生积极的影响。同时要加强校园文明建设,校园文明建设总的目标要求应是较高的文化品位、浓郁的人文氛围、浓厚的学术色彩和高雅的文化景观,通过优良的大数据时代校园文明建设,发挥环境育人的作用。

4. 互动型

社会互动理论认为,任何客观的社会组织形式都是由个体之间的社会互动构成和维系的。在社会互动的过程中,个体具有解释社会互动符号的能力,从而判定情景,使社会互动顺利进行。只有通过解释人们在微观社会联系中的社会互动性质,才能真正理解社会结构及其变迁。这一理论对道德修养培育的意义主要在于道德修养培育工作本身具有社会互动的特性,而大数据时代广泛的、去中心化的互动交流传播模式,更为互动型道德选择教育提供了绝佳的平台。教育者可以通过在线交流、互联网聊天、论坛沟通等方式与学生进行广泛的交流。一是思想互动。这不只是在简单意义上强调教育者与受教育者之间相互对立的"你""我"都是互动的主体,而是更强调"你""我"都作为完整的精神实体而相通。二是活动互动。从认识论上看,活动是社会互动的重要形式。实践活动是连接参与者与教育过程的媒体,因此,通过活动互动方式,把思想从运用要求转变为选择行为理论,具有重要意义。三是教育互动。教育互动贯穿在思想互动和活动互动过程中,对两个互动过程发挥指导作用,是道德修养培育互动的方向。教育互动包括理解和接受两个过程。在道德修养培育的互动中,道德修养培育双方的理解过程不是独自进行的,而是在一定的情景活动中发生的,交流过程是一种教育形式。接受是活动互动反映的自然或精神客体与认识、实践主体之间的相互作用关系,是道德修养培育工作中的接受主体对教育的选择、整合、内化的过程。教育互动模式体现为三种基本方法:一是价值澄清法。在我国社会的整体转型及大数据时代的传播给学生的价值观带来混乱的情况下,迫切需要培养他们的价值观澄清和选择能力。价值澄清法的最大特点是把学生放在主体性的地位上,充分调动起学生的积极性、主动性,使他们根据自己所持有的价值观,通过主体思考和分析,对自己的行为和他人的行为进行判断与评价,并且审慎地做出自己最终的选择。二是自我教育法。自我教育法是教育者引导学生去主动地学习、自我反思、自我锻炼,通过思想转化和行为控制来形成正确价值观的方法。

大数据时代,自我教育法是比较适合的方法,通过培养学生的价值认识、价值判断、价值评价和价值选择能力,使他们能够根据正确的价值观念去分析、判断和评价现实生活中所遇到的人与事,并做出相应的价值选择。三是角色扮演法。角色扮演法就是教育者引导学生把自己置于别人的角色上,通过体验他人的价值承担,培养学生对他人处境、需要的敏感性,以及设身处地地为他人着想的移情能力。在大数据时代,可以创设不同的场景,让学生扮演不同的虚拟角色,这为学生多种体验创造了条件,但由于虚拟与现实存在一定差异,所以也需要现实中的社会实践活动、青年志愿者活动等与虚拟空间的角色扮演相互补充,对学生进行全方位的教育。

五、以提高道德的转化能力为道德修养培育的着力点

(一)大数据时代的道德修养特点

大数据时代的道德修养特点表现为:其一,道德修养发展从"依赖性"走向"自律性"。与传统社会相比较,大数据时代的道德修养的依赖性更少、自主性更多,为人们道德意识的觉醒创造了条件。在大数据时代,人与人的交往具有匿名性,使现实道德修养主要依赖于周围外在力量约束推动的实现机制在大数据时代失灵。大数据时代需要的是自主、自律型的道德,是一种他律与自律结合、更多依靠自律的道德修养。其二,道德修养发展从"一元"走向"多元"。现实道德修养是一元的,与现实社会相比较,大数据时代各主体自由交流、平等对话,不同地区、不同种族的人们自由交往,彼此不同的道德修养意识相互碰撞和融合,由于没有实质性的利益冲突而共存,大数据时代的道德修养是多元性与开放性的统一。其三,道德修养发展从"滞后性"走向"超前性"。"超前性"是指道德修养作为人类的一种价值目标,往往蕴含着比现实更高的理想成分。"滞后性"是指道德修养作为一种能够在人类意识中长期积淀的传统,往往表现出自己的保守性或惰性。大数据时代的道德修养中"超前性"和"滞后性"并存交叉,人们在虚拟空间中表现出的道德修养意识总体上趋向于更宽容和平等,反映了人类道德文明发展的趋势,表现出"超前性"。同时大数据时代的高度自由和开放,使得虚拟空间的信息和道德表现良莠不齐,而管理法规与规范亟须进一步完善,大数据时代对人们行为的自律性要求比现实道德的要求更为苛刻和严格,大数据时代的道德修养表现出与技术相比的滞后性。

(二)大数据时代的道德修养与现实道德修养

道德修养能够在人类社会交往活动中调整人与人之间的社会关系。由于人

类社会交往空间的不同,大数据时代的道德修养往往被从两个角度进行阐释。一种观点认为,大数据时代的道德修养是现实道德修养在大数据时代的延伸和应用,是人们在虚拟空间活动中应遵循的行为规范与态度。另一种观点则认为,大数据时代的道德修养与现实道德修养存在明显区别,大数据时代的道德修养其实并不像传统道德那样,靠舆论来约束、规范个人行为,它是以新技术使用者自身的素质为特征的修养自律。这就将不同社会空间中的道德依赖的基础作了区分:现实道德修养依赖他律,大数据时代的道德修养依赖自律。以上两种观点都有可取之处。大数据时代道德修养是现实道德修养在大数据时代的延伸和应用。由于大数据时代的道德修养所处环境的特殊性,社会舆论对虚拟空间的道德基本起不到监督作用,因而维系虚拟空间道德主要靠法律、管理规范、新技术使用者的自律。因此,大数据时代的道德修养依赖他律和自律的结合。

1. 大数据时代的道德修养与现实道德修养的关系

(1)大数据时代的道德修养与现实道德修养紧密联系又有所区别。新技术使用者是大数据时代的道德修养的实践主体,但人的思想、行为不可能脱离现实生活而完全虚拟化。因此,大数据时代的道德修养要反映现实道德修养的需求,保持一定的延续性,同时还要反映大数据这个特殊领域的特殊需求,具有自身的一些特点。

(2)大数据时代的道德修养以现实道德修养为基础。大数据建构的虚拟世界是在真实世界的基础上建立起来的,是真实世界电子意义上的延续。大数据时代的道德修养的设计以现实道德修养作为客观参照系,使大数据时代的道德修养与现实道德修养达到根本点上的一致,使大数据时代的道德修养既适应虚拟世界的特殊性,又不与现实道德修养发生根本的对立,并尽量发挥大数据时代的道德修养对现实道德修养的促进作用。

(3)大数据时代的道德修养对现实道德修养有推进作用。现实道德修养是人们在长期的社会实践中形成的,而大数据信息化社会是现实社会的发展和延伸,人们的网上活动与现实社会的活动在本质上是一致的。这就决定了现实道德修养的一般原则同样适用于大数据信息化社会,大数据信息化社会为现实道德修养的实现提供了更为广阔的实践空间,大数据信息化社会的道德修养水平将影响到现实社会的稳定和文明水平。

(4)大数据时代的道德修养对现实道德修养有反作用。大数据时代的道德修养与现实道德修养之间是互动的关系。由于大数据的开放性、虚拟性,人在虚拟空间中的生活与现实社会不同,这就决定了大数据时代的道德修养具有不同于现实道德修养的新特点,并动摇着现实道德修养的基础,对现实道德修养具有一定的反作用,表现在积极和消极两个方面。如果虚拟空间的秩序良好,人们习惯了比较讲道德和秩序的氛围,当其回到现实社会的时候,也会克服一切不良习惯,成为一个遵守道德规范的人。如果虚拟空间的秩序混乱,人们受到它的影响,在现实社会中也会延伸其不道德的行为。

2.虚拟空间中大学生的道德修养特点

虚拟空间中的大学生道德修养表现出与现实道德修养不同的特点,具体表现为道德意识的多元性、道德行为的反传统性、道德关系的草根性和道德人格的双重性。

(1)道德意识的多元性。大数据信息化传播是一种网状式无中心的分散结构,不同国家、不同民族、不同团体都融会在一起,他们会产生强烈的碰撞与冲突。虚拟空间中价值观的多元化使得大学生的道德意识呈现出多元性的特点。

(2)道德行为的反传统性。虚拟空间交往的匿名性,使得大学生在互联网活动中形成的虚拟关系比现实关系变得更加复杂和难以规范。传统现实社会的家庭关系、婚姻关系等在网上被颠覆和虚拟,造成一系列反现实、反传统的行为和倾向,如很多大学生认为在网恋中可以有多个恋爱对象,有时在贴吧或论坛里发表不负责任的言论,这些也会影响学生在现实社会的道德选择,给社会伦理道德带来新的困惑和挑战。

(3)道德关系的草根性。人是社会关系的总和,现实社会里社会关系的建立往往需要比较长的时间,还会受到各种社会条件的制约和影响,但一旦建立便具有相对的稳定性和延续性。而在虚拟空间,大学生很容易建立起各种"速成"的社会关系,但这种关系却很脆弱和松散,因为它抽空了社会关系所需要的社会内容,人们不必为虚拟空间的社会关系承担一些责任和义务,因而显得随意性较大。

(4)道德人格的双重性。虚拟空间中多元道德、多元文化的存在,常使个体处于矛盾的道德选择中,给大学生道德人格的形成与发展造成挤压和扭曲。一些学生长期沉溺于网上交往,使得他们在网上交流很顺畅,但在现实生活中却表现得性情孤僻,不会与人交往,这种道德人格使他们难以适应社会。

3.大数据时代的道德修养与现实道德修养的促进与转化路径

大学生在虚拟空间的道德修养与其现实道德修养存在一定程度上的不一致性,发挥大数据时代的道德修养对现实道德修养的促进作用,实现大数据时代的道德修养与现实道德修养的良性相互促进与转化,是提高大学生整体道德修养水平的重要手段。

(1)从教育入手,实现信息化德育与现实德育的有效结合。道德修养培育是培育理想人格、造就人们道德修养的重要手段。大数据时代的道德修养的超前性与滞后性并存的特点,使得大学生在虚拟空间的道德修养表现有时优于其现实道德修养的表现,有时低于其现实道德修养的表现。因此,应从教育入手,实现信息化德育与现实德育的有效结合,在教育内容、教育手段、教育活动设计等方面,实现交叉与融合,促使大学生在现实中形成稳定的、优良的道德修养。

(2)加强法规建设,规范大学生在虚拟空间的道德行为。规范是引导人们形成优秀道德习惯的必要手段。由于大数据技术的快速发展,从世界范围看,管理法规的制定落后于大数据技术的发展,这就使得虚拟空间的一些行为处于无章可依的真空地带。例如,美国、英国等国家一贯主张互联网是一个自由的天地,可2011年,英国青年通过Facebook等网站联系引发的全国性的骚乱,使得西方国家认识到互联网对社会舆论引导、社会秩序维护的重要影响,认识到互联网管理的重要性。因此,应加强互联网管理法规建设,规范大学生在虚拟空间的道德行为,从而促使大学生形成虚拟空间中的优秀的道德习惯和道德修养,并使之促进整体道德修养水平的提升。

(3)注重学生自律,促进形成虚拟空间与现实空间道德修养的统一。由于互联网的开放性、匿名性、虚拟性,传统舆论监督在虚拟空间的作用较弱,虚拟空间的道德修养很大程度上依赖于个体的修养自律。互联网既是大学生可以充分展现个性、抒发情怀的舞台,也为提升大学生的道德判断能力、选择能力、道德修养提供了条件。因此,应注重加强大学生的修养自律教育,通过在虚拟空间和现实生活中创设两难或多难的、无人监督的环境,让学生在无人监督的、充分自由的环境下进行选择,并注重加强学生在现实生活中的实践,促进其形成虚拟空间与现实空间道德修养的统一。

第五章　大数据时代大学生道德修养培育的模式创新

道德修养培育模式对于道德修养培育而言具有根本的、全局性的作用,道德修养培育模式必须与道德修养培育环境以及道德修养培育主体、客体、介体的情况相融合。互联网的发展给传统的大学生道德修养培育模式带来了挑战,互联网使得道德修养培育的环境、主体、客体、介体都发生了变化。因此,应根据这些变化,坚持整体育人理念,建立虚拟空间德育与现实德育相结合,大数据时代中高校、社会、家庭、学生相结合的立体道德修养培育模式。

第一节　创建虚拟与现实相结合的道德修养培育模式

互联网为道德修养培育创设了虚拟与现实共存的环境,道德修养培育应在整体育人理念的指导下,建立虚拟空间与现实空间相结合的道德修养培育模式,以适应新环境的需要,提升德育效果。

一、明确虚拟性与现实性的关系

互联网的飞速发展使人们越来越多地在虚拟空间中生活,虚拟空间已成为现代人的又一个生存场所。虚拟空间的本质就是其虚拟性,是指人的活动从以往以物质实体和能量载体为基础的活动平台,转移到以信息互联网为基础的活动平台后所表现的一种生存性状。与虚拟性相对应的是现实性,是指人的活动在以物质实体和能量载体为基础的物理时空(现实世界、现实社会、现实空间)中所表现的生存性状。虚拟空间的出现使人们在更大范围内演绎着现实中的社会关系,虚拟性与现实性之间的关系存在既有区别又有统一的两个方面。

(一)虚拟生存的特点

虚拟生存具有间接性、流动性、隐匿性、平等性、开放性和共享性等特点。在虚拟空间中,人们的交往形式以间接交往为主,交往手段符号化、数字化,交往内容以信息为主,摆脱了现实社会中交往的直接性和时空局限性。虚拟生存具有流动性、隐匿性,虚拟交往无须见面,人们在网上可以隐匿自己的身份、年龄、性别、行为目的,可以从事与其扮演角色相应的各种活动。现实社会中的人有时为了某种利益,戴着面具做人,使人的心理产生压抑,而在虚拟社会中,人都是匿名、隐形的,有利于更真实地表现自我。虚拟生存具有平等性,互联网提供了人和社会沟通的平台,让每个人都能地位平等地参与公共生活,彼此之间是一种平等的伙伴关系。这种交往是一种较单纯的精神交流,对交流双方不会产生心理上的负担。虚拟生存具有开放性和共享性,过去由于各种限制,大众传播媒介只能提供给人们相对有限的自由表达的空间。互联网的开放性使得言论自由更加具有普及性。大数据时代的传播开启了跨文化交流的新时代,互联网为不同国度、不同地域的不同文化提供了生存的土壤,也为人们的知识共享提供了平台。

(二)虚拟性与现实性的区别

虚拟性与现实性的区别体现在人们生存的时空特性、社会存在方式、社会存在和发展的深度和广度等方面。一是人们生存的时空特性发生变化。虚拟空间是时间、空间极度压缩的状况,在时间上实现了信息的即时传递,在空间上,广阔的世界被压缩在一个小屏幕上,这与现实的时空特征存在根本区别。现实主体的存在及其活动都以时间和空间为定位标志,人们可以感知其存在,社会也据此直接或间接地对主体及其活动进行控制。在互联网虚拟空间中,主体可以异地、异时开展活动,消解了主体的具体时空特性,也消解了现实社会中时空对主体和事件的定位功能。二是人类社会存在方式不同。虚拟生存以虚拟的方式存在,现实生存则以物质实体的方式存在。三是社会存在和发展的深度和广度发生变化。现实社会中,人们的活动主要局限于民族、国家的范围,在社会发展中虽然存在多种可能性,但这些可能性由于受到现实的限制,不都能转化为现实性。虚拟空间以虚拟的方式运行和发展,人们可以通过虚拟方式把社会发展的种种可能性展示出来,转变为虚拟现实,使社会发展可以在多种可能性中进行多种虚拟的选择。四是现实生存的国家独立与虚拟生存的无国界的区别。现实社会中,每个国家都有自己的领土、历史文化、社会制度和法律形式,而虚拟社会是一个没有地域区分的场所,信息跨地域、无疆界、全球性自由流通。发达国家比发展中国家更具有信息优势,西方发达国家将本国的社会价值观和社会意识形态通过互联网传送给其他国家,对一些国家的传统文化带来较大冲击,这会导致文化霸权主义的产生。五是现实生存高度社会化与虚拟生存充分个体性的区别。在现实社会中,科技的发展使社会各部门、各行业连成一个整体,个体利益的满足与实现依附于一定的集体或集团群体性的利益角逐。在虚拟社会中,每个人基于资源共享、互惠合作等一定的利益和需求自觉自愿地相互联系起来,每个人既是参与者,又是组织者,每个人凭自己的意志决定自己的生命形式。六是现实生存中人际交往、情感的需要与虚拟生存中人机交流导致人际关系淡漠的区别。社会性是人的本质属性,它依赖于人与人之间的直接交往,从而交流感情和结成群体。互联网改变了人际交往的模式,人与人的交往变成了人机交往,人们之间的直接社会交往减弱,有可能导致人际关系的疏远,导致个人产生紧张、孤僻、冷漠等问题。

(三)虚拟性与现实性的统一

随着大数据技术的发展,最恰当的选择是对虚拟世界和现实世界并驾参与,不能因为互联网的便捷而放弃现实生活。虚拟性和现实性两者是统一的。

1. 虚拟性要还原到现实性

虚拟性离不开现实性,虚拟性要还原到现实性,现实社会决定虚拟社会,现实社会是虚拟社会存在和发展的基础。数字化虚拟不过是借助于现代技术使互联网中的交往具有多向性和直接的互动性,虚拟空间中主体关系的特点是现实社会部分特征扩大化的表现形式,人们在虚拟空间中的关系在整体上没有也不可能超出现实社会所规定的范围。虽然虚拟空间中人与人之间的关系有其自己的特点和规则,但这些特点和规则不可能构成与现实社会相并列的社会。虚拟社会的主体仍然是现实社会中的人,互联网主体关系中的自我是真实自我、想象自我和多元自我的综合体,表现了主体的人格的多样性。在现实生活中,人格的一些特性因受制约没有或较少表现出来,而人格在互联网中表现得比较充分,但互联网主体关系的主体仍然是现实社会关系中的人。从本源看,没有现实社会关系的主体,就没有互联网中关系的主体。无论互联网如何虚拟化,置身于虚拟空间的人和创设虚拟空间的人都是现实存在的人。互联网是虚拟的,人在其中投入的感情和产生的生存体验却是真实的。现实社会关系在本源上决定虚拟关系,现实社会关系决定互联网中的主体关系,限制、克服或消除互联网关系中的各种弊病,要使其健康发展,归根结底取决于现实社会关系的发展。从本质上看,互联网关系是现实社会关系的复杂性在虚拟社会的折射、投影、延伸。从法律的角度看,关于互联网关系的立法是以虚拟主体是否侵害了现实社会主体的利益为尺度的,最终受惩罚的是某些虚拟主体承担者的现实社会的主体。从道德的角度看,互联网中出现的道德修养问题并没有超越现实社会中出现的道德修养问题,互联网关系的调整和互联网关系主体的改造最终取决于现实社会关系的调整和现实社会主体的改造。但是,互联网对现实社会的法规和道德规范确实提出了挑战,如互联网虚拟主体的身份、行为方式、行为目标的隐匿性和不确定性,使有些负面行为难以追查和定罪。虚拟社会的最终目的是指导现实、检验现实并接受现实的最终检验,这样才能保证虚拟现实的科学性、规范性。

2. 现实性要反映到虚拟性

虚拟社会相对独立于现实社会,人们在互联网中的实践活动及观念意识都是对现实社会生存的自我突破和发展。虚拟生存对现实生存有影响,是现实生存的必要补充,并与现实生存相互转化。虚拟社会的发展必然反作用于现实社会,形成现实社会新的特点。虚拟社会人与人的关系为主导的社会关系改变了现实社会人与自然关系为主导的社会关系体系,导致了现实社会主导关系的转变。虚拟社区的许多思想可以修正现实社会管理和制度中的某些缺陷,虚拟社区产生的思想某种程度上能净化和提升现实社会中的精神、文化品位。从道德角度分析,互联网伦理对现实伦理将产生新的推动。虚拟社区的虚拟性和前瞻性为僵化的现实社区展示了一种发展模式。虚拟社会是对现实社会的丰富,虚拟世界可以把在现实世界中尚未实现的变成虚拟的现实,原先在物质世界中物质质料与功能统一的局面被打破了,功能从质料中被抽离出来,行使了单独的职能。虚拟社会中,人与人之间的交往带有去现实化、弱社会性的特点。虚拟生存可以美化、幻化现实生存,把现实生存理想化。互联网给丰富的人性提供了充分的释放空间,使人际交往变得更加自由和轻松。

3. 坚持虚拟性与现实性的辩证统一

虚拟生存和现实生存共同构成人类基本的生存环境。人的生存应以现实生存为基础,以虚拟生存为媒介,二者共同作用。其一,只有虚拟性,没有现实性,不能体现人的社会本质。如果人们不能在现实与虚拟之间实现角色的转换,保持现实生存与虚拟生存之间的张力,就会造成心理错位和行动失调。虚拟生存只是现实生存的一部分,但不能完全取代现实生存,不能完全独立于现实生存。如果离开现实性谈虚拟性,就会把人看成是纯粹脱离现实的抽象物。其二,只有现实性,没有虚拟性,不能体现人的历史特点。在信息技术快速发展的大数据时代,人们被抛入一个"数字化生存"的处境之中。我们要历史地看待人的发展,站在大数据时代看人的社会本质。在这样一个虚拟性盛行的社会中,谁也不能摆脱虚拟性而真实地存在。人不应该完全地依赖于虚拟世界,不能把虚拟生存方式当成生存的唯一。人的生存应以现实生存为依托,以虚拟生存作延展,二者交织互动,共同构成人类基本的生存方式。

因此,应关注虚拟社会与现实社会、虚拟生存与现实生存之间的关系,即"虚实"的关系,实现其虚实共生、和谐互动的良性循环。随着互联网虚拟空间的发展,人们对虚拟世界的依赖性增大,必须适应虚拟社会的特点,形成新的虚拟社会的管理体制。

二、把握好互联网道德修养培育与现实道德修养培育的关系

大数据时代的道德修养培育有两种内涵：一是大数据时代的道德修养培育，二是基于互联网的道德修养培育。前者是对信息化德育的广义理解，指的是在信息化社会环境下，传统的道德修养培育从理念到内容、手段、机制与组织方式如何发展和创新，是一种道德修养培育全面体系的构建问题；而后者是对互联网道德修养培育的狭义理解，指的是把互联网作为道德修养培育的新阵地、新工具、新方法，用以加强和改进道德修养培育，是道德修养培育局部体系的构建问题。如果我们把互联网道德修养培育看成是一种虚拟德育，一种利用互联网所进行的网上德育，我们可以把面向现实生活所进行的传统德育和网下德育看成是一种现实德育。就互联网道德修养培育与现实道德修养培育的关系而言，它们是辩证的统一，既相互区别，又相互联系、相互补充。

（一）互联网道德修养培育与现实道德修养培育的区别

互联网道德修养培育与现实道德修养培育的性质和目的是相同的，都是以马克思主义意识形态为主导的，促使人们形成符合社会发展需要的思想品德的实践活动。互联网道德修养培育与现实道德修养培育相比较，教育主体、客体、介体、环境等发生了许多变化。

1. 道德修养培育主体的身份角色不同

互联网道德修养培育与现实社会传统道德修养培育在主体身份认同上存在差异，现实社会道德修养培育主体身份的确认总是与一定的社会地位、性格特征等因素直接相连，相对简单和直观。对于互联网道德修养培育来说，交往主体是未知的。交往者的国籍、社会地位、性别等模糊不清，给互联网交往带来了新的不确定性。虚拟空间中的角色与现实生活中角色的关系也是一个新问题，虚拟空间中的角色可以自由地想象和设定，可以自由地抒发内心的感受或想象的感受，但无论虚拟空间中的角色多么理想化，虚拟毕竟无法取代现实。这种反差导致了很多人对既有文化和制度的不满，可能造成主体身份认同或辨认方面的错置。

2. 道德修养培育的主客体关系发生了变化

在现实社会传统道德修养培育中，主体与客体有时也相互转化，但总的来说，主体往往处于主导、权威者的位置，其主体性地位往往强于客体的主体性，客体的主体性较难发挥。互联网道德修养培育在主客体关系上则更多地强调主体客体化、客体主体化，强调主客体之间的互动和平等交流。在现实社会传统道德

修养培育中,主体着重指以培训教育对象的思想品德为活动指向的人,包括各级党的组织、政府机构、群团组织以及各级各类企业事业单位的专、兼职人员。主体对客体的教育是有目的的、自觉的。但在互联网道德修养培育中,教育主体不具有特定的身份,目的性、自觉性并不明显。现实社会传统道德修养培育的客体具有一定的确定性,主体对客体的情况大体掌握,而互联网道德修养培育的客体具有不确定性,客体之间存在较大的差异。互联网道德修养培育的受教育者在教育活动中,主动性大于被动性,整体上呈现个体性、虚拟性、自主性和参与性的特点。

3. 道德修养培育的相关道德要素不同

从道德角度看,除了道德主体不同外,相关道德要素也存在着差异。互联网社会中的道德意识比传统道德意识淡化,人性趋于自然,交往较少受社会因素的影响,互联网社会中的主体道德关系具有不确定性且更简单化。互联网给人们提供了一些新的道德活动方式,如聊天、电子邮件等。这些活动具有独特性、随机性,使人们的交往不必考虑空间距离和文化差异等因素。

4. 道德修养培育的介体不同

教育介体主要包括教育内容、方法和手段等。在互联网道德修养培育中,大数据技术使教育内容形态变为立体化的、动态的、超时空的,教育内容变得丰富而全面,更具客观性和可选择性,但是同时也存在一些负面信息。与现实社会传统道德修养培育相比,互联网道德修养培育具有更快的传递速度和更广阔的时空,原来相对狭小的教育空间变成了全社会的开放性的教育空间。

5. 道德修养培育的环境不同

道德修养培育环境包括道德修养培育对象所处的环境和道德修养培育活动的外部条件两个方面,指的是影响人的思想品德形成和发展、影响道德修养培育活动运行的一切外部因素的总和,主要包括自然环境、社会环境和精神环境,其中起决定作用的是社会环境。互联网迅速改变着教育环境,使社会环境发生了深刻变化。传统社会由于人际交往面窄,在一定意义上是"熟人社会",依靠熟人监督、道德他律手段,传统道德得到相对较好的维护。在虚拟空间里,道德主体消除了现实生活中外在的他律性规范的制约,进入了一个完全由陌生人组成的世界,成为一种虚拟存在。传统"熟人社会"中道德他律的外力在虚拟空间失去了作用,道德主体是否遵从道德规范,不易被察觉和监督,不像现实社会中的道德要靠社会舆论、传统习惯、内心信念三者同时来维持。大数据技术与道德修养培育的结合使大数据时代获得了许多优势,教育信息共享有利于收集和传播教育信息,教育信息交流平等、自由、全面、及时,有利于学生进行自我教育,各领域、各层次道德修养培育相互联系与沟通,有利于形成教育合力。

6.道德修养培育的基础不同

现实道德修养培育的基础是物理空间,它的运行主要依靠人们的是非观和社会评价。而互联网道德修养培育的基础是电子空间,与传统的道德修养培育相比,建立在信息社会基础之上的互联网道德修养培育,必将呈现出自主、开放、多元等一系列新的特点和优势,更加合乎人性,更能促进人和社会的自由全面发展。当前看,互联网道德修养培育的特点和优势还需人们去创造和发扬。

7.道德修养培育的侧重点不同

现实道德修养培育中,传统的道德修养培育注重培养和造就比较定型的、有着确定模式的理想人格。理想人格是通过个人与他人、与社会发生直接的联系表现出来而被人们认识的。互联网道德修养培育不仅要求学生接受道德规范,形成虚拟空间的理想人格,而且注重为受教育者提供帮助和指导,培养学生的道德主体性。这种道德主体性表现在自主选择判断、自主自律、自我约束、自身责任意识等方面。

(二)互联网道德修养培育与现实道德修养培育的内在联系

1.现实道德修养培育是互联网道德修养培育的基础

离开现实道德修养培育,互联网道德修养培育会成为无根基的道德修养培育,会走向现实道德修养培育的反面,更无助于大学生道德修养水平的提高。其一,只有以现实道德修养培育为基础,互联网道德修养培育才不至于成为无根基的道德修养培育。传统道德修养培育往往反映的是社会存在和发展的客观规律的要求,互联网道德修养培育以传统道德修养培育为基础,可以在虚拟空间中体现客观规律的要求,否则互联网道德修养培育就可能变成空想和虚妄。其二,只有以现实道德修养培育为基础,互联网道德修养培育才不至于走向现实道德修养培育的对立面。在互联网中体验虚拟生活的人,在一定程度上摆脱了现实生活中传统道德修养培育的束缚。如果互联网道德修养培育中有与传统道德修养培育相悖逆的成分,就会强化他们对传统道德修养培育的否定,可能践踏传统道德修养培育准则,使得互联网道德关系出现混乱,甚至导致现实社会的失范加剧。其三,只有以现实道德修养培育为基础,互联网道德修养培育才能最终促进大学生伦理道德修养水平的提高。互联网是以服务现实社会为目的的,建构互联网道德修养培育的目的之一就在于它能够巩固和促进传统道德修养培育。互联网道德修养培育只有以传统道德修养培育为基础,才能与传统道德修养培育保持一致。其四,互联网中主体关系的基础是现实社会。互联网中的主体仍然是现实社会中的人,现实社会关系在本源上决定着互联网中的主体关系。限制、克服或消除互联网关系中的各种弊病,促进其健康发展,取决于现实社会关系的发展。互联网道德修养培育是现实道德修养培育在互联网上的延伸和发展,现实道德修养培育居于支配地位,起着决定作用,互联网社会在虚拟的实践条件和环境中形成的判断和观念,必须回到现实社会实践中去考察和检验。

2. 互联网道德修养培育是现实道德修养培育的拓展

互联网道德修养培育是现实道德修养培育的拓展,促进了道德修养培育的现代化。其一,互联网道德修养培育是对道德修养培育的拓展。互联网的开放性拓宽了道德修养培育的空间,互联网的互动性增强了道德修养培育的针对性,互联网的便捷性增强了道德修养培育的时效性,互联网的多样性增强了道德修养培育的吸引力,互联网带来的积极因素,促进了教育手段的现代化,更促进了教育观念的现代化。其二,互联网道德修养培育是现实道德修养培育的创新发展。互联网的虚拟不仅是对现实的虚拟,而且是对可能和不可能的虚拟,互联网不仅帮助别人理解既存的世界,更构造出一个可能的世界。互联网以再现现实、再造情境对现实道德修养培育进行创新。互联网突破了道德修养培育的时空界限,扩大了大学生的自我教育空间,有利于现实道德修养培育的发展。其三,虚拟空间的道德关系是现实关系的反映和表现。道德关系作为精神关系,植根于现实社会人的社会关系,主要在物质关系、利益关系之中,虚拟空间的道德关系也是现实社会关系间接的、模拟的、曲折的反映和表现。虚拟空间的人人虚拟道德关系不是对人及其道德关系的机械的模拟反映,而是对其进行再创造,将旧人性赋予新人性,并渴望人性的矛盾和冲突得到解决、调节和缓和。虚拟空间的人人虚拟道德关系是现代科学技术发展的产物,其中的人是具有主体性的能动创造者。虚拟空间的人人虚拟道德关系既是社会历史条件发展的必然过程,又是道德关系的革命、解放和进步。但是如果互联网的人人关系处理不好,会容易使人养成依赖性,依附于自己的虚拟人格和互联网科技而丧失独立性、主体性和创造性,造成新的奴役和封闭,使人成为工具人、经济人而非文化人、社会人。因此,应妥善处理虚拟道德关系与现实道德关系,做到两者的协调一致,做到互联网道德修养培育和现实道德修养培育相互补充。

三、建立互联网道德修养培育与现实道德修养培育相结合的有效模式

在大数据时代创新大学生道德修养培育,应以现实道德修养培育为基础,以互联网道德修养培育为拓展,实现两者在教育目的上的统一、教育内容上的融合、教育手段上的互补。

(一)互联网道德修养培育成为现实道德修养培育的补充

在互联网飞速发展的时代背景下,强调道德修养培育以现实教育为基础,使互联网道德修养培育成为现实道德修养培育的有益补充。在加强互联网道德修养培育的同时,现实道德修养培育只能加强,决不能削弱。由于互联网对高校和社会的影响和渗透,其潜在的建设和破坏能量伴随着不断创新的技术逐渐释放和显现,与大学生的价值观形成越来越显著的互动和冲突。因此,在加强互联网道德修养培育的同时,现实道德修养培育只能加强,并且要注重互联网道德修养培育与现实道德修养培育的统一、融合与互补。虽然互联网极大程度上影响了大学生的学习和生活方式,但是互联网取代不了高校、家庭、社会的教育功能,特别是大学生道德修养的培育方式离不开言传身教、耳濡目染、激励、群体活动等,互联网道德修养培育可以成为现实道德修养培育的有效补充。德育工作者在鼓励大学生通过互联网获取信息的同时,要引导大学生立足现实世界,正确理解互联网世界,使虚拟空间丰富的信息成为培养大学生全面素质和良好道德修养的有效补充。就德育教学而言,要努力实现高校德育教学的现代化、多媒体化。同时,高校德育应从"灌输信息"为主转变为"引导选择"和"灌输信息"并重,把互联网法制教育和互联网道德修养培育、媒介素养教育作为德育的新内容,引导学生分析信息的价值,有效地利用信息,在道德判断的基础上进行道德选择,提高道德修养。

(二)目标统一、内容融合、方法互补

要实现互联网道德修养培育与现实道德修养培育目标的统一、培育内容的融合、培育方法的互补。

1. 培育目标统一

在培育目标上,互联网道德修养培育与现实道德修养培育是一致的。其最终目标都是培养社会主义合格建设者和接班人,其基本目标都是将社会主义核心价值观内化为学生的道德修养,外化为自觉自愿的道德行为。但二者的侧重点、教育方法和手段有所不同。现实道德修养培育侧重于培养学生的理想人格,互联网道德修养培育不仅仅要求学生接受道德规范,形成虚拟空间的理想人格,而且注重为受教育者提供帮助和指导,培养学生的道德主体性。互联网道德修养培育目标内容建设应包括运用信息技术实现现实目标,适应和驾驭互联网社会的价值目标的构建。这一目标的建设重点是把媒介素养教育融进德育系统之中,其中媒介道德、媒介法规意识和媒介能力教育是媒介素养教育的重点。

2. 培育内容融合

在培育内容上,互联网道德修养培育与现实道德修养培育应实现融合。现实道德修养培育与互联网道德修养培育都应以社会主义核心价值体系教育为主导和主要内容,同时应加强伦理意识和道德责任感教育、互联网道德规范教育、互联网法制教育、互联网安全教育、互联网生态文明教育和媒介素养教育。大数据时代背景下高校道德修养培育的着力点应定位于通过加强教育提高大学生互联网道德意识,使大学生认识互联网道德及其特点,自觉遵守互联网道德;教会学生选择,提高大学生的判断力;倡导"慎独",增强自律能力;培养网德,形成大学生良好的网上行为习惯;培育大学生健全的互联网人格,提高大学生的媒介素养。应根据教育内容的不同,确定在互联网道德修养培育和现实道德修养培育中不同的教育方式,对于适宜讨论、互动的话题,可以放在互联网道德修养培育中进行,发挥互联网及时、互动的优势。

3. 培育方法互补

在培育方法上,互联网道德修养培育和现实道德修养培育可以互补。现实道德修养培育多运用传统的教育方法,如灌输法、情理交融法、说服教育法、互动讨论法等,实践证明这些都是非常有效的方法。互联网道德修养培育方法是教育者根据国家的德育目标,结合互联网传播特点和规律,有目的、有计划地对受教育者施加道德方面影响的过程,是实现互联网道德修养培育目的的必要条件,是传统道德修养培育方法的一种全新拓展和延伸。而一些基本的方法,如理论教育法、自我教育法、社会实践法等,是现实道德修养培育与互联网道德修养培育共用的方法。而且许多教育方法在大数据时代得到了创新,如传统的说服教育法已经向情景陶冶法递进。互联网道德修养培育除了具备传统道德修养培育方法的特点之外,还具备互联网自身的特点,注重针对性,突出隐蔽性。理论教育法、情理渗透法、典型教育法、隐性教育法、自我教育法在大数据时代都得到了很好的继承和发展。总之,根据不同的教育内容选择相应的教育手段和方法,通过现实道德修养培育方法与互联网道德修养培育方法的有机结合,可以更好地提高道德修养培育效果。

(三)互联网道德修养培育对现实道德修养培育资源的整合

虽然互联网道德修养培育具有一些新特点,但它所遇到的问题往往是德育学的老问题,有很多在现实中早已存在,只是互联网的虚拟性和非实体性加大了其后果的影响力。互联网道德修养培育可以借助传统道德修养培育的理论和原则,对我国来说,在坚持社会主义核心价值观的前提下,中国传统道德规范、西方道德的有益因素等应当成为互联网道德修养培育整合的资源。中国传统伦理道德文化的主流思想是中华民族的精神传统中最深层的东西,不能脱离本民族深厚的文化背景,应以科学务实的态度对传统伦理道德思想进行价值选择,根据时代的发展,按照取其精华去其糟粕的原则,将其中积极的成分进行新的转化,使之适合大数据时代的社会发展现实,并对社会发展起到一定的推动作用。

(四)建立虚拟世界的实践干预策略

重新审视虚拟与现实的关系,建立虚拟世界的实践干预策略。在大学生道德修养培育环境的建设中,要把虚拟社区的管理与现实社区的管理结合起来,把互联网内部德育资源的开发与互联网外部社会实践的支持系统建设结合起来,使社会实践活动成为互联网道德修养培育的重要途径。参与互联网之外的社会实践活动,可以培养大学生接触社会、了解社会的兴趣,可以使大学生获得最直接的社会实践经验,有助于大学生形成正确的判断力,并且通过互联网体验与现实生活的对照,可以使大学生更清醒、更理智地看待虚拟世界里的活动。

第二节 打造立体教育模式

创新道德修养培育模式使高校、社会、家庭参与到大学生道德修养培育中,发挥教育的合力作用,已经是学者和德育工作者普遍认可的问题,而在大数据时代如何发挥教育的合力作用,却是一个摆在学者和德育工作者面前的难题。大数据时代的传播创造了虚拟与现实共存的道德修养培育环境,拓展了道德修养培育的主体、客体、介体,为发挥教育的合力作用创造了条件。因此,应根据互联网的特点,建立大数据时代高校、社会、家庭、学生相结合的立体教育模式,充分发挥道德修养培育的合力作用,提升道德修养培育的效果。

一、教育合力与综合教育论

所谓教育合力,就是在一定的时间内和一定的条件下,实施综合教育所产生的综合作用。这种综合作用,并不是综合教育中各个单项教育作用的加和,而是比单项教育作用大得多的新的教育力量。在综合教育论的内容中,道德修养培育过程的结构是"三体"(即教育者、受教育者和教育环境)、"一要素"(即媒介要素,包括教育目的、教育内容、教育手段和教育活动)组成的。应在充分调动和发挥"三体""一要素"的综合作用上下功夫。

综合教育论是对如何发挥教育合力的进一步阐释,更具有参考和借鉴价值。道德修养培育的综合结构是指道德修养培育是由特定的体系和要素所组成的,具有特定结构和运行机制,并能发挥最大教育功能的综合教育体系。它不是指各种教育体和要素的随意加和,更不是指各种教育活动的外在的机械拼凑和叠加,它是一种具有内在特定结构和运行机制的有机系统,具有独特性。道德修养培育的综合结构表现出两大特性:其一,空间结构的协调性,即道德修养培育的"体"和"要素"结构合理、运行协调,能够围绕实现教育目标和谐运转,发挥出最大的功效;其二,时间结构的有序性,即各项教育活动按照一定的方向和计划,分阶段地、连续地指向教育目标。

二、道德修养培育主体的内涵

道德修养培育主体是指在道德修养培育过程中的主动行为者,是具有主动教育功能的组织或个人。在道德修养培育过程中,教育者和受教育者都是主动行为者,都具有主动教育功能,因而都是道德修养培育过程的主体。受教育者在接受教育过程中,也具有主动教育功能,因而既是教育的客体,又是教育的主体。从狭义的角度,道德修养培育的主体——教育者包含两个方面:一是进行道德修养培育的机构,二是从事道德修养培育的人员。从广义的角度,在道德修养培育过程中,教育者(主体)既可以是单独的个人,也可以是由多个个人组成的全体(多个教育者、教育者的组合或单位)。因此,从广义的角度,高校、社会、家庭、学生都是教育主体。

道德修养培育主体——教育者(主要指社会和高校中的道德修养培育机构和从事道德修养培育的人员)在整个道德修养培育过程中,负责搜集信息、决策、实施、反馈和调节等各个环节,引导和控制全过程,在道德修养培育结构中居主导地位,起决定作用。教育者具有教育功能、管理功能、协调功能、研究功能。

家庭作为教育主体主要通过潜移默化地影响来教育和引导学生,学生自身通过发挥自我教育的主体能动性来发挥作用。

三、高校、社会、家庭共同创设了教育环境

环境是人格形成的必要条件,人的思想意识是人对环境的反映,人的品德和心理是环境熏陶的结果。道德修养培育环境是指道德修养培育所面临的环绕在教育对象周围并对其产生影响的客观现实。社会环境、单位环境(高校环境或工作环境)、家庭环境和社交环境相互连接、相互制约,共同组成了道德修养培育的环境系统。道德修养培育环境系统具有广泛性、直观性、动态性、渗透性、特定性、部分可创性等特征。环境对人施以各种环绕力,这种力的作用能使人习染成一种符合环境的特性,并被环境同化,形成人格。环境的环绕力具体表现为三种力量:推动力、感染力和约束力。

社会环境主要包括社会、社会文化和社会风气等。社会由经济基础和上层建筑构成,具有整合功能、传讯功能、继往开来的功能和导向的功能。社会文化是人类在社会发展过程中所创造的物质财富和精神财富的总和。社会风气就是社会风尚和习气,以强大的社会舆论和社会习惯势力的形式制约着人们的言论和行动,对人的思想和行为具有潜移默化的影响。高校环境主要包含校风、学风和师德等几个方面;家庭环境主要包括家风、家庭关系、家庭的文化素质;社交环境仅指由情况相近的经常交往的朋友组成的环境,即同辈群体的"朋友圈",对人的思想品德和心理形成影响巨大,在"朋友圈"中,人们的社会地位、兴趣爱好、文化水准相仿,易于产生"平行影响"。

四、大数据时代道德修养培育环境、主体、客体和介体的变化

大数据时代的传播因其与传统传播不同的特点,对道德修养培育环境、主体、客体和介体都产生了较大的影响,其中有些影响具有划时代的意义。

(一)互联网在很大程度上影响了道德修养培育环境

20世纪90年代以来,互联网融合各种媒介于一身,成为人们了解外部世界的新媒介工具,也成为道德修养培育所处媒介环境的一部分。以作用的空间大小为标准,可以把高校道德修养培育的外部环境分为四个部分:宏观系统——社会经济、政治、文化和社会心理;中观系统——社区;微观系统——家庭;中介系统——大众传媒。当前,互联网已深入社会生活的每一个角落,互联网对道德修养培育环境的影响是客观存在的、不容置疑的事实。从宏观系统讲,互联网影响了社会经济、政治、文化和社会心理,使开放、自由、平等、独立成为大数据时代社会环境的主要特征;从中观系统讲,互联网创造了比现实社区更加广泛的虚拟社区,使虚拟社区与现实社区共同成为人们的生活和精神家园;从微观系统讲,互联网影响了家庭,使得人们的家庭观念、家庭意识以及家庭成员的交流方式发生了变化;从中介系统讲,互联网对传统媒体产生了具有实质意义的划时代的影响,使得大众传媒成为广大民众可以自由参与的公共的平台,也使得舆论环境更为复杂。同时大数据时代的传播使得传受双方在一定程度上成为一体,也改变了传统道德修养培育的教育者与受教育者的关系,为道德修养培育创新创造了条件。随着大数据技术的飞速发展,大数据时代不仅成为影响大学生思想观念、价值取向、思维方式、行为模式、个性心理的重要因素,而且成为影响高校道德修养培育发展的重要方面。互联网创设了多元的文化环境、潜隐的政治环境、非控的舆论环境、困惑重重的伦理环境。大数据时代对目前高校道德修养培育理念和道德修养培育模式的冲击,校园网建设在高校道德修养培育应对大数据时代

冲击中的作用,大数据时代的教师教育能力等都是值得关注的问题。

(二)互联网对大学生产生了较大影响

大数据的技术特点,使其从一开始就具有自由、共享、民主、开放、平民化、世界性和多样性的"互联网精神"。大数据时代除了带来一系列社会问题,凸显了目前道德修养培育的弊病之外,这种互联网精神给传统道德修养培育带来更深层次的挑战,这种精神塑造了新型的互联网主体。互联网创造了互联网文化,对大学生产生了深刻影响。互联网将培养大学生在讨论中的平等价值观,由此培养出"平等文化",互联网文化是注重创造的"创新文化",是一种"权力分散文化"。互联网扩大了大学生的交往范围,打破了空间距离造成的地域集群观念,注重互联网社区,创造出超地域的"虚拟社区文化",具有交互性和协同性。大数据时代的大学生是更加自主、自由的一代,是首次掌握教育主动权的一代,是互联网道德修养和互联网文化的重要建设者。互联网在给人们带来便利的同时,也带来了不可避免的负面影响。互联网对大学生人生观、价值观和世界观的潜在威胁,对大学生道德修养的弱化,对大学生社会化进程的阻碍,导致交往的符号化以及由此引起的社会适应不良等,给道德修养培育提出了新的课题。

(三)互联网正在改变教师与学生的关系

作为文化现象,互联网具有虚拟性和真实性并存的特征,互联网的这个特征吸引了越来越多的大学生,形成"互联网-学生"这种新的信息机制,同时弱化了传统的"教师-学生"信息机制。在互联网发展的初期,形成的"互联网-学生"机制是一种缺乏教师参与的信息机制,大学生信息摄取较个体化、隐蔽化,接受信息的自主性越来越强,在信息的理解上变得多角度化,不再按照教育者制定的目标去理解信息,而是将信息进行分析归纳,得出自己的认识,化为自己的思想进而指导自己的行动。这种机制显然具有促进学生自我教育的优点,但是又有很大的随意性与盲目性,并不是完全意义上的德育信息机制,原因是它缺少教育的主体。随着互联网的迅速发展,必然要建立一种教师参与下的"教师-互联网-学生"信息机制,一种与传统的"教师-学生"机制实现互通、结合使用的交互模式。

(四)互联网对家庭教育提出了新的要求

家庭教育一直是人们非常重视的课题,面对大数据时代的新的社会环境,作为"社会细胞"的家庭也面临新的挑战和机遇。互联网上大量不健康内容的存在冲淡了部分大学生的民族观念和爱国情感,多元化日益明显,这些都对家庭教育提出了新的挑战。家庭对大学生运用互联网的影响,最直接地表现在大学生除了在高校外能否在家里获得互联网资源。这将影响到学生上网地点的选择以及上网时间的长短,家庭因素又会影响到大学生接受互联网的深浅和在网上的活动,进而对其接受互联网道德修养影响的程度和方式产生影响。目前我国东部地区、中部地区以及西部地区学生家里的联网率差异巨大,这将对学生接触和运用互联网带来一定影响,会造成不同地区的学生在接受互联网价值影响的程度、途径、类型等方面的差异。若父母的文化程度较高、能运用互联网与学生交流,则会对学生给予积极的指导,对学生的道德修养形成产生积极的影响。

(五)互联网使社会道德修养培育愈加重要

大数据时代,社会道德修养培育成为人们关注的焦点,被寄予了来自社会各方面的厚望。大数据时代社会道德问题的出现本质上是虚拟世界道德问题的现实转化,大数据时代的社会道德问题根源和具体表现相对复杂,既有高校道德修养培育的社会延伸部分,也包括具体互联网社会环境和社会因素直接促成的问题。主要表现有以下几点:一是社会范围内的道德修养水平下降和道德信仰的危机;二是虚拟空间不良信息泛滥,污染了社会风气,毒害了大学生的心灵;三是互联网活动导致了学生道德人格的异化;四是互联网管理和监督的乏力,导致了严重的互联网犯罪和互联网过错行为。大数据时代社会道德问题的激增,给当今社会道德修养培育带来了严峻的挑战。一贯以传统理念和既定模式运作的社会道德修养培育,面对突然变化了的道德修养培育环境时常处于两难的境地,具体表现为:大数据时代社会道德规范与传统道德规范之间的矛盾,政府对互联网的法律监控与互联网开放、自由特性之间的矛盾,互联网的价值多元化与中国传统道德文化之间的矛盾,个体道德自主选择意识与选择能力之间的矛盾。大数据时代,社会道德修养培育存在如下问题:教育观念陈旧,教育方法和教育内容的呈现形式落后;互联网社会管理的方法滞后,政府管理乏力,缺少权威性和威慑力;社会各个层面的教育力量整合不够,未能建立一个家庭、高校、社区等多种教育力量协同作用的立体化社会教育体系;道德修养培育的实施者互联网素养低下,影响了社会道德修养培育的具体实施;社区的互联网道德修养培育几乎空白,缺少互联网道德修养培育的社会支持系统。

(六)互联网拓展了教育介体

互联网拓展了教育介体,体现在以下几个方面:互联网极大地丰富了道德修养培育资源和内容,教育者可以借助互联网及时获取丰富的道德修养培育资源。互联网促进了道德修养培育手段和模式的现代化,拓展了道德修养培育信息的获取渠道,优化了道德修养培育信息的传播方式,提高了道德修养培育信息的传播效率。

五、创建大数据时代立体教育模式

大数据时代带给道德修养培育的挑战之一就是教育影响的多极化和由此产生的教育环境的泛化。互联网的自由与开放性打破了以往家庭、高校、社会教育之间的界限,使各种教育形式在功能、性质和影响效果与影响机制上变得更加模糊。大数据时代,迫切需要整合社会各方面的教育力量,构建一个立体化协同作用的教育体系,形成大数据时代的道德修养培育合力。

(一)发挥高校道德修养培育的主渠道作用

应充分发挥高校道德修养培育的主渠道作用,主动适应大数据时代的挑战。

(1)大数据时代大学生道德修养培育的重新定位。我国道德修养培育实效较低,主要原因有以下几个方面:重教轻育,重认知轻践行;道德修养培育目标的顺序倒错,造成道德主体对高层次的道德未必接受,低层次的社会公德和文明行为也没有养成;重视集体活动,轻视个人修养,个体缺乏内在的道德自律和自觉。其根本原因在于忽略了学生的道德主体性。在虚拟空间中,大学生基本上处于道德任意状态,他们的自主判断、选择、自主行为表现充分,更显示出其道德主体地位。高校道德修养培育应顺应大数据时代的传播特点,遵循尊重、信任的原则探索道德修养培育的新方法,以社会主义核心价值体系为指导,注重培养学生正确的价值观、判断力以及自制力,培养具有自主、理性、自律的个体,促进大学生形成良好的道德修养。

(2)高校道德修养培育内容的优化。互联网既是道德修养培育的手段,又是道德修养培育的内容。高校道德修养培育应从道德修养培育目标出发,继续优化道德修养培育内容,在原有内容的基础上突出价值观教育,使学生树立社会主义核心价值观,使学生能够"辨别真伪、追求真理、慎于判断"。增强道德意志力的锻炼和道德选择教育,使学生的道德认知与道德实践相统一。增强关于互联网的信息素养教育,尤其是互联网道德修养培育,让学生掌握互联网道德行为规范,强化其互联网道德意识和责任感。

(3)运用互联网优化教育方式。调查显示,有45.2%的大学生选择通过互联网对外通信、联络,与人交流。互联网是大学生较乐于接受的沟通和交流工具。高校道德修养培育工作者可以运用微博、论坛、在线交流、微信聊天等方式与学生交流,可以通过建立道德修养培育网站、道德修养培育公众号等方式对学生进行潜移默化的教育。

(4)运用互联网开发新的高校道德修养培育资源和渠道。互联网拓宽了高校道德修养培育的渠道,提供了丰富的道德修养培育信息资源。运用互联网进行道德修养培育,可以达到道德修养培育内容表现形式的优化和道德修养培育时空的拓展,可以充分运用多媒体、超媒体技术,使道德修养培育内容动态化、形象化。通过互联网的信息传递方式,可以将道德修养培育延伸至学生的日常生活,突破时间的限制。运用互联网,可以把高校的道德修养培育空间与互联网虚拟社区等开放式的道德修养培育空间整合,使道德修养培育冲破空间的限制,还可以实现高校、社会、家庭、学生之间的良性互动。

(二)发挥大数据时代社会道德修养培育的作用

大数据时代的特殊性增加了新形势下社会道德修养培育实践探索的难度,新形势下的社会道德修养培育必须在实践层面进行革命性转变,以应对大数据时代的挑战。

(1)完善互联网的立法机制,强化政府的管理职能。在互联网社会管理中,立法机制和政府部门管理是其中最重要的方面。在大数据时代的建设中,除了加快互联网立法进程,完善各种政府管理职能外,还必须结合大数据时代变化的新特点,着重解决法律具体执行过程中的可操作性和政府监督管理的针对性,突出体制与具体化方面的创新。鉴于此,政府应加大以下几方面的工作力度:加强对虚拟社区的管理,尤其是校园论坛和自媒体的管理;加大对大的门户网站的监督和管理力度;注重管理中技术手段的使用。在大数据时代,以往行政命令的管理较难奏效,必须以高科技手段应对各种运用大数据技术进行的违规经营,如程序监管技术、设置审计标准、预设防范"滤网"、埋设跟踪程序等,通过技术控制使控制具有实用性和可操作性。

(2)建立互联网道德修养培育的社会支持与辅助系统。大数据时代的道德修养培育除了正规的社会教育机构参与之外,还必须有社区和公共服务机构的协作与支持。作为一个社会分支单位,社区特指一定地域范围内的具有归属感的人群及社会性活动和现象的总称。随着城市化进程的加快,社区的影响在逐步加大,社区正成为大学生接触社会、参加社会实践的重要途径,大学校园也逐步成为相对独立的社区。大学生参加社区的义务服务和公益劳动,有助于大学生养成服务社会、关爱他人的优秀品质,抵消因虚拟交往而带来的道德人格和社会情感方面的消极影响。社会支持和辅助系统的另一方面就是面向社会的信息咨询机构和心理危机的求助体系。社区应加大对学生因迷恋互联网而带来的角色混乱、人际疏离、道德情感冷漠、互联网依赖等心理问题的救助力度。

(3)注重社会人文精神的重建,加大人文教育的力度。大数据时代,社会道德规范体系的脆弱表现反映出的是一定程度上文化的缺失。长期以来,工具主义和科学至上主义的大行其道,严重削弱了人文科学在构建整个社会价值体系中的作用。人文精神和人文科学的缺失必然导致社会道德价值取向的失落和人生境界的低俗与信仰的功利。因此,大数据时代的道德修养培育观念必须重新唤起社会范围内对人文科学的关注,加大人文科学在道德修养培育内容中的比例,提高大学生的人文科学水平。

(三)发挥大数据时代家庭教育的作用

互联网的发展为发挥家庭在道德修养培育中的作用创造了条件,但家庭却往往是互联网运用管理比较薄弱的地方。一些父母由于这方面知识的欠缺,无法对大学生进行必要的指导,也不能与学生通过互联网进行交流,使得大学生与家长在互联网交流方面存在障碍。要提高家庭运用互联网对大学生进行教育的实效,协调家庭、高校和社会的教育力量,必须加强对家长互联网知识的普及。因此,可以酌情对家长进行一些互联网知识方面的指导,提高家长的知识和意识,运用信息化平台建立家长与高校定期沟通交流的机制。例如,建立家长电子信箱或留言板,使高校教育与家庭教育有机结合起来。

(四)充分发挥大数据时代学生自我教育的主体作用

道德修养培育实效性较低的根本原因在于忽略了学生的道德主体性。而且在大数据时代,在没有道德人格的互联网面前,学生基本上处于任意状态,更加显示出了学生的主体地位。因此,在大数据时代,应结合互联网开放、互动、虚拟、隐蔽的特点,注重发挥学生在道德修养培育中的主体作用。在大数据时代,学生的主体性特征表现为选择自主性、参与主动性、自发创造性、目标自控性。在互联网道德修养培育中,学生无论是作为互联网的主体,还是作为道德修养培育过程中"主体化"的客体,都表现出鲜明的主体性。发挥好、引导好学生的主体性是互联网道德修养培育取得成效的关键。鉴于此,应从以下几方面着手。

(1)转变观念,尊重学生的主体地位。洪堡认为,教育必须培养人的自我决定能力,去唤醒学生的力量,以便他们在目前无法预料的种种未来局势中自我做出有意义的选择。学生作为互联网主体,其自我特征就是通过独立性、主动性、自尊性表现出来的,这就要求教育者摒弃传统的以教育者为主,受教育者被动、服从的教育观,形成教育者与受教育者相互平等、自由的关系,建立互动、平等的师生关系。以往师生关系有两个基本特点:一是师生单向关系,二是师生关系的居高临下特性。在这样的师生关系中,教育带有一定的强迫性。我们应充分运用互联网交互性、主体平等性的特征,加强师生的互动交流,建立双向和多向的师生交流关系,把以往被动灌输变为学生主动学习,提高道德修养培育的实效性。

（2）增强学生的主体意识。自我意识是对自我存在的认识，是对自我的认识活动和实践活动的认识和评估。学生自我意识的强弱一定程度上决定了他们在互联网中自知、自控、自主的程度，决定着其主体性的发展水平。互联网道德修养培育应定位于唤起和提高学生自我意识的教育，即增强学生自我教育的意识。我们在互联网道德修养培育中要使学生认识到他们有权利、有义务进行自我教育，引导他们勇于承担责任，正确认识个人与社会、个体与群体、自身与他人之间的对待关系和结构关系，使他们肯定他人的主体性，使自身主体性的发挥始终有利于增强集体的主体性，始终有利于推动社会的发展。

（3）塑造学生的主体人格。主体人格是人作为主体所具有的思想品德、心理素质和行为特征的综合。互联网活动中，人格的稳定需要主体内在的自觉、自控，由此决定了道德修养培育必须重视培养以自律为核心的互联网道德修养，引导学生遵守互联网行为准则，引导学生遵守互联网道德规范，引导学生在互联网与现实的结合中提高自律性。

（4）在道德修养培育过程中充分发挥学生的主动性和创造性，增进平等互动教育。师生关系的革新、教育过程的生动使学生能够轻松地学习，有利于激发学生的主动性和创造性。在大数据时代，学生可以随意发表自己的意见，甚至可以以自己为中心选择与人交流，无形中受到了极大的尊重与重视。因此，应充分运用互联网的特点，在教育过程中充分尊重学生的主体性，使学生成为道德修养学习的主人。

（五）加强互联网资源建设

加强互联网资源建设，为形成高校、社会、家庭、学生四位一体的立体教育体系搭建平台。虽然建立高校、家庭、社会道德修养培育相结合的大体系概念早已为人熟知，但实践中高校仍然是道德修养培育的主要承担者，而且互联网为构建高校、社会、家庭、学生共同参与的立体教育体系创造了条件，高校应顺应形势，运用互联网的特点，主动建设互联网道德修养培育平台，构建高校、社会、家庭、学生四位一体的立体教育体系。我们可以借鉴某高校建设的"大学生网上操守"网站。此网站是一个跨部门、跨社区的合作计划，由多部门及其他社会人士一同参与制作而成。其宗旨是"提供有关网上操守在社会、道德及法律层面的资讯，为父母提供指引，为教师及同学建议有关的学习活动"，网站设立了"活动""教师中心""学生承诺""家长指引""资源中心"几个栏目。此网站有效地把学生、家长、高校、社会联系起来，能够进行及时、有效的互动沟通，可以给教师、学生、家长有效的建议和必要的指导。高校应担负起道德修养培育主要力量的重任，在互联网道德修养培育资源建设中发挥主导作用。高校可以和有关教育部门联系起来,建设类似的道德修养培育资源网站,以高校为中心向周围辐射,形成高校道德修养培育、社会道德修养培育、家庭道德修养培育、学生自我教育相结合的立体教育体系。

第六章 大数据时代大学生道德修养培育的方法创新

方法是主体为了达到预期目的,在认识世界和改造世界中所采用的方式和手段。互联网的发展使道德修养培育方法从静态走向动态,从平面化变为立体化。应运用互联网媒体、手机媒体及电视互联网等信息化平台创新道德修养培育方法,改进道德修养培育形式,创新运用自主性道德修养培育、参与式道德修养培育、主体间性道德修养培育及嵌入式道德修养培育等形式,突出道德修养培育的针对性和实效性。

第一节 运用新技术创新道德修养培育方法

一、运用互联网媒体创新道德修养培育

互联网已成为最主要的媒体。1998年5月,联合国新闻委员会把互联网正式列为继报纸、广播、电视之后出现的"第四媒体"。在重大事件的新闻传播中,互联网媒体正在实现从"草根"走向"主流"的角色转变。大学生在思想、道德、价值观方面受互联网媒体的影响较大,调研发现,36.2%的学生每周上网7小时以上,运用互联网媒体对大学生进行道德修养培育成为必然选择。

(一)加强社会网站建设

加强社会网站建设,使之成为大学生道德修养培育的重要阵地。社会网站具有专业技术力量强、信息量大、形式新颖等优势,对大学生具有较强的吸引力。社会网站包括新闻网站、互联网论坛社区、社交网站等。新闻网站是中国互联网世界的主流媒体,包括综合类新闻网站、门户网站的新闻频道和传统媒体的互联网版。新闻网站的发展呈现出问政、参政能量巨大,动员社会积极有效,关注弱势群体,音、视频传播飞跃发展,技术跟进快速、主动等特点。互联网论坛和互联网社区是互联网的基础应用之一,80%以上的网站均拥有独立社区。互联网论坛社区主要有综合性论坛社区网站、门户网站的论坛社区、新闻网站下设的论坛社区、专业性论坛社区、高校论坛社区等。自20世纪90年代末迄今,中国互联网论坛成为民意集散地和互联网舆论集结地的代名词,成为新闻宣传格局中与

传统媒体相对峙的新领域。用户使用互联网论坛社区的主要目的是交流信息、分享生活及情感体验、宣泄情绪等。社交网站日益成为融合性社交平台和媒介平台，社交网站的发展不仅意味着可能改变人们的社交方式，而且还意味着会对新闻信息的生产与传播方式产生影响。社交网站发展迅猛，也引发了许多问题，主要包括：挑战国家安全，成为西方国家进行政治渗透的工具；威胁个人信息安全，制约社交网站的良性发展；非法信息传播和虚拟问题现实化，互联网的虚拟性、匿名性、隐秘性为学生提供了道德自我弱化的场所，出现了对学生社会化的阻碍、潜在道德滑坡等社会隐忧。加强社会网站建设，应从以下几个方面做起。

1. 强化社会责任意识

强化社会网站的社会责任意识，弘扬社会主旋律和主流文化。由于除了国家和地方政府主办的官方网站外，大多数专业网站是自负盈亏的企业，它们把经济效益放在较为突出的地位，这就易导致网站内充斥虚假广告、过度的娱乐性甚至色情等不健康的内容。因此，必须强化和重申社会网站的社会责任意识，要求他们弘扬社会主旋律和主流文化。因为网站作为媒体具有传播文化和价值观的作用，所以只有弘扬社会主旋律和主流文化，以社会主义核心价值体系为指导，才能使社会网站的内容更健康积极。

2. 开展有效合作

国家主流媒体与互联网媒体适当合作，将国家大力提倡的内容以适当的方式在社会网站、论坛上展现。这里有两个层面的内容：一是官方网站应做好表率，发挥对其他社会网站的示范、带动作用。二是国家主流媒体与互联网媒体适当合作。目前，我国媒体机构已开始进驻社交网站。

3. 培养意见领袖

加强对社会网站、论坛的舆论引导，培养思想先进、理论水平较高的意见领袖，发挥其在互联网舆论中的引导作用。自20世纪90年代末以来，互联网论坛成为草根舆论表达的新平台，并成为舆论格局中与传统舆论相对峙的新领域。一方面，互联网论坛高度的自主性给了网民广泛的话语权，在维护公民表达自由权利、完善舆论监督方面具有一定的积极作用；但另一方面，互联网论坛匿名、随意、无序的过度表达又引发了许多问题，一些不负责任的发帖、跟帖等违法、违反道德的言论产生了不良的社会影响。因此，应加强对社会网站、论坛的舆论引导，通过培训网站管理人员，提升其政治理论和文化素质，培养政治素质过硬、理论水平较高的舆论意见领袖，通过邀请专家到论坛做客等方式，对舆论加以正确的引导。

4.规范社会网站行为

加强监管,通过完善法律、法规和监管技术手段,规范社会网站的行为。目前,我国除了将现有的法律适用于虚拟空间外,也出台了一批有关互联网的法律、法规,包括由全国人大常委会制定的法律或做出的决定、行政法规、司法解释和部门规章等,而且已经形成了初步的法律体系。从目前来看,我国的互联网立法与现在飞速发展的互联网实践还不能契合。互联网空间和现实空间的利益冲突、互联网技术进步等因素对互联网主体的权利、义务带来重大影响。在我国,互联网立法的当务之急不是大规模地制定新法,而是尽可能扩大现有法律、法规的适用范围,对互联网空间的特殊问题进行补充、修改,保持现有法律体系的稳定。从长远看,制定一部专门的互联网基本法非常必要。

(二)加强高校校园互联网建设

加强高校校园互联网建设,发挥其道德修养培育功能。提高高校互联网道德修养培育的水平和效果,坚持重在建设的原则,完善校园互联网系统。校园互联网建设应体现五个"统一",即互联性与特色性的统一、知识性与思想性的统一、丰富性与主流性的统一、疏导性与互动性的统一和教育性与服务性的统一。

(1)建设高校专题道德修养培育网站、道德修养培育论坛,搭建互联网道德修养培育平台。可以将道德修养培育网站挂靠在高校学工部或团委的网站上,也可以根据工作需要设立专题网站。目前,高校道德修养培育网站存在的问题是:内容相对单一,形式较为单调,对学生的吸引力不大。应在坚持社会主义核心价值体系为指导的前提下,将教育内容丰富化、形象化、数字化,增强网站的吸引力和凝聚力,发挥道德修养培育网站对大学生的教育作用。可以让学生针对社会问题自由发表言论,教师给予适当引导,这样效果较好;绝大多数高校设立了百度校园贴吧,成为大学生发表言论、老师了解学生思想的平台;微信公众号成为教师和学生都比较喜欢参与的交流平台,达到相互了解、互通信息、交流感情和心得的目的。

(2)加强校园互联网管理,尽量减少师生同消极信息的接触。健全校园互联网管理制度建设,确保校园互联网管理有章可循,明确责任,并实行经常性的检查监督和必要的奖惩措施,把好各种信息的进出和传播关,为健康信息创造更加便捷的通道,尽可能减少消极信息在校园互联网上的传播。

(三)加强高校微博建设

建设道德修养培育微博,发挥其教育作用。微博作为新兴媒介,在大学生中产生了广泛的影响。调研发现,有超过80%的大学生有自己的微博,32.5%的学生开通微博是为了让别人了解自己,53.6%的学生是为了表达自己的观点,25.7%的学生是为了愉悦心情,23.2%的学生是为了交朋友,31.3%的学生经常浏览别人的微博。由此可见,微博已经成为大学生发表言论、相互了解、交友的重要平台。

1. 微博对传统传播理论的突破

微博对传统传播理论的突破主要表现在以下几个方面:一是传统"把关人"在微博中的缺失。由于微博的匿名性、交互性、平等性,人们可以随心所欲地在网上发布信息,人们既是信息的接受者又是信息的发布者,这使得过去大众传媒组织所特有的把关特权开始为广大的公众享有,在传统传播环境下由少数传播组织控制把关权的状况被庞大的微博"把关人"所颠覆。二是微博突显了议程设置功能的非权利化。大众传媒的议程设置受到政治、经济和意识形态关系的影响,带上了权力色彩。议程设置功能在微博中存在的方式、所起的效用不同于传统媒体,最大限度地淡化了议程设置的权力色彩,凸显出非权力化的议程设置特点。由门户网站和传统媒介主导,微博在自身信息筛选的过程中靠近传统大众媒介的口味,呈现出一种潜在的议程设置,符合上一级选择条件的微博能参与到整个传播链条中去,不符合选择标准的微博个人站点将逐渐退出微博传播的过程。三是微博挣脱"沉默的螺旋"的轨迹。微博的出现打破了传统媒体的垄断,公众掌握了更大的话语权,"沉默的螺旋"理论正在被打破。微博的匿名性降低了从众现象的发生,微博的个人性和平等性避免了行为的趋同化,微博的进步性体现了公开表达个人意见的愿望,在舆论的产生过程中,被传统媒体忽视的议题在微博里可以得到有效传播。微博在一定程度上挣脱了"沉默的螺旋"的轨迹。

2. 运用微博进行道德修养培育

微博已成为大学生比较喜爱的交流工具。一些道德修养培育微博应时而生,道德修养培育微博目前在不少高校已发展成为道德修养培育工作的重要补充和桥梁。进一步开发道德修养培育微博,发挥其对学生的教育作用,应从以下几个方面着手。

(1) 处理好四对关系。一是处理好道德修养培育微博与高校道德修养培育工作的关系,道德修养培育微博要根据道德修养培育工作的特点,做好针对性、导向性、实效性与开放性、自由性地融合。二是处理好道德修养培育微博与其他互联网平台工具的关系,使道德修养培育微博既具有随机性、隐蔽性和容易接受性,又具有导读性和启发性。三是处理好道德修养培育微博引导与思想政治教育网下处理的关系,做到互联网道德修养培育与现实道德修养培育的有机结合。四是处理好道德修养培育微博建设主体与访问主体的关系,做到主体间的平等、友好交流。

(2)掌握好三个比例。一是掌握好内容建设中原创文章与转载文章的比例。应以原创文章为主,适当转载有价值的精品文章。二是掌握好宣传推广中走出去与引进来的比例。道德修养培育微博建设主体可经常到彼此空间访问,学会走出去和引进来。三是掌握好互动交流中答疑与设问的比例。既要注意答疑解惑,也要根据需要适当提出问题,引导学生参与讨论。

(3)把握好微博的发展方向。一是推进大学生道德修养培育微博的建设力度,将道德修养培育微博的建设与繁荣大学文化相结合。既要把先进的大学文化通过互联网传播给大学生,又要通过建设互联网文化繁荣大学文化。二是拓展建设主体,努力使之成为全校工作的关注点。引导高校党政干部、辅导员、学生参与到道德修养培育微博建设中来。三是打造精品道德修养培育微博,增强大学生道德修养培育微博的教育实效性。可以多邀请一些道德修养培育专家、理论专家,推出"名师微博""学者微博"等一系列精品微博,不断加强大学生道德修养培育微博的深度和吸引力。

二、运用手机媒体创新道德修养培育

手机媒体的基本特征是数字化,最大的优势是携带和使用方便。手机媒体作为互联网媒体的延伸,具有交互性强、信息获取快、传播快和更新快等特征。这些特征使得手机媒体渗透到生活的各个层面,深刻影响着人类的传播活动。

(一)手机媒体的优势与不足

手机媒体主要有以下优势:①高度的移动性与便携性,真正做到分众传播。②信息传播的即时性、互动性,手机媒体是一种开放的互动式传播媒体,集人际传播、群体传播、组织传播、大众传播于一体,具有人性化的特点。③受众资源极其丰富。④多媒体传播,可以更真实地反映所报道的对象。⑤私密性,对手机媒体用户来说,自由选择和发布信息的权限扩大,私密性得到保证。⑥整合性,手机媒体能整合多样的传媒形态,承载报纸、广播、电视等传统媒体的内容;能整合多元的传播主体,将生产信息的传者与接收信息的受众合二为一;能整合多样的传播方式,既可实现点对面、面对点的传播,又可实现点对点、一点对多点、多点对多点等丰富的传播方式。

手机媒体的不足表现为:虚假与不良信息传播,侵犯个人隐私,信息垃圾,对信息安全的冲击,等等。

第六章　大数据时代大学生道德修养培育的方法创新

(二)手机媒体对生活方式及文化的影响

(1)手机媒介技术建构了新的社会生活方式,体现在互联网对时间观、空间观、社会交往、公权力与私权力的影响等方面。手机媒介传播时代的时间观表现为手机媒介造成时间的碎片化,加剧对时间的焦虑感。手机媒介建构的空间观,表现为公共空间与私人空间在手机中的无缝对接。工作空间是公共空间的一种,手机的使用促成工作场所这种公共空间与私人空间的交错重叠。手机营造的虚拟空间——手机社区,在虚拟空间活动的主体可隐去真实身份,比实在生活更能敞开自我,实现与他人的纯粹精神交往。手机媒介传播时代的社会交往表现为手机媒介拓展了社会交往的广度,促成了社会交往形式的多元化,消解了社会交往的深度,呈现出一种平面化、仪式化、快餐化的特点。手机媒介在中国社会公权领域的应用体现在:开放话语平台,沟通民意;树立及传播形象;构建公共信息的快速传播通道,助力公共事务管理。手机媒介在中国社会私权领域的应用体现在:信息获取权、民主参与权、隐私权。

(2)手机作为传媒,其传播的文化主要以媒介文化这一大众文化的亚文化形式为主要内容,并且在自身的传播过程中又形成了一种媒介文化现象。手机文化产品遵循了多样、实时、互动的开发原则,手机媒介文化的特质有五个方面:情感体验娱乐化、民众参与普适化、自我表达个性化、文化风格时尚化、精神消费快餐化。

(三)运用手机媒体对大学生进行道德修养培育

手机媒体对大学生道德修养培育带来了较大影响。调研发现,80.2%的大学生有手机,79.3%的大学生用手机发微信,79.4%的大学生用手机上网,38.3%的大学生用手机写微博。可见手机已成为大学生生活中必不可少的物品。由于手机媒体本身以及手机文化自身的特点,其对大学生道德修养产生了较大影响。根据手机媒体的特点,创新道德修养培育的方式主要有以下几种。

(1)运用手机短信等平台,对学生进行互动、平等的参与式道德修养培育。传统道德修养培育效果低下的原因之一是教育以教师说教为主,教师对学生处于居高临下的姿态,学生参与程度较低。运用手机短信平台,教师与学生可以进行双向或多向的互动交流,而且可以根据学生的具体情况进行定向的交流,有利于学生在教育过程中的参与,有利于形成平等的教育关系,可以提高教育的针对性和实际效果。

(2)开发道德修养培育手机报平台,对学生进行社会主义核心价值体系的教育。如何使社会主义核心价值体系的内容入耳、入脑、入心,是对学生进行教育的重点和难点。运用手机报的定向发送、无条件接收的特点,可以开发以道德修养培育为专题的手机报平台,也可以结合普通的手机报,在内容上增加道德修养培育方面的内容,同时注意把社会主义核心价值体系的内容形象化、具体化、数字化,从而使社会主义核心价值体系的内容以润物细无声的方式进入学生的视野和大脑。

(3)运用手机短信群发等功能,对学生进行学业、就业指导等服务。手机短信的群发功能是对学生进行服务的很好的平台,运用手机短信群发功能,可以把学生选课情况、就业招聘单位、招聘会等信息以短信的形式通知给学生,使广大学生在第一时间获取信息并为下一步的学习和就业做好准备。

(4)通过红色微信大赛等形式,发挥学生自我教育的作用。学生是接受教育的主体,也是自我教育的主体,如何发挥学生在教育中的主体作用是教育取得成效的关键。在手机媒体运用普及的今天,收发微信成为大学生之间交流的主要方式。通过开展红色微信大赛等形式,引导学生收发内容健康积极的微信,远离垃圾和不健康的微信,增强学生对道德信息的选择和判断能力。

(5)加强手机媒体的管理,营造积极健康的手机文化。我国对手机媒体的管理正处在摸索阶段,目前我国手机媒体管理中存在的主要问题表现在:管理责任不明,存在监管空白;管理依据不足,缺乏法规政策;管理力量薄弱,不良信息泛滥;利益驱动明显,消费陷阱较多;产权保护不力,侵权盗版严重;业务模式雷同,产业生态恶化。对于手机媒体,应从以下几个方面加强管理:①明确责任主体,理顺管理体制。手机媒体管理涉及不同行业和产业部门,要明确相关管理部门的职责,加强协调配合,建立和完善管理体制机制。②健全法规制度,严格依法管理。要尽快对从事新闻信息服务的手机网站、手机报纸等的资质审批、内容监管做出具体规定,引导手机媒体健康有序发展。③完善技术手段,强化技术管理。要不断完善技术手段,提高管理的技术含量。要建立对不良信息、不良WAP(Wireless Application Protocol,无线应用协议)网站的监控系统,及时发现这些信息并予以处理。电信运营商要继续加大技术投入力度,建立相应的工作流程,积极配合相关管理部门的工作,加大对SP(Service Provider,服务提供商)的管理。④推动行业自律,强化自我约束。要制定自律规范,强化自我约束。电信运营商要主动承担相应的职责和任务,协助健全信息服务类业务的管理和控制机制,促进无线互联网行业的协调健康发展。⑤规范免费WAP网站管理,实施登记备案制度。

三、运用电视互联网创新道德修养培育

电视互联网包括数字电视、IPTV、移动电视与户外互联网等。运用电视互

联网创新道德修养培育主要包括以下两方面。

（1）运用户外、车载、电梯间的电视媒体等，传播优秀道德和价值观。根据户外、车载、电梯间的电视媒体强迫收视的特点，将社会主义核心价值观的内容数字化、形象化地展现在人们面前，使人们在潜移默化中受到教育和熏陶。同时通过这些媒体对优秀道德的传播，营造良好的道德建设环境与氛围。

（2）运用校园电视平台，对学生进行道德修养培育。校园电视是学生在高校中收看电视节目的主要工具，一般放置在宿舍和教室里。校园电视除了播放国家和省市电视台的节目外，还可以播放高校电视台自制的节目。高校可以结合高校和学生自身的特点，制作与学生生活紧密相关的、内容健康向上的电视节目，对学生起到引导和教育的作用；同时可以增加学生与校园电视互动的机会，通过学生参与节目制作，在节目播出过程中短信参与、有奖竞答等形式，把学生吸引到积极健康的优秀校园电视节目中来，让学生在参与中接受教育。

第二节　运用新技术改进道德修养培育的形式

一、自主性道德修养培育

自主性道德修养培育是一种肯定道德修养培育主体具有相对独立地位和权利的道德修养培育；是一种充分肯定道德修养培育主体内在道德需要的道德修养培育；是一种内化了社会需要并对社会完全负责的道德修养培育；是一种充分地体现人的生存价值和生命意义的道德修养培育。自主性道德修养培育作为一种以教育者与受教育者的自主性为特征的高校教育，必然遵循自由性、理性、价值性的原则。自由性原则，即理性的、有限制的、完全的"平等自由"的自由原则；理性原则，自主性道德修养培育具有客观性、合理性、合法性，还包含情感上的稳定性和意志上的坚定性；价值性原则，自主性道德修养培育追求的是人的个性的解放和体现，是人的权利的落实，以及人的人格和尊严维护的原则。自主性道德修养培育就是坚持对教育者和受教育者的双重人格尊重。这是自主性道德修养培育与传统德育的最大区别。

（一）大数据时代自主性道德修养培育的现实诉求

（1）大数据时代产生了实行自主性道德修养培育的迫切需求。当代社会在现代科技的冲击下发生了重要的变化，特别是建立在互联网等现代科技基础之上的信息化趋势，使国际化社会的概念日益普及和日常化，国与国之间的信息传递日益简单和快捷，多样化社会对人的个性素质要求越来越直接和深刻。因此，一方面,现代社会造就了人的个性发展的环境和空间;另一方面,现代社会对人的个性化要求越来越高。作为人的个性化特征的人的自主性,也必然成为社会和个人发展追求的目标。由于互联网的全球性的、去中心化的交互性使人们的交流跨越了时空和国界,这就需要培养学生走向他人、学会交往、学会合作的社会历史人格,使人从孤独的个人走向富而有礼的整体,从孤立的自我走向高尚、友谊、互助的群体。所有这一切可以说都需要以人的自主性为前提。社会的这种需要要求教育应该做出与此相适应的变革和应答,也就产生了社会对自主性道德修养培育的诉求。

(2)大数据时代为自主性道德修养培育创造了机遇与条件。互联网的开放性、互动性、虚拟性、广泛参与性为自主性道德修养培育创造了机遇与条件。互联网的开放性使其空间中容纳了世界各国家、各民族的文化和价值观,包含了海量信息,为高校和师生自主选择信息提供了平台,也使学生在自由选择中促进了其个性的发展;互联网的互动性使师生可以在线即时交流,有利于师生的对话和相互理解;互联网的虚拟性使师生可以隐去现实中的真实身份,以平等的姿态、敞开心扉进行平等交流,有利于建立师生平等的关系,提高教育效果;互联网的广泛参与性可以使师生随时随地参与到讨论和交流中去,使学生的需求得到理解和尊重,有利于自主性道德修养培育的开展。

(二)大数据时代自主性道德修养培育的价值观

自主性道德修养培育是促使教育者和受教育者充分地发挥个体教与学自主性的道德修养培育。大数据时代,培养和生成受教育者自主性的道德意识、道德能力、道德习惯,是自主性道德修养培育追求的价值目标。自主性道德修养培育所依据和主张的以个人自主为主,意在推动传统道德修养培育中的以他律为主的道德修养培育方式向以自律为主的道德修养培育方式方向转化。这种道德修养培育思想要求高校道德修养培育一方面要考虑社会的道德需要,另一方面则应该考虑受教育者及教育者个人的道德需要,并考虑道德修养培育的自愿性、自觉性、意义性等特点,着重通过促进道德主体的自我道德意识的增强和道德自觉性的增加来增强道德修养培育的效果。大数据时代是一个以法律规范为主导、主要依靠个体道德自律来维持秩序的空间,这种道德修养培育方式有利于提高学生的道德水平。在道德修养培育的管理方面,应该结合互联网的特点,运用互联网为介体和手段,促进传统的封闭式、单一式、半强制式的道德修养培育管理体制向开放式、多样化、民主性的道德修养培育活动组织体制转化,使道德修养培育活动更符合规律,使道德修养培育活动成为教育者和受教育者都自觉、自愿、自主、自由、愉快参与的活动,使道德修养培育真正发挥提升人的精神和人格的作用。自主性道德修养培育的价值观念,应该能够积极、有效地促使教育者和受教育者两方面都能充分地表现人的超越性、高尚性、自主性,真正地促进高校道德修养培育质量的提高。

(三)大数据时代自主性道德修养培育的目的观

自主性道德修养培育的目的无疑是培养具有自主性道德的人,而一个具有自主性道德的人,其人格结构则可以逻辑地表现为自主性道德意识、道德能力、道德习惯、道德精神等,其关键之处在于受教育者的自主性德性素质的培养方面。而最注重道德自主性的大数据时代,为坚持和发展自主性道德修养培育的目的提供了条件。倡导和宣扬受教育者个体的自主性意识,倡导公民个体权利意识、责任意识、民主意识,是对我们以往的自律道德意识的发展,促使道德主体不仅要主动地约束自己,使自己的行为符合社会道德的要求,还明确地要求道德主体能够和坚持自己为自己做主,学会自己决定自己的事情。这要求道德修养培育不仅要向学生合理地传授道德修养知识,而且要促进受教育者既将这些道德修养知识内化为自己的思想和信念,又将这些道德修养知识转化为受教育者的道德修养,可能时还应该化为他们的道德行为与道德习惯。自主性道德修养培育所追求的目的是培养受教育者的自主性德性素质。由于作为道德修养培育主体的受教育者要经历由道德意识向道德修养、道德行为、道德习惯的一系列转化,从而使道德修养培育主体的德性素质成长成为一个逻辑、生成、持续的发展过程,也使受教育者的德性素质养成具备生成性、稳定性、开放性和正义性等特征,因此为自主性道德修养培育目的的内涵,赋予了时代和革命意义。

(四)大数据时代自主性道德修养培育的活动机制

自主性道德修养培育的活动机制,是指由决定自主性道德修养培育活动的各种条件、要素、力量所形成的决定自主性道德修养培育是什么样活动的控制系统,这个系统决定着自主性道德修养培育的方向、方式、趋势,是自主性道德修养培育活动内在的决定因素。

(1)大数据时代的自主性道德修养培育活动机制具有自身的特点。成人是自主性道德修养培育活动机制的逻辑起点。一是由自然人向社会人再向道德自律的人的转化。大数据时代对于促进学生向道德自律的人的转化具有更重要的作用,基于互联网而开展的道德修养培育活动从其活动的起点处就坚持尊重教育者和受教育者的人格和权利,承认并坚持教育者和受教育者的自由和自主权利。二是由"单子式"的个人向世界历史性的个人方向发展。互联网广泛互动交往的特点及互联网文化中的社群文化对于促进学生由"单子式"的个人向世界历史性的个人方向发展很有益处。"单子式"个人主要是指每个个体都是以一种彼此分离、孤立、封闭的单子方式生存着,人与人之间缺乏一种开放性的精神交往和合作,人在本质上是一种"孤独的个人"。大数据时代通过社群交往、互动交流的自主性道德修养培育,以受教育者自由、自主为特征的德育模式,是以人作为一个权利和责任的统一体为前提的。在这种教育模式中,无论是教育者还是受教育者,每个人都是一个独立、自由的个体,都有与他人(任何人)平等的法定权利和自由,也有与他人(任何人)相同的责任和义务。大数据时代的自主性道德修养培育有助于学生确立主体意识和主体地位,并帮助学生摆脱"单子式"的状态。

(2)大数据时代自主性道德修养培育活动机制的主要原则。大数据时代,自主性道德修养培育在其活动机制的建构中,将结合互联网的特点,发挥其优势,努力坚持多样性、开放性、有效性的原则。自主性道德修养培育的多样性是指在高校道德修养培育的活动形式上,既要坚持传统道德修养培育活动中有效的课堂教学和课外活动的形式,又要努力开拓一些新的道德修养培育形式,诸如网上与网下结合的参与性教学、活动性教学等。自主性道德修养培育的开放性表明其活动机制不会将自己局限于一时一地,而是将自己置于社会发展的大环境之中。在国际化、民族化的道德修养培育学习和借鉴以外,自主性道德修养培育的开放性还包括在具体的道德修养培育活动中,以灵活多样的形式完成道德修养培育的使命。自主性道德修养培育的有效性是指根据互联网的特点,使教育活动的形式和内容符合学生的特点和成长、成才的需要,注重道德修养培育的有效性。

大数据时代自主性道德修养培育活动中的师生关系表现出三个特点:其一,大数据时代自主性道德修养培育活动中的师生关系是一种师生相互交往性的平等关系。大数据时代自主性道德修养培育,就是建立在自主性道德修养培育思想基础上的、能促进教育者和受教育者双方进行平等对话的交往性教育活动。在这种教育活动中,一方面,受教育者和教育者双方都是带着自己的需要来从事这项活动的,其中受教育者期望和需要在学习中受到教育者的指导,教育者则需要通过受教育者的学习和成长活动来完成自己的职责和实现自己的信念和理想,双方共同的需要使这种交往形式成立。另一方面,教育者和受教育者地位平等的交往性学习有利于受教育者道德素质的生成。其二,大数据时代自主性道德修养培育活动中的师生关系是一种帮助指导的关系。在这种相互的、合作的道德学习过程中,学习者应该是独立的、自由的。因为道德发展是个体选择的一部分,真正道德的生长发生在个体内部。自主性道德修养培育正是借鉴了"教育即生长"的原则,主张保证受教育者独立自由的学习权利,让学生拥有广泛的学习选择权,让学生做自己学习的主人,自主地选择学习的内容、形式和方法。其三,大数据时代自主性道德修养培育的师生关系是一种引导、启蒙、提高的关系。教育中的师生关系由学生的自主学习、自主选择、自主评价、自主需要与教师的积极指导、热情帮助两方面合力形成。这种由师生双方面需要有机形成的师生关系,是一种在尊重学生自主权利和尊严前提下的指导、启蒙、促进关系。

二、参与式道德修养培育

参与式道德修养培育的实质是生活道德修养培育、体验性道德修养培育、社会化道德修养培育,是学生在真实的生活中通过参与活动和亲身实践来体验的道德修养培育。与我们倡导创设道德修养培育情境不同,参与式道德修养培育更强调真实、自然、无痕的社会生活场景。

(一)参与式道德修养培育的特点

参与式道德修养培育的特点概括起来主要表现为实践性、开放性和生成性三个方面。①参与式道德修养培育的本质是实践,实践的观点是参与式道德修养培育首要的观点。只有在实践中大学生的主观认识见之于客观行为,潜在品质才变为显性品质。大学生只有在道德修养培育实践过程中将内化的知识、信念外化到行为上,才能形成相对固化的修养。②参与式道德修养培育具有显著的开放性。参与式道德修养培育,其实质是让学生参与到真实的生活中来,满足其不断发展变化的需要。这需要教师通过创设一定的情境来提升学生的需要和兴趣,让学生接受无痕的教育。③参与式道德修养培育是一个不断生成的过程。杜威认为,道德真理是相对的,任何道德都必须服从于不断变化的社会需要。时代在变,新环境下的新问题、新情况层出不穷,大学生的需要、兴趣和观念在不断变化。因此,道德修养培育活动在理念、内容、方式上也要变化,是一个不断变化、生成的过程。参与式道德修养培育就是根据时代发展的要求,加强道德修养培育的主体性、针对性,使学生真正成为个性化与社会化有机统一的"道德人"。

(二)大数据时代与参与式道德修养培育的契合

大数据时代既对参与式道德修养培育提出了迫切要求,也为参与式道德修养培育的实施提供了机遇与条件。

(1)大数据时代对参与式道德修养培育提出了迫切要求。大数据时代的传播特点决定了其为道德修养培育提供了一个与以往不同的环境。大数据时代对传统以灌输为主的教育模式提出了挑战,迫切需要构建与互联网相适应的、现代开放的参与式道德修养培育。互联网的开放性、信息的海量性产生了实行参与式道德修养培育的诉求。互联网改变了以往地域性传播的特点,虚拟空间上的开放性导致了互联网传播地域上的全球覆盖,时间与空间上的开放性导致了信息的海量存储,然而"把关人"的监管不到位,使得信息良莠不齐,对大学生的价值观和思想冲击较大,仅靠传统的灌输式教育较难奏效,迫切需要以大学生参与为主的、充分发挥大学生主动性的参与式教育。

(2)大数据时代为参与式道德修养培育的实施提供了机遇与条件。大数据时代在对参与式教育提出迫切要求的同时,也创造了参与式道德修养培育构建的有利条件。互联网的交互性与即时性为大学生创造了参与道德修养培育活动、确立主体地位的有利条件。互联网的互动性是信息发布的低门槛和信息传播的灵活性所带来的直接结果。互动性不仅体现在传受双方交流的增强,还体现在整个信息形成过程的改变。信息不再依赖于某一方发出,而是在双方的交流过程中形成的。互联网最大的吸引力就是用户的主导性、自主性得到了空前的增强。同时,互联网是即时传播,用户可以随时随地"面对面"地交流,这些传播特点比较有利于大学生参与到教育活动中,不必受时间和空间的限制,而且增加了教育者与受教育者的即时沟通交流,使得彼此相互了解和理解,有益于提高教育效果。互联网的个性化与社群化为学生创造了较广泛的交往环境,互联网真正实现了个性化服务。用户可以自由地选择信息接收的时间、地点以及媒介的形式,传者可以用"信息推送技术",根据用户的需求为其推送信息的专门化服务。互联网传播不仅具有综合性、主动性、参与性、渗透性和操作性的特点,而且具有灵活性、开放性和交互性的特点。互联网个性化的特点为学生自主选择学习的内容、培养和发展学生的个性创造了条件。互联网的社区、BBS和自由论坛等充斥在虚拟空间中,这些社群往往形成一些很牢固的人际互动互联网。大学生通过参加社群内的活动,可以就某些话题交换意见,这对于培养大学生的群体意识与合作性具有较大作用。互联网的匿名性、虚拟性为大学生创造了较真实的生活和社会环境。由于互联网的匿名性、虚拟性,教师和大学生都可以隐去身份,较真实地表达自己的内心想法,有利于创设较真实的生活和社会环境,让大学生没有心理负担地进行选择和判断。因此,大数据时代为参与式道德修养培育的实施提供了很好的机遇与条件。

(三)大数据时代参与性道德修养培育的实施

大数据时代参与性道德修养培育的实施可以分为以下几个方面。

(1)运用互联网,构建大道德修养培育格局,形成合力。现代社会的教育已不是单纯的高校教育或家庭教育,参与式道德修养培育需要社会、高校、家长和学生的共同参与。因此应顺应教育的综合化发展趋势,形成高校、社会和家庭齐抓共管、多管齐下的合力,促进学生的全面发展。互联网的开放性为建立高校、家庭、社会之间的立体联系,构建大道德修养培育格局创造了条件。通过建立辅导员微博、道德修养培育网站、校长信箱、家长反馈平台、班级微博、校友之窗网站等平台,让家长了解高校的教育情况并可即时反馈意见,让学生了解高校和辅导员的情况并即时互动,让社会参与到高校教育中来。通过网上联系与网下联系相结合,建立高校、学生和教师与家庭、社会之间走出去和请进来的互动。面向社会开展道德修养培育,学生价值观的变化和道德行为、观念就能在较大程度上与社会发展相契合。学生直面社会培养出的道德修养,使其进入社会后能从容面对和处理复杂的社会实践。

(2)运用互联网增强大学生的参与性,发挥大学生在教育中的主体性作用。在高校道德修养培育中,教师应意识到不同学生的特殊性和差异性,以大学生为本。大学生是主体,是关键,是目的,要充分发挥大学生的自主性和能动性。互联网是全面参与的、充分展现个性的媒体,学生可以自由在虚拟空间中浏览信息、发表言论、上传视频和图片,而微博、微信等相对固定的互联网为培养自主的、理性的个体提供了平台。道德修养培育工作者可以通过议程设置功能对网站、论坛的内容、问题进行有效设置,引导学生参与到讨论中,并通过讨论自主做出判断和选择。

(3)运用互联网让大学生参与人际交往中的道德实践。互联网的最显著特点是广泛的交互性,人们可以通过互联网与世界各地的人们进行广泛交流,这样就拓展了学生的交往空间。同时,互联网的去中心化和虚拟性,使得互联网中没有领导与被领导,只有身份平等的用户,互联网为大学生创设了广泛的、平等的交往空间。大学生可以通过在互联网中的交往,去深化或改变生活中已有的道德修养,因此,大学生在互联网中的自我教育因素比较多。教育者可以通过与学生在线交流、加入社群,并通过较强的影响力获得社群的倡导者身份,从而对学生进行有效的教育。

三、主体间性道德修养培育

主体间性一词可翻译为交互主体性、主体之间性、主体际性等。胡塞尔认为,自我与他我通过拥有共同世界而形成一个共同体,单一的主体性也因之而过渡到主体间性,这种主体间性是通过"共现""统觉""移情"而实现的。海德格尔认为,主体间性是主体与主体之间的共在,是"我"与他人对同一客观对象的认同。哈贝马斯认为,主体间性是人与人在交往中形成的精神沟通、主体的相互理解与共识。

马克思关于社会形态和人的发展的三个阶段的论断,实质上是对主体性向主体间性转向历程的科学概括和总结。在"人的依赖关系"阶段,个人的主体性被群体性所掩盖。在"以物的依赖性为基础"阶段,人的主体性从属于物的主体性。在"个人全面发展和自由个性"阶段,以个体的全面自由发展为基础,寻求个体与个体、个体与群体、人与自然的自觉融合和统一,主体间性的本质体现了类主体性。总之,主体间性是主体间关系的规定性,是主体与主体之间的相关性、统一性、调节性。主体间性的含义可以从三个方面来理解:①主体间性的根据在于生存本身。因为主体与主体相互联系、相互依存、共同发展是现实世界的客观现象。②主体间性是一种关系。主体间性不是把自我看成单子式的个体,而是看成与其他主体的共在。③主体间性是一种方法论。这种方法是处理人与人之间关系的方法,即对待他人要尊重、同情,而不是排斥。

(一)主体间性道德修养培育的内涵

当前对道德修养培育过程中的主客体关系有三种不同的观点。第一种观点认为,教育者是主体,受教育者是客体;第二种观点是主导主体论,认为教育对象是教育过程的主体,教育者发挥主导作用;第三种观点认为,教育者与受教育者之间互为主客体,提出了双主体说。第一种观点影响最深,它的"主体-客体"模式、理论上的主客二分,只体现了道德修养培育的一个过程、一个方面;第二种观点中,受教育者的主体是被教育者所规定了的主体,仍然是道德修养培育的配角;第三种观点把道德修养培育中本应是统一的"施教"和"受教"割裂开来,仍只强调单极的主体性,仍然是"主体-客体"模式。

主体间性道德修养培育以马克思主义主体间交往思想为指导,同时借鉴西方哲学关于主体间性研究的成果以及当代我国哲学界的相关成果。马克思主义的"人的社会"和"社会的人"是一种最深刻意义上的主体间本位。他提出的"人与人的关系"是主体性的"交往关系""社会关系",从一般意义上规定了主体间的关系。"交往""交往实践""交往形式""精神交往""交换""物质交换"等概念,着重规定了人们之间即主体间的物质关系、精神关系和实践关系。学者任平以马克思主义理论为基础,对交往实践做了深入研究,他认为交往实践是主体间的物质交往活动,体现主体间性,他提出了"主体-客体-主体"相关性模式,这一模式具体表现为"主体-客体"和"主体-主体"双重关系的统一结构,他的观点对构建主体间性道德修养培育具有借鉴作用。主体间性道德修养培育是指两种关系的统一:一种关系是教育者与受教育者都作为德育的主体,二者构成了"主体-主体"的关系;另一种关系是教育者与受教育者都是德育的主体,是复数的主体,他们把教育资料作为共同客体,与教育资料构成"主体-客体"的关系。这即是主体间性道德修养培育。

(二)主体间性道德修养培育的特征

主体间性道德修养培育的第一个特征是指教育者与受教育者是共同的主体间的存在方式。在主体间性道德修养培育中,受教育者不再被视为客体,而是与"我"一样的另一个主体。这种教育方式体现了以人为本、对他人的尊重。主体间性道德修养培育的第二个特征是指教育者与受教育者之间的活动是主体间的交往活动,而不是教育者的单项活动。主体间性道德修养培育强调教育者和受教育者都是道德修养培育的主体,教育者是与他人共在的自我。主体间性道德修养培育的第三个特征是指教育者与受教育者之间是相互理解的,他们通过换位思考的方法来实现人的道德修养的提高,而不是通过单子式的硬性填鸭式教育来实现。主体间性理论为道德修养培育提供了新的哲学范式和方法论,继承并吸收了主体性道德修养培育的优秀成果,克服了以自我为中心、视受教育者为纯粹客体所带来的局限。

(三)主体间性道德修养培育是互联网发展的必然要求

随着互联网的快速发展,人类逐渐进入大数据时代。在虚拟空间中,人与人的交往呈现两大特点:其一是"去中心化"。互联网的隐匿性、虚拟性使人们具有安全感,使人与人之间的交往更加自主开放。在这里没有领导者和被领导者,只有倾诉者和倾听者,各种道德标准在互联网交往中只会越来越趋向统一,因为符合社会要求的各种道德标准是这种交往的基础。其二是信息共享。互联网的开放性使其成为信息的海洋,供人们分享,人们在分享的同时,又为这个海洋提供新的资源。信息共享还体现为一种人与人之间的平等的、双向的交往,捧出自己的思想,接纳别人的思想。但同时,虚拟空间中海量的信息是良莠不齐的,有些甚至是有害的。要以社会主义核心价值体系来引导互联网的发展,充分考虑受教者的兴趣爱好,遵循大数据时代的传播特点和规律,对大学生进行教育。单子式的主体性道德修养培育常常是教育者为唯一的主体,只注重教育者单向的信息输出,受教育者成了信息的唯一分享者,他们很少有输出信息的权利、机会。这样的道德修养培育在大数据时代是行不通的。因此,道德修养培育的主体间性转向是互联网发展的必然要求,体现了道德修养培育与时俱进的时代特征。

(四)大数据时代主体间性道德修养培育的实现路径

主体间性道德修养培育理论认为,在道德修养培育实践中,教育者和受教育者双方的地位是平等的,彼此之间要互相尊重、信任和理解。我们要以主体间性道德修养培育理论为指导,根据互联网的特点,在互联网道德修养培育过程中突出主体间性的实现。

(1)教育者运用互联网,采取各种途径把道德修养培育信息传播给受教育者。一是教育者把受教育者放在与自己交流互动的同一平台上,根据受教育者的兴趣、需要和现实个性有针对性地进行教育,促进其全面、和谐发展。二是教育者可以通过电子邮件、心理网站、道德修养培育网站,采用自由讨论、平等对话等形式,运用启发式、互动式、交流式的教育方式解决受教育者的思想问题。三是教育者要把教育内容数字化,利用多媒体形式占领互联网阵地。

(2)受教育者充分发挥自己的主体性。一方面,受教育者面对虚拟空间良莠不齐的信息,主动地选择接收信息,这同时是一个受教育者提高辨别能力的过程。另一方面,主体间性理论以交互性作为其存在的基础,受教育者借助信息化平台,充分发挥自己的能动性,通过与教育者相互沟通和理解的一种良性互动,受教育者把社会主导的价值观纳入自己的认知范畴加以消化和吸收,并自觉地外化为良好的行为习惯。

主体间交往过程是一个双向互动的过程。在互联网道德修养培育中,教育者和受教育者互相信任、共同对话,是一种平等的参与合作的关系。受教育者不仅可以迅速地反馈信息,而且可以积极地影响他人,转化成教育者。教育者和受教育者在共享中相互促进、共同发展,建构了一种双向互动、开放性、探索式的道德修养培育模式。

四、嵌入式道德修养培育

教育界的嵌入式教育一般指两种情况。一种是嵌入式技术教育,主要是将计算机技术、电子技术和其他学科与技术相结合进行综合教育的方式。在这一教育方式下,培养的是有深厚理论基础和实践经验的IT行业的高端人才。另一种是2001年在美国高等教育界出现的"课程嵌入式评价法"。这一评价方法以通识课程教学为基础,教师以一种不受外界干扰的、系统化的方式,对学生作业按课程目标的各个方面评出等级,以此来衡量学生的学习效果。教师对学生的评级数据为院系评价报告提供了很多用问卷调查法和目标测试法所不能提供的信息。目前,我国一些图书馆在原来传统信息素养教育的基础上,进行嵌入式信息素养教育,基本是基于第一种和第二种情况的融合而进行的。图书馆嵌入式信息素养教育就是指在借鉴传统信息素养教育的基础上,借助一定的终端,通过先进的技术嵌入用户计算机、移动通信工具,或者通过"馆员-教师"协作模式融入专业课堂教学来开展信息素养教育。嵌入式信息素养教育是一种新颖的、高效的信息素养教育方式,其教学效果较传统信息素养教育明显,是未来信息素养教育的发展方向。

目前,嵌入式道德修养培育的提法较少。有些人提出,应不仅把道德修养培育作为一门与科学课程并列的课程去讲述,也应该将道德修养培育嵌入教学,让学生在问题发生时进行探讨,或进行自我反省,或进行表扬,让学生切身感受到道德修养培育问题,并亲身分析此事,这样他们才能真正意义上的感同身受,从内心接受或摒弃一些习惯或做法。这里所讲的嵌入式道德修养培育与我们前面提到的创设教育情景、参与式道德修养培育比较类似。嵌入式道德修养培育是一个综合的、广义的概念,既包括在借鉴传统道德修养培育的基础上,教育者借助一定的终端,通过先进的技术嵌入用户计算机、移动通信工具,对其进行道德修养培育,也包括通过网上与网下结合,教育者以协作者的身份参与到大学生道德修养培育活动中对其进行道德修养培育。

大数据时代嵌入式道德修养培育的优势主要有两方面。一方面,嵌入式道德修养培育可迎合大学生的信息行为模式。因为,现在绝大多数的大学生都喜欢使用数字资源,都熟悉 Web 2.0 技术,可以说,互联网已经成为他们生活中非常重要的一部分。另一方面,嵌入式道德修养培育可不受时空限制地对学生进行教育。嵌入式道德修养培育的地点可以不受物理空间和时间的限制,它可以无处不在,只要有教师和学生,有互联网用户终端,就可以进行,而且教育的形式比较自然,基本上是一种无痕的教育。

大数据时代嵌入式道德修养培育的实现模式包括下述几种:

(1)通过嵌入用户计算机互联网空间来实现。道德修养培育嵌入计算机互联网空间是指把道德修养培育信息内容经过数字化处理以后嵌入用户的计算机桌面、浏览器、常用学习软件、常去的网站、热门搜索引擎等用户虚拟环境中,还可以嵌入院系网站、学生活动主页、社交网站、BBS、即时通信工具等互联网空间中,以营造道德修养培育信息在虚拟空间无处不在、用户可信手拈来的局面。

(2)通过嵌入学生手机等移动设备来实现。调研发现,85.2%的学生用手机打电话,92.3%的学生用来发微信,89.5%的学生用来上网,45.7%的学生用来写微博,32.5%的学生用来看手机报。利用手机这个便捷的通信工具开展嵌入式道德修养培育,其前景是非常乐观的。可以借助手机报的特定用户、强制播出的特点,将道德修养培育内容融入其中。可以借助手机微信互动交流、私密性、容易被接受的特点,将道德修养培育内容融入其中。还可以利用 4G 技术为教育者和学生提供一个实时的、虚拟的"面对面"的环境,让教师和学生间的沟通更具亲和力,从而提高教育效果。

(3)在虚拟空间中针对热点问题和情境进行嵌入式教育。通过在互联网社区、BBS 等设置热点问题讨论,并由理论知识功底深厚、经验丰富的教育者来主导和引导学生的讨论,教育者扮演与学生平等的角色,让学生在问题和情境中进行判断,做出选择,有利于提升学生的整体道德水平。

第七章　大数据时代大学生道德修养培育的环境优化

环境对道德修养培育起到至关重要的作用,环境是构成道德修养培育过程的要素之一,是道德修养培育系统的外部条件,是大学生道德修养形成和发展的客观基础。互联网的发展使得大学生道德修养培育环境与过去相比有了较大的变化,对我国的社会伦理道德环境、互联网环境、高校自身道德修养培育环境既带来了积极的影响,也带来了一些不利的影响。因此,应实现中国传统伦理在大数据时代的现代转化,健全互联网管理机制,加强校园网管理和建设,优化道德修养培育的整体环境。

第一节　实现中国传统伦理在大数据时代的现代转化

一、互联网发展对中国传统伦理的挑战

互联网给现代人带来了一种新的生存和存在方式,互联网在改变着人们生活和生存方式的同时,也改变着中国传统伦理所依存的生活世界,从而对中国传统伦理提出了挑战。

(一)互联网构建了虚拟的生活世界

由于虚拟世界与现实世界的生活基础、交流方式的差异,传统伦理规范无法解决虚拟世界的伦理道德问题,表现出传统伦理对互联网所构建的现代社会的滞后性。互联网改变了人们的交往方式,中国传统社会关系与交往方式的内核与轴心是"血缘"与"地缘",中国传统伦理是"熟人伦理"。以大数据技术为基础的互联网形成了跨越时空的互联网交往。互联网社区中人们的交往是陌生人群中的交往,这种交往方式是传统社会生活中最薄弱的。互联网对"私德主导、公德不彰"的传统伦理带来了严峻的挑战。

(二)互联网对传统伦理价值的解构

互联网传播具有强烈的现代性意义,它的出现推动了现实的社会结构与组

织形式的深刻变革。互联网所蕴涵的大数据技术是现代生产力的集中体现，它改变了传统的社会资源的分布格局，推动了现实中的财富、权力的重新分配与组合，推进了社会结构、组织方式和人伦秩序的全局性的变革。中国传统社会是基于农业社会的等级差序明显的社会结构和封闭的"家长制"社会组织方式以及"门第观念"等制度与观念的。大数据技术兴起，社会财富和权力、地位流向代表现代科技发展方向的群体和个人，而不是像过去那样依靠世袭和裙带传承，这些打破了传统社会的等级差序结构和封闭的组织方式。互联网带来的以开放、平等为特征的互联网文化精神，不断冲击着传统伦理文化中的保守性的精神理念与气质，使人们走出固有的价值观念，形成现代开放的思维方式与价值理念，推动了传统伦理的嬗变与发展。

(三)互联网促进伦理相对主义和伦理多元化的强化

现实社会中，每个特定社会只有一种道德居主导地位，其他道德处于从属地位，现实社会的道德是一元的。在中国道德文化历史发展中，儒家道德一直处于主导地位。新时期，我们以马克思主义为指导，在继承中国传统道德文化中积极因素的基础上进行了公民道德建设，我国道德文化的基调仍是以儒家传统文化为主的。而互联网使伦理相对主义和伦理多元化强化，使中国传统道德面临开放的多元道德文化并存的挑战。互联网的设计思想为伦理相对主义提供了技术基础，以大数据技术为基础的互联网虚拟出来的公共空间与使用者私密操作的"双元空间结构"固化了伦理相对主义的架构。互联网传播中既存在关涉社会每一个成员的切身利益和"互联网社会"的正常秩序的、属于"互联网社会"共同性的主导道德规范，也存在各成员自身所具有的多元化的道德规范。由于彼此并无实质性的利害冲突而能够求同存异、并行不悖，这使伦理多元化成为互联网传播环境中伦理道德的基调，对中国传统伦理道德的主导地位和影响力产生了巨大的冲击。

(四)互联网传播彰显出传统伦理规范的滞后

在互联网传播环境中，人们是否遵从道德规范不易察觉和监督，不像现实社会中的传统规范要靠社会舆论、传统习惯、内心信念三者同时来维持，传统的道德规范面对虚拟空间表现出约束力减弱等问题，从而会导致个人自卫能力的降低和互联网信息行为的失衡。

二、互联网传播环境下中国社会伦理现代转化的取向

互联网传播为中国建构了较理想的公共领域，推动了中国公民社会的进程，也孕育了开放、平等、民主等现代伦理精神;互联网传播促使中国传统伦理向公民社会伦理演进,互联网传播使广大民众积极参与到公共事务中,公民社会趋向与公民伦理诉求成了当代中国的基本社会存在境况,从传统社会依附型人格走向公民社会独立型人格成为中国社会伦理变迁和公民伦理趋向的必然;互联网促使中国传统伦理规范向现代伦理规范演进,现代伦理规范体现出权利与义务对等、契约精神、底线伦理等特征;互联网促使中国传统伦理中的优秀成分逐步得到世界性的认同,如我国传统伦理强调的"己所不欲,勿施于人""仁者爱人"等原则成为全世界人公认的基本道德原则。

三、互联网传播促进中国社会伦理现代转化的机理

互联网传播促进当代中国社会伦理现代转化是大数据时代中国社会现代化发展的应然选择,更是一个实然的逐步推进的过程。互联网传播促进当代中国社会伦理现代转化的内在机理体现在以下几个方面。

(一)互联网衍生出中国伦理变迁的矛盾和动力机制

从伦理学的角度审视科学发展对人类信息传播和交往的作用,可以看到每一次新的传播手段的发明和应用都会对人类的伦理意识变革产生影响,对人类的道德规范提出考验。互联网的发展改变了传统的社会生活方式和人的交往与交际方式,形成了现代社会生活世界与传统伦理生存的物质根基的错位与矛盾,衍生出中国社会伦理变迁的矛盾机制。在互联网虚拟生活世界里,传统伦理对于大数据时代的社会生活表现出滞后性,而大数据技术对传统社会结构、组织形式与交往方式的解构,使传统伦理本身与现实社会的偏离愈加明显,导致了现代生活与传统伦理之间的紧张,使传统伦理与宗法血缘关系相照应的、自身难以克服的缺陷明显地暴露了出来。在经历现代化转型后的中国社会中,伦理变革与发展问题比以往任何时候都更加突出。在大数据时代,伦理变迁具有内在的矛盾、动力机制,预制了中国现代化进程中伦理变迁的必然趋势。

(二)互联网为中国伦理变迁奠定了基础

互联网具有虚拟性和广泛的交互性,它把人类的生活空间从现实社会与物理空间带入了虚拟社会和互联网空间,产生了对互联网交往行为提出道德修养的要求,并对现实道德修养的变迁产生了影响。互联网使点对点、一对一的传播成为可能,传者与受者、受者彼此之间形成广泛的、自由的交互关系。交互是非面对面的,在表达观点和情感方面更有灵活性和自由度。一方面,互联网传播环境中的人际关系突破了现实社会中的社会阶层、地位、职业等差别,意味着个体

间更加平等,增强了主体的道德选择、自我评价的能力,拓展和强化了人性中的伦理气质和道德修养。另一方面,互联网也带来了互联网犯罪、人情隔膜、道德权威堕落等问题。互联网伦理道德主要强调开放性、多元性、共享性、自主性、自律性,它虽然是调节人们互联网传播行为的伦理道德,但它的主体并不是互联网,而是现实中的人,互联网只是一个交往的平台和载体。互联网伦理深入到虚拟的世界,但并不是说它调整虚拟的人际行为和人际关系。因为互联网行为不是虚拟的行为,而是人的主体意识、道德选择的结果。互联网伦理是现实伦理的一部分,是现实伦理在互联网领域的延伸和反映。因此,互联网伦理在调整互联网传播行为的同时,促进了现实伦理向开放、自主的现代理性伦理演进。

(三)互联网决定了中国传统伦理向现代公民伦理演进的方向

互联网把中国公民社会的发展置于全球化的背景中,决定了中国传统伦理向现代公民伦理演进的方向。互联网具有高度的自主性、参与性、共享性,推动了全球化的进程。互联网使受众具有全球化的特征,使人们可以获得世界各地的信息而不受时间和地域的限制,全世界的人可以共享互联网上的信息。公民社会、公民身份与全球化的开放性品质密切关联,中国的全球化参与带来的西方的主体性文化精神,如契约精神、民主法制、独立人格等,在中国传统社会结构与生存方式下缺失明显且难以自生,而且这些是与发达的市场经济相映衬的,是现代公民社会必不可少的精神理念,中国全球化的机遇为中国公民社会精神气质与民众的公民意识的生成提供了可资借鉴与汲取的精神文化资源。互联网创设的互联网化生存方式对传统同质性、封闭性社会结构的解构和现代开放的社会生活产生了积极的效应,促进了现代人的个体性与主体人格的充分释解与张扬,这正是公民社会与公民意识形成的基本条件。中国传统的整体至上、重义轻利的伦理精神,一定程度上淹没了个体独立的人格和道德权利诉求。但"公民"与"人民"长期相互通用,"人民"的政治使命与阶级身份覆盖了"公民"的身份特征,使广大成员对自身独立人格、利益与自由的追求缺乏足够的感知与觉悟。随着中国市场经济的发展,互联网带来的互联网化、大数据化、利益多元化的现实机遇,从深层变革了中国传统伦理的基本价值,但并不是全然颠覆了传统伦理价值。体现东方文明的传统伦理中的优质成分,如仁爱、人与自然的和谐等思想,仍是构建现代伦理所需的深厚的资源。

四、互联网传播促进中国社会伦理现代转化的实现

互联网传播促进了当代中国社会伦理的现代转化,如何切实发挥互联网对社会伦理现代转化的积极促进作用,促进形成社会主义的公民社会和公民伦理

确实是值得探讨的问题。应主要从对互联网舆论的适当引导、加强互联网传播法规建设、加强互联网用户道德修养自律三个方面做起。

(一)适当引导舆论

对互联网舆论进行适当引导,促进形成社会主义的公民社会和公民伦理。互联网带来的个体主体自觉、契约精神的彰显,成为构建中国公民社会不可或缺的精神条件,但西方公民社会的具体模式或许根本无法适应东方社会,每一个国家均可根据自身历史、文化与国情,摸索出公民社会的具体路向与形式。公民社会在中国现代化语境下出现和发展,除了中国现代化的现实境遇与变迁为其提供了物质基础,同时也体现出社会主体对现代化道路追寻的努力。中国现代化中的公民社会趋向是实然与应然的统一,只是这个公民社会必须是社会主义的公民社会。

互联网由于其互动性、平等性、开放性、超越时空性等特征,形成了较理想的公共领域,是一种全民参与、网状辩论、空前多元的公共场所,具有超前的开放性、独立性与自主性。就其开放性而言,互联网公共领域跨越时空,打破了传统国家的地域界限,实现了国家与社会的分离;就其独立性而言,互联网使参与者完全摆脱了社会符号的限制以及各种复杂关系的羁绊,成为独立的个体,可以自由发表言论;就其自主性而言,互联网使使用者不再是被动的受众,任何人都可以积极、主动地参与讨论,而且拓展了传统公共领域的内涵,关注内容不仅指向社会政治事务,更关注与现实生活相关的事情,体现了公共领域的探讨对象从传统政治向生活政治的转型。

互联网传播环境是一个多元文化交织的复杂的文化环境。由于传者与受者的广泛性与主动性,在价值导向上,传统媒体有效的调控手段如封锁信息源、控制传播渠道等在互联网中很难实现,因此,应根据互联网形成的公共领域的特点,合理运用议程设置功能等手段,适当加强社会主义核心价值体系对互联网舆论的引导,发挥互联网公共领域构建的积极作用,促进形成社会主义的公民社会和公民伦理。媒介的议程设置功能是指媒介通过反复播出某类新闻报道,强化该话题在公众心目中的重要程度。议程设置所追求的是一种长期的、整体的、宏观的社会效应,因而是媒介导向主流文化的重要手段。互联网具有广泛的互动性,可以影响到更加广泛的受众群体。互联网在时间的快捷、内容的丰富、深度的扩展上比传统媒体有优势,互联网议程设置不仅具有传统媒介议程设置的共性,同时还具有其技术特点所决定的个性。论坛主题的设置是重要的方法之一,可以在论坛内设置不同内容的主题讨论区,根据社会热点、难点问题,邀请相关领域的专家与网友进行网上交流,同时把握互联网传播的特点,将社会主义核心价值的内容和表现形式平等化、具体化、形象化,推动我国优秀传统文化的数字化、互联网化,强化社会主义核心价值体系的引导作用,提高公民的道德选择和判断能力,培养拥护国家和社会制度更加理性、自主、独立的公民,促进中国社会主义公民社会和公民伦理的形成。

(二)加强法规建设

加强互联网传播法规建设,发挥其对社会伦理的促进作用。法律规范包含着一定的道德理念,以道德修养为指向,其作用机制是互相渗透与互相补充的。互联网传播产生了重建现代伦理规范的现实要求,互联网传播规范包括互联网使用者个体规范和行业自律规范,道德规范的约束力毕竟有限,互联网的迅猛发展迫切要求相关法律的保护和规范。借鉴西方互联网的相关法规,我国必须加快对互联网的立法,健全互联网的管理法规制度建设,保障互联网优良的传播环境。

(三)加强用户自律

加强互联网用户的道德修养自律,促进形成现代公民人格。自律是道德修养发展的最高境界。加强互联网使用者的道德修养自律是互联网传播环境中德性建构的有效途径。在"修养自律、技术支持、法律规制"三位一体的立体管制体系中,技术与法律只是手段,互联网使用者的道德修养自律才是根本。互联网使用者的道德修养自律包括个体自律和业界自律,主要指互联网使用者自愿认同互联网规范,以自觉的道德修养对互联网运用行为进行自我约束和自我完善。

第二节 健全媒体管理机制

如何使互联网传播环境呈现健康、和谐的状态,发挥其对道德修养培育的积极作用,是一个必须认真思考的问题。目前,仅靠传统的媒体管理手段和办法已不能适应大数据时代的要求,建立健全互联网管理、监控机制已刻不容缓。

一、互联网管理存在的问题

互联网的快速发展对我国的互联网管理提出了新的要求。目前我国在互联网管理中积累了一定经验,互联网监管机构包括接入监管部门、安全管制部门、内容管制部门等。在监管的内容方面也包含了基础设施的规范、信息服务内容的管理、传播权利的保护、不良信息的整治等方面。当前,我国互联网管理仍存在一些不容忽视的问题,主要表现在以下几个方面。

(一)政府互联网管制权过于分散

互联网治理的主体是政府、私营部门和民间社会。国外政府部门大都成立了相关的机构进行管理,有的是官方机构,如新加坡的传媒发展局,有的是半官方的行业自律组织,如英国的互联网观察基金会。我国互联网治理按照信息形态和内容差异来划分责任主体,实行多部门管理,因此造成多部门职能交叉的问题,管理效率较为低下,加大了监管成本,执法责任不明确。

(二)互联网管理政策制定和实施滞后

互联网管理中普遍存在政策措施明显滞后的现象,管理规范跟不上互联网技术应用发展的步伐,原有的部分政策规定已不适应发展变化的新情况。

(三)重内容规范管理,轻产业发展推进

目前互联网管理多侧重从信息服务和内容管理的视角制定政策,没有站在整个产业发展的高度去规划互联网行业的发展,使我国互联网发展呈现出数量众多、质量不高、整体行业和产业发展缺乏整体规划的弱点。

(四)侧重信息整治和安全,与互联网整体价值失衡

互联网是一个崇尚个人自由的领域,更多的是一种积极的变革力量,从现有法律法规来看,国家有关部门集中开展对互联网不良信息、互联网上网服务营业场所(网吧)、网络文化市场、网络游戏的监管和整治行动。我们目前的管理更多地注重互联网安全维护和信息内容的管理,而忽视了网络新媒体行业蕴藏的无限可能。由此,国家有关部门应该把着眼点放在网络新媒体积极的一面,积极引导网络新媒体行业引领传媒变革,开创新的产业业态和经济增长点。

二、创建与互联网发展相适应的管理机制

针对我国互联网管理存在的问题,互联网管理既要尊重互联网发展规律,也要借鉴国外互联网管理的成功经验,积极探索我国互联网社会管理的模式和机制。

(一)建立立体联动的管理与监控机制

建立政府为主导、社会为主体、互联网用户参与的立体联动的互联网管理和监控机制。根据我国互联网的发展状况和我国社会管理的实际情况,参照国外相关经验,互联网管理需要建立政府为主导、社会为主体、互联网用户参与的互

第七章 大数据时代大学生道德修养培育的环境优化

联网管理和监控机制,即政府通过制定法规、加强监管发挥主导作用,社会、互联网企业通过行业自律发挥加强互联网自身建设和对相关法规的执行情况进行监督反馈的主体作用,互联网用户通过个体自觉、自律地参与互联网活动及对互联网运行情况的监督反馈,发挥对互联网建设的参与、反馈作用。

在立体的互联网管理机制中,政府为主导、社会为主体、互联网用户参与三者之间相互关联,构成联动机制。其一,政府为主导是第一位的先决条件。政府必须通过完善互联网管理法规,从法律和规章制度的角度对互联网管理予以立法,使互联网管理有法可依、有章可循。同时政府要通过明确互联网监管部门及其职责和权限、完善管理办法等措施提高监管的力度。政府还要积极听取互联网行业、企业以及互联网用户对互联网管理和建设反馈的意见和建议,提高互联网管理的实际效果。政府通过互动网站、邮箱、论坛等搭建有关互联网建设的互动平台,使政府、社会、互联网用户成为一个立体、互动的互联网监管体系。其二,社会为主体是其主体性作用的决定条件。这主要指互联网行业、企业通过行业和企业自律,自觉遵守互联网管理法规,做到社会效益和经济效益兼顾,注重管理理念和技术的创新,自觉营造积极健康的传播环境;同时积极向政府有关部门及时反馈互联网管理的意见和建议,促进互联网管理法规的制定和完善,促进互联网管理水平的提高。其三,互联网用户的自觉自律参与是基础性的中心条件。互联网用户的自觉自律参与是整个互联网管理体系中的基础性的中心条件,因为互联网的特点使得广大互联网用户可以自由参与到互联网传播中,互联网传播环境的维护主要依靠用户的自律。而用户对网站及管理规章的执行情况可以通过与政府和互联网企业的互动进行监督、反馈,互联网管理更强调政府、社会和用户各方的互动和协调配合,是一种多向互动的管理。

(二)形成新型管理体系

形成统分结合、相对集中、职责明确、权责一致的管理体系,提高互联网管理的成效。国外对互联网的管理主要分为经济性管理和社会性管理。国外目前有代表性的互联网舆论管理模式有四种:政府立法管理,技术手段控制,互联网行业、用户自律,市场规律的自行调节。具体到我国国情,对于互联网内容管理体系的建设,需要考虑三个原则:一是整合性管理原则,二是层次性管理原则,三是兼容性管理原则。

我国互联网管理要坚持"积极利用、科学发展、依法管理、确保安全"的方针。借鉴国外的经验,努力形成统分结合、相对集中、职责明确、权责一致的管理体系,提高互联网管理的成效。一是形成相对集中统一的互联网管理体系,尝试共同管理。目前,我国的互联网治理仍然是由多个部门分散管理的,我们要整合过于分散的互联网管理部门,把职能相对地集中在几个部门,明确主导者和协作者,同时完善地方互联网管理部门的管理机制。互联网管控运营的权力要由中央统一管理,避免失去互联网的传播优势和舆论社会监督的积极效果。二是完善互联网管理的法律法规体系。发达国家政府通过立法奠定了互联网管理的基础。我国围绕互联网管理出台了一系列法律、法规和规章,但仍然滞后于大数据产业的飞速发展。要加快建立健全相关法律法规体系,为互联网信息安全提供良好的法律环境。三是加强行政管理、技术研发和新技术手段建设。行政手段包括信息过滤与封堵、内容审查制、网站注册制等。探索建立互联网信息内容监测指挥系统,与其他相关部门资源共享,更有效地全面监测管理。四是促进互联网行业自律。倡导网民自律,从源头上保证互联网的良性发展。行业自律和网民道德修养自律是发达国家互联网治理普遍采用的一种手段,行业自律指行业内对国家法律法规政策的遵守和贯彻,是行业内的行规,行业以此来约束自己的行为。

三、加强互联网传播的伦理规范建设

大数据技术以迅雷不及掩耳之势进入了人们的生活,与互联网的快速发展相比,伦理规范的滞后性表现得比较明显。

(一)互联网传播的伦理规范建设存在的问题

互联网传播的伦理规范建设的滞后,在一定程度上助长了大学生的互联网文明失范。与传统法律相比,互联网立法存在着许多现实的困境。一是法律主体难以确定。现实社会的法律要求在知道起诉对象真实姓名、真实身份的情况下才能够起诉。但是由于互联网本身的虚拟性,可以让任何法人、任何自然人以非真实的代号上网,这就造成起诉困难。二是法律责任及其程度难以界定。这是一个很难界定的问题,也是目前互联网立法的盲区,这个问题没有解决好,法律的审批过程将无从进行。三是互联网立法工作相对滞后。从世界范围来看,互联网立法的进展还是相当迅速的。然而,从整体来看,与互联网社会的迅猛发展相比,立法工作还是相对滞后的,同时也是不完善的。自互联网问世以来,我国相继出台了多部针对互联网的法律法规,虽然我国有很多部门参与了互联网的管理,制定了较丰富的互联网管理法规系统,但在实际的互联网管理中仍然存在很多问题,造成立法滞后和执法困难。互联网的立法滞后和执法困难主要是由于下述原因造成的:①互联网本身的特征使得现实社会的立法工作总是滞后于互联网的发展。②立法的权威性、系统性缺乏。我国互联网立法存在着立法主体多、层次低,缺乏权威性、系统性和协调性的问题。③很多颁布的行政法规

第七章 大数据时代大学生道德修养培育的环境优化

过多、过泛,有可能导致不同的法规产生冲突,使得互联网行为在法律约束上出现很多漏洞。要根据互联网自治性的特点,严格地按照立法程序来健全互联网管理的法律体系,真正做到立法完备、约束力强、执行有据。

(二)健全和完善互联网传播的伦理规范

为了确保互联网文明建设的成效性,我们必须以法律作为强有力的后盾,将法律的"他律"与网民的"自律"结合起来,从多层面、多维度推动互联网文明的发展。要进一步加强互联网的伦理规范建设,可以从以下几个方面着手努力:一是建立互联网社会行为监控机制。建立互联网社会的监察与执法机构,对网民的虚拟行为加以强有力的监督,对不道德的行为给予及时有效的惩戒。二是加强和完善互联网的伦理规范建设。近年来,我国的互联网立法已经取得了阶段性成果,互联网法规已渐现框架体系,但仍不够集中、系统,缺乏可操作性,还不能满足互联网社会的需要。因此,我国的互联网法治建设还须加大力度,在已有互联网法规的基础上制定一部全面的"互联网法",以规范互联网社会的种种行为。三是健全互联网执法队伍,维护互联网安全。法律如果只停留在文件上而没有相应的执行和监督机构,就会成为一纸空文。面对高科技犯罪的互联网犯罪,互联网执法队伍的力量相对薄弱,健全互联网执法队伍迫在眉睫。四是加强对大学生的互联网伦理规范教育,让学生了解、认同和遵守互联网伦理规范。

四、创新互联网管理技术

互联网安全问题不仅仅是立法的问题,它的执法必须要有技术手段,现代科技手段和互联网社会建设的法治化、道德化是相辅相成、相互促进的。因此,我们要加大对大数据技术的研究、开发和应用力度,保障互联网社会信息的"纯净度"和正常的传播使用。互联网作为一种新兴事物,自身还有许多不完善的地方。互联网的安全水平远不够成熟,解决技术上的难题是互联网社会面临的首要问题。加强互联网的技术管理,可以采取以下具体措施。

(一)利用防火墙技术

利用防火墙技术,可以有效地过滤掉一些垃圾信息,对于一些不道德的行为进行有效的制止。

(二)利用口令设置和数据加密技术

加密技术可以有效地防止一些重要信息被篡改、复制、污染等,目前,口令设置、加密技术用于规范互联网社会中出现的伦理问题已成为趋势。

(三)利用数字认证等新技术

数字认证技术是互联网社会建立身份认证系统的可行方案,出于各方面的原因和安全性的考虑,需要对网民的真实身份进行确认。生物统计学身份识别技术主要包括指纹、虹膜、视网膜扫描以及语音识别等,广泛应用身份识别技术,可以有效防止互联网社会中负面行为的发生。

(四)实行实名制

为了更好地管理互联网,近年来各国尝试推行实名制。在美国,用户在社交媒体可以用真名,也可以用假名。美国的法律保护个人发表意见的自由,目前没有专门的法律限制用户在社交媒体用假身份发表意见。在韩国,政府则通过互联网实名制对社交媒体进行管理,使之有序发展,同时要求服务商保护个人信息安全。我国的实名制在实际推行过程中收效甚微,原因是没有一个有效的技术手段来保证其可靠性。

第三节 优化校内道德修养培育环境

互联网的发展、普及给大学生道德修养培育工作带来挑战与机遇,高校校园网等互联网作为与学生接触最密切的互联网之一,对学生的影响很大,高校如何加强校园网建设和管理,发挥其对学生教育的积极作用,值得思考。

一、完善校园互联网管理制度

高校互联网道德修养培育工作是一项系统工程,必须按照互联网发展的客观规律,周密组织,科学管理,以保证这一全新工作领域能够健康有序地发展。要不断完善各项管理制度,使每项工作有章可循、有规可依,从而形成互联网道德修养培育工作的政策体系。

(一)加强制度管理

规章制度作为校园互联网安全管理的一项核心内容,应始终贯穿于系统的安全生命周期。互联网安全管理制度应包括确定安全管理等级和安全管理范围、制定互联网系统的维护制度和应急措施等。要坚持实名制原则,严格把好用户注册和发表信息关,保证网上信息有源可查,确保信息的安全性、可靠性。

(二)加强人员管理

互联网安全管理中,要加强管理人员、使用人员的安全防护意识,有效地消除内部隐患。在日常管理中,人员分工要明确,用户管理、密码管理、权限管理、信息发布等要责任到人,以保证系统的稳定运行,同时要加强技术人员的学习和培训。

(三)加强危机管理

互联网安全管理中,要加强危机管理,建立互联网故障紧急处理预案,制定实施系统备份计划,做好完整的数据备份。实施二十四小时的互联网监控值班和技术值班,确保事故处理的每一个环节到位,保证互联网的稳定运行。

二、综合运用技术、行政和法律手段,加强校园互联网管理

在加强校园互联网管理方面,要综合运用技术、行政和法律手段,努力创造优良的校园互联网传播环境。

(一)运用技术手段加强校园互联网管理

目前,常用的互联网安全技术主要有防火墙技术、入侵检测技术、防病毒技术、安全审计技术等。由于互联网存在虚拟性和隐蔽性,为防止不良信息传播造成危害,要对互联网信息内容进行积极监控,要依法利用大数据技术及时删除不良信息和违法信息,避免对大学生产生消极影响。高校要加强校园内部信息互联网系统建设,为内部管理及信息保密提供互联网技术支持。

(二)运用行政和法律手段加强校园互联网管理

高校互联网技术管理部门要根据国家互联网和校园互联网管理的有关法规,结合高校实际情况,制定本校的"校园互联网管理制度"。切实抓好校园网站的登记、备案工作,落实用户实名登记制度,加强校内网站与互联网用户的统一管理。高校校园网 BBS 论坛和留言板要严格实行用户实名注册制度,校园网 BBS 论坛要有专门的管理员负责,开通期间管理员不得离岗,实行轮流值班制度,及时发现和删除各类有害信息。对在校园互联网中传播有害信息的人员,要依据国家法律和高校的管理制度追究其责任,给予一定惩罚。要加强网上互动交流的功能,切实建设和管理好网站论坛、聊天室、虚拟社区等栏目,使之成为高校及时了解大学生道德修养情况并解决大学生关心的理论问题和实际问题的重要途径。

三、培养校园互联网管理人才

高校党委宣传部门应设立校园互联网管理工作专门岗位,专职负责高校主网站新闻信息发布和日常建设维护。高校互联网技术管理部门和各部门都要配备必要的专业互联网技术管理人员,提高校园互联网技术管理水平。要加强校园互联网管理工作队伍培训,健全互联网通讯员队伍和网上评论员队伍,建立、完善互联网管理工作考评激励机制,提高互联网工作水平。要充分发挥党政干部、团员干部、互联网专家、教师和学生骨干在高校互联网建设中的生力军作用,形成人人关心、人人参与、人人支持的高校互联网建设的良好氛围,促进高校互联网建设的快速、健康、协调发展。

四、引导大学生的文明上网习惯

为了维护互联网的安全,我们还应当注意培养大学生文明上网的行为习惯。只有他们的行为文明,才最有可能确保互联网的安全。培养大学生文明上网的行为习惯,主要从以下几个方面做起。

(一)引导大学生辨别善恶美丑

在互联网上,人们的行为没有传统社会道德、法律、舆论的约束,日常生活中被压抑的人性中假恶丑的一面,会在这种无约束或低约束的状况下得到释放和宣泄。这些宣泄有可能危害到互联网安全。应通过加强大学生社会主义核心价值观教育、公民道德修养培育、道德选择教育,引导学生以社会主义核心价值观为标准,学会辨别虚拟空间的善恶美丑、道德与负面行为,能在多元的价值观和繁杂的信息中进行正确选择,自觉抵制不良信息的冲击和影响,自觉维护虚拟空间的优良环境。

(二)要求大学生遵守互联网法规

大学生作为大数据时代的高素质网民,应当知法、懂法和守法,这也是现代社会一个公民的基本素质。青年大学生应养成良好的互联网行为习惯,通过开展广泛深入的教育活动,引导大学生树立以遵守法规为荣、违反法规为耻的意识,树立权利与义务对等的意识,树立规范和责任意识;通过组织大学生学习国家关于互联网管理的法律法规,引导大学生自觉遵守互联网管理规范,并能够制止违反互联网规范的行为,引导大学生通过"内省"的方法,提高自我约束力,提高大数据时代的道德自律能力,养成文明的互联网行为习惯。

(三)引导大学生主动净化互联网传播环境

大学生是互联网的主体,要积极运用互联网帮助自身奋发向上、丰富自身知识,做互联网中的主人。通过对大学生进行媒介素养教育,提高大学生的媒介信息辨别和媒介运用能力。教育大学生不但自身不接触有害信息,还要动员身边的人远离有害信息。在参与论坛讨论和跟帖的过程中,主动发布正面信息,自觉做积极正面的舆论参与者。有理有据地驳斥虚假和错误言论,主动净化互联网传播环境。在硬件方面,高校要安装防护软件,力求从源头上阻截不文明信息入网。在软件方面,高校要加强校园网建设和校园文化建设,丰富大学生的课余文化生活,让他们在第二课堂中潜移默化地受到教育。

第八章　大数据时代大学生道德修养培育的队伍创新

道德修养培育队伍的建设情况对道德修养培育实施的效果具有重要的决定作用,大数据时代对道德修养培育队伍的建设提出了新要求。应根据大学生道德修养培育的新变化,拓展道德修养培育队伍的构成,抓好管理队伍、培育队伍、舆论引导队伍的建设,提高队伍的整体素质,以适应大数据时代大学生道德修养培育创新和发展的需要。

第一节　大数据时代大学生道德修养培育队伍建设创新的指导理念

互联网的快速发展使传统道德修养培育队伍无法适应并满足大数据时代大学生道德修养培育发展的要求,给道德修养培育队伍带来了前所未有的挑战。在新形势下,必须以社会主义核心价值体系为指导,丰富道德修养培育队伍的构成,加强道德修养培育队伍的建设,不断提高道德修养培育队伍的素质,只有这样才能适应大数据时代大学生道德修养培育创新发展的需要。

一、坚持以社会主义核心价值体系为指导

在信息化、全球化的时代背景下,我国社会主义文化受到西方意识形态、文化思潮的冲击和挑战,人们的价值取向多元化,思想活动的独立性、多变性、选择性和差异性较为突出,而这种情况在互联网空间中表现得更为突出。这些都影响着社会主义文化思想对人们的凝聚力和整合作用的发挥。社会主义社会要用共同的价值理念凝聚人心,形成全社会认同的理想信念和道德规范,就必须有占据主导地位的社会主义核心价值体系,从而以主流的价值取向引导全社会的价值取向,统一人们的思想和行为。互联网创设的虚拟与现实共存、价值观多元的环境,对我国传统道德修养培育的一元主导思想和人们的价值观带来了冲击,同时对道德修养培育工作者提出了更高的要求。道德修养培育队伍建设只有坚持以社会主义核心价值体系为指导,才能保证在大数据时代,道德修养培育队伍能在复杂多变的环境中坚持正确的方向,能够对大学生进行正确的引导,保证道德修养培育目的和效果的实现。

二、丰富道德修养培育队伍的构成

道德修养培育队伍是实施道德修养培育的主体,是对大学生进行道德修养培育、实现道德修养培育目标的保证。大数据时代的到来扩展了道德修养培育队伍的组成,互联网管理队伍、高校道德修养培育队伍、互联网舆论引导队伍成为大数据时代大学生道德修养培育队伍的主要组成部分。

互联网管理队伍是大数据时代重要的道德修养培育力量。目前,我国互联网管理队伍主要包括宣传、广电、通信、公安、安全、教育、文化等政府部门的互联网管理人员,社会专业网站的管理和技术人员,社会团体、学校的互联网管理人员。随着大数据技术的不断发展,这支队伍将不断扩大。

互联网舆论引导队伍是大数据时代新兴的道德修养培育力量。舆论是公众关于现实社会以及社会中的各种现象、问题所表达的信念、态度、意见和情绪表现的总和,具有相对的一致性、强烈程度和持续性,对社会的发展及有关事态的进程产生影响,其中混杂着理智和非理智的成分。大数据时代,对大学生进行正确的舆论引导显得尤为重要。在舆论引导队伍建设方面,主要是建立现代化的信息快速反应队伍,监控舆情和突发事件,培养一批"意见领袖"来引导舆论。从舆情事件形成过程来看,一般都是先有热点、焦点和重大事件,然后才有互联网使用者的关注、意见等,要做到初期的防微杜渐、中期的疏通和事后的弥补。在传播过程中,常有少数人是消息和影响的重要来源,这部分人对相关事情有更多的了解,他们在一般网民中发表一些信息和表达自己的看法,能对普通人产生影响,这些人就是舆论领袖,舆论领袖又称"意见领袖"。我们在进行互联网舆情引导和管理中,要把培养和争取"意见领袖"作为一项长期工作,关注现有"意见领袖",争取为我所用,同时培育我们自己的"意见领袖"来引导互联网舆论。在高校的 BBS 论坛中,网络编辑、网络管理员、BBS 版主、BBS 评论员和高校思想教育工作者都充当着"意见领袖"的角色。为更好地做好舆论引导工作,还需要建立专业的民意调查机构和专业调查队伍,确保在第一时间及时报送事态发展情况。同时为了持续跟踪人们思想情绪的波动变化,多角度、多侧面掌握群众的思想反应,从而提出舆论引导的对策、建议,在调查数据的基础上进行科学决策十分重要。

高校道德修养培育队伍是大数据时代道德修养培育的主要力量。随着时代的发展,高校教育工作者也要不断地进步,发挥其创新道德修养培育的重要作用。一是培养一支思想政治理论素质和信息技术兼具的骨干力量;二是把握宣传教育工作规律,建立一支以大学生辅导员为主体的专职队伍,具备使用互联网较为独立地开展道德修养培育工作的能力;三是依照分类,建立一支包括网络版主等互联网使用人员在内的大学生管理队伍,充分调动大学生在利用互联网开展工作方面的能力,从而与前两支队伍配合,逐步建立起覆盖面广、活动能力强的立体化互联网管理格局。培养、造就一支道德修养和信息技术兼具的辅导员队伍是道德修养培育互联网载体运用的当务之急。首要的任务是培养一批既掌握信息技术又具备扎实道德修养培育学科功底的专门人才,有效的途径是选拔具备一定信息技术基础的道德修养培育学科骨干和高校辅导员并对他们进行专门培养。

三、明确道德修养培育队伍的素质和能力要求

互联网管理队伍、高校道德修养培育队伍和舆论引导队伍虽属于不同的社会行业,职能岗位也多种多样,但在道德修养培育方面他们的作用是相辅相成的,绝大多数岗位素质和能力要求有共性的一面。

(一)道德修养培育队伍需具备较高的道德素质

互联网传播的特殊性决定了道德修养培育工作者必须具有崇高的社会责任感、优良的思想作风和工作作风。就互联网工作者来说,一是必须增强道德责任感,正确处理传播事业的经济效益与社会效果的关系。根据建设社会主义精神文明的需要和对大学生开展道德修养培育的要求,在选择、传播信息时,要考虑和关注其社会效果和社会作用。二是提高道德自律性,使自己的传播活动成为包括大学生在内的每个社会成员道德建设的推动力。就高校道德修养培育工作者来说,要身体力行自己所倡导的道德规范,做社会公众道德的典范,做大学生的道德楷模,只有这样,才能为人师表、引人向上、催人奋起。大数据时代道德修养培育的特殊性和重要性决定了道德修养培育工作者要思想作风端正,具备踏实、认真的工作作风,只有这样,才能保证工作精力的投入,才能创造性地做好大数据时代的道德修养培育工作。

(二)道德修养培育队伍需具备较全面的知识素质和管理能力

知识结构包括基础知识和专业知识,无论是互联网管理者、高校的道德修养培育工作者还是舆论引导队伍,都必须具备合理的知识结构。互联网工作者要掌握哲学、历史学、美学、行政学、计算机科学、信息控制论等基础知识和传播学、管理学等知识。就高校道德修养培育队伍来说,必须具备合理的知识结构和较高的综合素质,并掌握互联网的相关专业技能。舆论引导队伍同样如此,舆论引导是一项政策性很强的工作,所涉及的舆论话题也是千差万别,也就要求"意见领袖"们能够具备广博的知识,分析问题深刻,有独特见解,观点积极向上,在互

动中能够影响和感染其他群体,正确引导舆论。同时,道德修养培育队伍还必须具备较强的组织管理能力,包括人际交往沟通、理解、分析和解决问题的能力。无论是互联网管理人员、高校道德修养培育工作者还是互联网舆论引导人员,都必须理解内部和外部环境的复杂程度,时刻关注互联网空间和现实中的变化,通过合理的判断做出理性的决定,迅速对周围环境的变化做出正确的反应。

第二节 大数据时代大学生道德修养培育队伍建设创新的途径

根据大数据时代道德修养培育队伍的构成情况,主要从互联网管理队伍建设、互联网舆论引导队伍建设、高校道德修养培育队伍建设三个方面创新道德修养培育队伍建设。

一、互联网管理队伍建设创新的途径

互联网管理队伍对于道德修养培育创新起着至关重要的作用,建设一支以既懂技术、懂新闻又会经营、善管理的复合型人才为主的,政治强、业务精、纪律严、作风正的互联网管理队伍,既是时代对于互联网管理者的迫切要求,更是大数据时代道德修养培育创新发展的迫切需要。

(1)发挥宣传、教育等政府部门的主导作用,重视和加强互联网管理队伍建设。政府部门在互联网管理队伍建设中应发挥积极的主导作用,通过制定制度、政策和资金支持等措施,促使互联网企业和社会团体重视互联网管理队伍建设,保障互联网管理队伍建设的顺利开展。宣传、教育等政府部门可以通过制定《互联网管理人员持证上岗制度》等办法,促使社会各部门和互联网企业加强对互联网从业人员的培训,从而提高互联网从业人员的整体素质。通过制定奖惩政策,对在互联网管理队伍建设方面做出突出成绩的单位给予物质和精神奖励,以鼓励和调动各部门和单位加强互联网管理队伍建设的积极性和主动性。

(2)发挥社会网站等互联网企业和社会团体的主体作用,加大互联网管理人才的培养力度。要实现人才培养战略,搞好整体性互联网人才资源开发,就必须改革和完善人才的引进、培养和选拔制度。在人才的引进上,要强调岗位的高起点,面向实际岗位需求,要把引进人才的重点放在高层人才、紧缺人才和关键岗位人才上,尤其是要引进跨学科、多门类复合型人才。要制定和实施吸引高层人才的优惠政策,建立人才专用基金,以资助人才引进。要进一步更新观念,开放政策,拓宽渠道,打破地域、身份界限,努力创造优秀人才脱颖而出的环境。在引进人才的同时,要注意稳定和使用好现有人才,不断完善人才培养、使用、考核制

度,建立客观公平的竞争和激励评价机制,坚持重点培养与普通提高相结合,发挥群体人才优势。对有发展前途的人才,要大胆委以重任,重点定向培养。努力建设一支高素质的互联网管理队伍。

二、互联网舆论引导队伍建设创新的途径

舆论引导工作是一项政策性很强同时挑战性也很强的工作。因此,舆论引导队伍需要具备较高的政治素质、爱岗敬业、强烈的责任心和事业心,且较宽的知识面、熟悉互联网应用技术等素质也是理应具备的。然而,目前无论高校还是整个社会,舆论引导工作人才紧缺已成为制约这项工作的瓶颈。必须从战略高度重视和规划队伍建设,按照"提高素质、优化结构、主动建设、相对稳定"的要求,建立一支思想水平高、业务能力强,由相关部门人员、高校师生构成的舆论引导队伍。概括来讲,舆论引导队伍包括两个部分:常规性舆论引导队伍和非常规性舆论引导队伍。

(1)加强常规性舆论引导队伍的选拔、培养和管理。常规性的舆论引导队伍是由各相关部门和高校按照相关素质要求组建的,由本系统和本单位中道德素质和信息素养较高、文字表达能力较强的相对比较稳定的关注舆情的一部分人组成。以网络信息员和网络评论员为例,网络信息员是由各单位、各部门按照相关要求确定的,负责本部门信息资源的建设与管理工作,主要工作内容包括信息的整理、发布与备份,部门网站的维护与更新,本单位网络的安全、保密管理等工作,部门不同职责也不尽相同。网络评论员从本系统或本单位中道德素质较高、信息技术熟练、文字功底强的人中选拔产生。各高校网络评论员主要从高校党委宣传部、学生处、团委、教务处、网络中心、招生就业处、思想政治理论教学部和教学院系等单位工作的干部和部分学生干部中选任。

网络信息员和网络评论员选拔确定后,首要的任务是对他们加强培训。培训的方式可以是集中学习、交流研讨、定期会商和专题辅导等。培训内容包括:①加强计算机、网络技术等业务技能方面的培训,不断提高业务素质,特别是网上交流、引导的能力。②加强道德修养培育以及政治理论、形势与政策等方面的培训,不断提高思想政治素质、政策理论水平和对政策、措施准确把握的能力。③加强文字能力的培训,不断提高文字交流和表达水平。④加强多学科知识的培训,不断拓宽知识面,提高综合素质。对于网络信息员来说,能够敏锐地发现网络上的舆论动态,对网络舆论披露的相关信息进行分析、整理,并将信息及时报送有关部门的领导是最基本的要求。对于网络评论员来说,如何坚持正确的舆论导向,贴近实际、贴近生活、贴近网民,增强工作的针对性、实效性,针对网民的评论,利用上帖、跟帖等短、平、快的方式,正确引导网上舆论是最基本的要求。

同时，如何针对一个时期的热点、焦点问题，及时组织撰写评论分析文章，形成网上正面舆论强势，也是网络信息员和网络评论员需要具备的基本素质。

加强对网络信息员和网络评论员等常规性舆论引导队伍的管理，需要制定相应的管理制度，明确职责与任务，对信息报送的时间、方式、内容等做出规定，对网络评论员等人员在网上撰帖、发帖及帖子内容符合的基本原则等提出要求。同时还可以聘任网络信息员和网络评论员等常规舆论引导人员担任网站栏目主管、板块版主等，参与网站等的制作、管理与维护，及时有效地引导舆论。可以通过定期组织开展"优秀网络信息员""优秀网络评论员""优秀版主"评选等活动，调动他们的积极性。

（2）要注重非常规性舆论引导队伍的培养。由于互联网的受众身份、职业、经历各不相同，所关注的话题也差异极大，由此造成舆论的多元化和分散性。在某个舆论焦点出现后，也会出现一些除常规舆论引导队伍外的"舆论领袖"，例如一些专家、学者等。这部分人对舆论事件的发展起到举足轻重的作用，但是这部分人不是选拔出来的，而是因为他们在某方面具有特长和优势，或者擅长对突发事件做理性分析，或者经常爆料一些奇闻轶事，进而在网民中有较大的影响力。对于这些舆论领袖，平时要善于团结他们，让他们参与一些正面的报道和讨论，有时可以邀请他们参与传统主流媒体举办的论坛等活动，培养他们的社会责任感，在突发事件的发展过程中，给他们以正确的引导，让他们担负起舆论引导的责任。

（3）做好常规性舆论引导队伍和非常规性舆论引导队伍的协调配合，共同做好大数据时代的舆论引导工作。加强互联网舆情调研，做好网上评论工作，要建立主动出击、正面引导、统一协调、反应灵敏、高效畅通的网上舆情收集和反馈机制，促进常规性舆论引导队伍和非常规性舆论引导队伍的密切配合，优化互联网空间的舆论环境，发挥其对舆论引导的积极作用。

三、高校道德修养培育队伍建设创新的途径

高校要培养一批具有较高互联网素养的专职道德修养培育工作者、党政干部和骨干教师作为高校道德修养培育队伍。这支队伍的成员除了必须具备较高的道德素质、合理的知识结构和较强的能力素质，更要对互联网的功能、性质和特征有充分的认识和了解，真正把握互联网对大学生的积极和消极影响，要充分了解互联网的舆论导向和运作机制，要学会运用互联网作为道德修养培育的利器，教育大学生趋利避害。大数据时代大学生道德修养培育队伍建设要做好以下几方面的工作。

(一)高标准选人,把好入口关

要建设一支素质优良、业务精湛的高校道德修养培育工作队伍,必须把好入口关,建立科学有效的选人制度。按照大数据时代道德修养培育队伍的素质要求,制定科学的选择标准,成立由人事处、组织部、学生处等部门参与的选拔小组,面向全国公开招聘。采取笔试、面试、公开答辩等措施对选拔对象进行筛选,择优聘用。实施教师持证上岗制度。

(二)建立科学的考核和激励机制

要严格管理,完善考核制度,将道德修养培育工作者运用互联网创新道德修养培育的情况作为一项重要考核内容。考核要坚持"三结合":平时考核与年终考核相结合、领导考核与大学生评议相结合、定性考核与定量考核相结合。考核结果作为评优、晋升、提职的重要依据。建立科学的激励机制,使在工作中做出突出成绩的先进集体和先进个人获得应有的奖励,享受同等劳动模范的待遇,在职称评定、工资调动等各个方面予以倾斜。

(三)重视培养,提高信息化素质

教育部门和高校要制定培训规划,建立分层次、多形式的培训体系。做到先培训后上岗,坚持日常培训和专题培训相结合。要着力提高道德修养培育工作者的信息技术水平和应用能力,这是大数据时代大学生道德修养培育工作队伍建设的重要环节。要加强道德修养培育队伍信息技术运用的培训,开展大数据时代道德修养培育理论与实践的研究,探索道德修养培育工作的新途径、新方法,努力培养一支既具有较高的道德修养水平,又熟悉信息技术的道德修养培育工作队伍。

(四)培养道德修养培育队伍的创新素质

信息技术发展迅速,道德修养培育工作者需要不断学习、创新,才能适应大数据时代的发展。为此,应注重提高道德修养培育工作者的学习能力和创新素质,使其拥有创新精神、创新思维和创新能力,善于研究大数据时代遇到的新情况、新问题,创新道德修养培育方法,提高道德修养培育效果。

第九章 大数据时代大学生道德修养培育的具体途径

教育途径是实现教育目的的重要环节,大数据时代大学生道德修养培育应根据大数据时代要求和互联网的特点创新教育途径,提高教育的针对性和实效性。笔者认为,创新大数据时代大学生道德修养培育的途径,应着重从以下几个方面入手:注重大数据时代大学生道德主体的建构,强调道德自律;加强大数据时代的现代伦理规范建设,发挥规范的引导和约束作用;加强大学生媒介素养教育,提升大学生对媒介信息的鉴别和运用能力;加强互联网与传统媒体的通力合作,发挥媒体的道德修养培育功能。

第一节 注重大数据时代大学生道德主体的建构

一、大数据时代大学生的特点

大数据时代对大学生的道德修养、心理和行为都产生了较大的影响,大数据时代大学生表现出一些与以往不同的特点,主要表现为观念开放、行为自主以及身份匿名。

(一)观念开放

当代的大学生通过 QQ、BBS 等互联网工具可以广泛地交友,自由地发表自己的观点,互联网的开放性使学生受到多元价值观的影响,形成了较为开放的观念。

(二)行为自主

现实物理空间中,大学生接受教育往往是靠教育者的单向灌输为主,行为受到外部规范的制约,有一定的强制性。由于虚拟空间的无中心设计,每个人都是平等的,行为不受任何人的约束。大学生具有选择教育内容和是否接受的权利,不受外部强制力量的压制。

(三) 身份匿名

互联网的虚拟性使得学生不用担心暴露自己的身份,只要技术可以,自己可以做想做的任何事。外在约束性的降低使大学生面临更多的诱惑,对大学生的道德修养自律提出了更高的要求。

二、大数据时代大学生主体性道德人格的生成

大数据时代中充斥着各种价值观,多元化的信息缺乏道德价值的整合,大数据时代中的人容易处于一种道德上分裂、冲突、无序的状态中,容易在道德上无所适从,甚至丧失道德意识和道德判断能力。信息资源处于劣势的国家与民族的优秀传统文化往往受到冲击而被消解,道德上的冲突与无序更为突出。我国是一个信息资源不占优势的国家,在大数据时代中所要承受的道德矛盾是比较尖锐的,个人如果没有较强的独立自主的道德选择和判断能力,可能会在大数据时代中迷失方向。因此,培养具有独立人格、理性道德判断和选择能力的人,是大数据时代对道德修养培育的要求,大数据时代迫切需要培养大学生的主体性道德人格。

(一) 大数据时代主体性道德人格的主要特征

大数据时代主体性道德人格的主要特征体现为自主性、自律精神和创造性。自主性是主体性道德人格的显著特征。自主性是指个人的思想和行为不受外部力量所左右,能够通过独立和理性的反思形成自己的目标,自由地做出选择。在大数据时代,自主性主要表现为自主判断与自主选择能力。大学生面对互联网中海量繁杂的信息,如果不会判断和选择,就会被泛滥的信息所淹没,丧失判断和选择能力。自律精神是主体性道德人格的重要内容。这里的自律主要是指道德修养自律,即道德主体自愿地认同并践行社会道德规范,把被动的服从变为主动的律己,化外部的道德要求为自己内在的自主行动。大数据时代中,人与人之间是匿名的、虚拟的交往,人们很容易做出一些现实中不敢轻易尝试的事情,在虚拟空间中,以"慎独"为特征的道德修养自律显得尤为重要。创造性是主体性道德人格的表现。德性创造体现为人在道德情境中根据现实情况自主地、独立地进行道德思考、判断,做出适当的道德选择。大数据时代使人们遇到一些新的道德情境和道德关系,有时原有的规范不再能衡量和解决新问题,这就需要根据新的道德情境,创造新的道德规范。

(二)大数据时代主体性道德人格培养的路径

根据大数据时代的传播特点和规律,大数据时代主体性道德人格培养的路径有以下几个方面。

1. 提升大数据时代大学生的道德主体性意识

大学生具有强烈的求知欲和探索精神,喜欢别出心裁和标新立异,他们对别人的思想有时甚至持过分怀疑和批判的态度。大学生的这一身心发展特点为主体性道德人格的培养提供了有利条件。大数据时代为我们保护和引导大学生的自主性需求,给予学生道德选择的自由,并进一步提升其自主性的需求创造了条件。

2. 在教育方法上坚持平等对话

对话式教育方法,主要是指师生在相互尊重、信任和平等的立场上,通过言谈和倾听进行双向沟通的方式。在教育过程中,运用信息化平台,建立平等、尊重、信任的师生交往关系,师生互相敞开心胸,倾听、接纳对方,在共同参与、合作、投入的交往活动中,实现师生德性的共同成长。

3. 重视价值冲突的教育意义

大数据时代中充满了价值冲突,我们应重视价值冲突在培养学生自主道德判断与选择能力中的重要作用。教师要确立引导者的角色和观念,引导学生进行比较、鉴别各种道德取向和道德规范的社会价值,让学生自主地选择,以促进其形成符合时代要求的道德修养。

4. 注重大数据时代大学生道德主体的自律

大数据时代对道德主体自律提出了迫切要求,道德修养的基础是人类精神的自律。道德修养培育实践也已经向人们展示:道德修养的生成、发展、成熟不是靠"灌输",它不是外界"授予"的,而是在主客体相互作用中主体自身建构的。在缺乏有力的他律警示或几乎难以感受到较为直接有效的他律影响力的互联网世界里,倡导行为主体的道德修养自律,强化行为主体的道德内化便显得尤为重要和突出,它是规范主体的互联网行为、提升其自我道德修养的行之有效的途径之一。加强互联网主体道德自律与互联网自由发展的精神相契合。虚拟空间秩序的维护尽管需要技术、法律、经济等手段的保障,但事实上,任何他律性手段都与互联网自由的天性相悖,而互联网主体的道德修养自律与互联网自由发展的天性更相契合。大数据时代,大学生道德主体自律的内容包括:①在道德意识层面,树立主体意识、责任意识和规范意识。互联网交往的隐匿性很容易导致互联网主体"去个性化",即个人自身同一性意识下降,自我评价和控制水平降低。道德意识是道德行为发生的前提,是他律向自律转化的前提,大数据时代主体道德意识和自我意识的培养是必须重视的问题。大学生要树立主体意识,人是互联网世界的主体,大学生需要着力培育的是能在不同道德准则冲突中做出正确选择、根据已有的伦理精神提出新的道德规范等的能力。大学生要树立责任意识,责任意识是主体对自身所担负的义务、职责的意识,它是主体自主地从事道德活动的内在动力。互联网主体在选择和决定行为时,应考虑并承担相应的道德责任,主动承担起对他人和社会的责任和义务,个人利益服从整体利益。大学生要树立规范意识,互联网主体应在互联网自律规范的制定及形成过程中发挥主体作用,提出意见和建议,并自觉地遵守规范,这样才能真正发挥出规范的约束与导向作用。②在道德实践层面不断进行自我约束、自我保护和自我完善。自我约束指互联网使用者自觉遵守有关道德要求,使自己的行为符合互联网规范和道德修养自律的要求,从内心深处认同无伤害原则等道德原则和自律规范,并自觉遵守,对自身行为进行约束。自我保护即面对虚拟空间中良莠不齐的信息,个体要培养较强的识别能力和免疫能力。大学生要自觉使用分级过滤软件等互联网安全技术,从技术上进行"道德过滤",在思想上要自觉抵制各种腐朽思想的侵蚀。自我完善指互联网使用者在互联网道德实践中不断进行自我教育,形成良好的道德修养,促进自身全面发展。它要求互联网使用者在运用互联网时不断加强道德修养,实现个人内在知行的统一、个人与社会的统一、互联网实践与现实实践的统一。大数据时代的大学生道德修养自律是一个动态、系统的过程,需要全社会的共同努力,更需要每一个互联网主体的积极参与。

第二节 提高大学生的媒介素养

一、媒介素养教育的概念

媒介素养教育即培养大学生媒介素养的教育,是指导大学生正确理解和运用大众传播资源的教育。通过媒介素养教育,培养学生健康的媒介批评能力,使其能够运用媒介资源完善自我,参与社会发展。

二、大学生媒介素养教育的必要性

大众传媒随着互联网的普及进入了大数据时代。大数据时代的媒介环境呈现出以下特点:①多元性。信息开放度的增强、信息源的增加,使现代媒介为我们营造出了一种多样的环境、多元的文化。②复合性。从信息传播技术来看,当前已经形成了以互联网为基础的复合型媒介环境,各种大众传播媒介相互融合和渗透。③娱乐性。从信息消费方面来看,大数据时代媒介环境的娱乐特点始终是带给受众愉快心情和健康身心的基本因素。④互动性和虚拟性。从信息传播的途径和方式来看,大数据时代的媒介环境具有互动性和虚拟性。

我国媒介环境对大学生的影响表现为积极和消极两个方面。我国媒介环境对大学生的积极影响体现为:一是新媒介为大学生的学习和生活提供了便利条件。新媒介的运用改变了大学生传统的学习和生活模式,通过互联网,大学生可以了解世界和国家大事,可以交友与择业。二是为大学生追求自由、平等的价值观提供了实现的可能。互联网文化以其特有的开放性、平等性、互动性迎合了青年学生崇尚民主、自由、平等的价值观。三是信息化校园的逐渐形成为大学生与社会之间构筑了信息通道。所谓信息化校园,就是一个互联网化、数字化、智能化有机结合的新型教育、学习和研究的校园平台。随着高校校园网与国际互联网的成功整合,一条将大学生和社会紧密相连的信息通道得以建立。我国媒介环境对大学生的消极影响表现为:一是大学生沉迷于媒介之中,对身心健康会产生消极影响,导致思维的简单化和平面化。二是现实与虚拟并存的媒介环境,导致人际关系的失调和互联网人格的异化。三是媒介环境中的某些暴力、色情等内容造成信息污染,有些大学生的自我控制能力和选择能力还不能抵御这些信息的负面影响。

从我国大学生媒介素养状况来看,有些学生媒介行为处于失衡状态。大学生是很好的接受者,却不是很好的分析者、判断者、批判者和反馈者,媒介接触状况有不良倾向,表现为互联网接触过多,对传统媒体尤其是电视的选择有所减少,在内容的选择上,对娱乐类、体育类信息,个性、时尚、趣味的内容比较关注。大学生的媒介道德规范认识模糊,自律意识不足。我国大学生媒介素养教育目前存在着学界研究较多,相关行政机构重视不够,高校对大学生的媒介素养教育目的不明确、内容不系统、形式单一化等问题。

媒介素养是当代中国媒介生态环境中大学生的必备素质。大众传媒正逐步从事业单位向企业化方向发展,并参与全球化背景下的市场争夺。当前以互联网媒介为核心的大众媒介是我国当代大学生获取知识、信息的主要来源,且我们对世界的认识很大程度上是由传媒决定的。面对互联网时代丰富繁杂的信息,国家不可能用"堵"的方式解决问题。大学生如果没有筛选、解读和有效传播信息的媒介素养,就会被媒介信息所淹没。因此,必须加强大学生的媒介素养教育。

媒介素养教育是大学生社会化的需要。人的社会化是指个体由自然人成长为社会人,并逐步适应社会生活的过程。社会化是大学生全面成才的重要途径和标志。以互联网为主体的现代大众传媒对大学生汲取知识、养成行为方式以及培养大学生道德修养的影响非常深刻。为使大学生顺利完成角色的社会转化,对学生进行媒介素养教育极为重要。

媒介素养是大学生在学习型社会里实现终身学习的需要。当今世界正逐步发展成为终身学习和全民学习的社会,以互联网为平台的信息全球化的发展使终身学习成为必要和可能。在知识、信息媒介不断更新和发展的时代,学会学习自然成为一种全新的理念,通过提高媒介素养提高在信息时代的学习能力,是大学生在学习型社会里实现终身学习的必然要求。

三、大学生媒介素养教育的实施

(一)借鉴国外成功经验

(1)欧洲大学生媒介素养教育"ECLIPSE"项目。ECLIPSE是一个由欧盟资助,由欧洲四所大学——西班牙巴塞罗那大学、比利时根特大学、挪威斯塔万格大学和德国科隆大学的80多名在校大学生和教师参与的大学生媒介素养教育行动研究项目。该项目的研究意在使大学生正确认识并学会分析媒体表述中的各种偏见,鼓励学生批判性、创造性地形成对媒体所表达对象及内容的正确认识。巴塞罗那大学开展了关于"高等教育中的媒介素养教育模型"的研究,该项目包括四个实施阶段:①知晓阶段,使学生知晓媒体信息,了解媒体信息表现时所使用的套路;②分析阶段,使学生掌握分析媒体信息的工具和方法;③评价阶段,使学生掌握批判性思考媒体信息的工具,提出关于媒体形式、内容、情境及结果方面的问题并进行分析和评价;④产品阶段,使学生能够自己制作并发布媒体信息。

(2)美国大学生媒介素养教育课程。全美约有60所高校开设了媒介素养课程,这些课程有两种形式:近1/3的院校开设专门的媒介素养课程,约2/3的院校并不开设媒介素养课程,而是开设大众传播概论等选修课。韦恩州立大学的媒介素养课程考察各种形式的媒体,并关注这些媒体对我们的文化及社会生活所产生的影响,主要目的是培养学生的批判性思维技能。麻省大学波士顿分校的媒介素养课程要求学生批判性地检视和分析各类媒体,主要内容包括媒介素养概念介绍、媒体与流行文化、创设政治议程、技术与媒体、赛博空间与多媒体、数字媒体工作室等。

(二)我国大学生媒介素养教育的内容

结合我国的媒介环境和大学生的发展特点,媒介素养教育的内容包括以下几项:①认识大众传媒。包括对传媒特点、功能的认识,对传播规律和大众传媒评判标准的认识,对大众传媒与政治、经济、社会和文化的关系的认识等。②利用大众传媒。培养大学生建设性地使用大众传媒的能力是媒介素养教育的根本目的所在。通过媒介素养教育,学生应学会建设性地利用大众传媒帮助和促进自身的健康发展,大学生可利用媒介了解世界、学习知识、表达意见、参与社会事务等。③参与大众传媒。指导大学生运用批评、建议等方式,通过对大众媒介的选择来对其施加影响,帮助和促进传媒提高质量、履行社会职责。

(三)我国大学生媒介素养教育的实施途径

我国大学生媒介素养教育的实施途径包括以下几种。

1. **高校开展大学生媒介素养教育课程**

一是编写大学生媒介素养教材。教材内容应包括媒介知识、媒介观念、媒介能力和媒介道德等几个方面。二是开设媒介素养的通识选修课或者必修课。目前,云南大学、上海交通大学、南京大学等高校开设了面向全校大学生的媒介教育课程。三是促进媒介素养教育融入大学的课程体系。高校通识课程中的很多课程,如美育、道德修养培育、艺术课程、媒介专业的通识课程,都涉及媒介素养的内容,可以将媒介教育的内容与这些已有的课程相结合来达到媒介教育的目的。四是开展媒介素养教育专题讲座。通过邀请媒介教育专家、学者等与大学生进行面对面的交流与沟通,可以使学生更好地认识和使用媒介信息。五是充分利用校园媒介资源。让学生成为校园电视、报纸、广播等媒介实践活动的主体,开展各种形式的媒介实践活动。六是进行媒介素养师资队伍建设。必须采取一切积极措施,多层次、多渠道地进行媒介素养师资方面的培训、培养,使他们具备扎实的专业基础知识和相关学科知识。还可以对一些非新闻传播专业的教师开展各种形式的在职教育培训,使他们能将媒介素养教育的内容融入各科教学中。

2. **培养大学生提高媒介素养的自我教育意识**

自我教育也是提高大学生媒介素养的一条途径,大学生不断的自我实践是媒介素养自我教育的最佳途径。一是要正确认识、合理利用媒介,批判地接收媒介信息。二是要发挥主动性,加强训练,提高媒介使用技能。大学生必须发挥主动性,通过多种方式加强自我实践,提高媒介使用技能,不仅要学习媒介素养理论知识,还要积极参与媒介素养的实践活动。三是要主动参与校园媒体活动。大学生积极参与媒介活动可以更深刻地理解大众传媒,从而在理论和实践上提高媒介素养水平。

3.社会要为大学生媒介素养教育创造良好的环境

一是加大政府规范和保障媒介素养教育的力度。从世界媒介素养教育发展的趋势来看,越来越多的国家倾向于由政府指定或委托一些机构来实施这些工作。由政府部门来推广媒介素养教育的实例在西方并不多见,英国的通信管理局和香港的广播事务管理局是参与媒介素养教育的重要政府机构。相对于西方国家,我国媒介素养教育的开展尚处于起步阶段,由政府出面更能有效地组织与实施,政府需出台管理法规,加强对媒体的管理力度,净化媒介发展环境。同时应关注在社区、家庭开展媒介素养教育。二是进行媒介素养教育的社会组织建设。媒介素养教育的社会组织建设是保障媒介素养教育实施的必要条件。从国外的成功经验来看,媒介素养教育的开展主要是通过民间团体来进行的。现阶段我国媒介素养教育的专门机构尚处在酝酿之中,但从我国的国情出发,我国媒介素养教育应由政府出面组织建设,这样能更有效地组织与实施。三是从法律和技术两方面加强互联网管理。我国在原有相关法律的基础上,制定了《互联网信息服务管理办法》等法规。应在这个基础上尽快完善各种互联网管理法规,同时要加强校园网管理,对校园网管理需要建立和健全一套特殊的管理体制。政府部门也要不断增加投入,建立权威网站,利用防火墙堵截来自海内外的各种有害信息,从而净化大数据时代的互联网环境。四是深化大众传媒传播和引导的责任意识,营造一个良好的媒介环境,发挥其对大学生的积极引导作用。要与时俱进地突出先进文化与思想观念,加强对中华民族优秀传统文化的弘扬。媒体应注重传播的技巧,积极探索符合大学生心理特点的传播策略;应兼顾大学生的消费心理,寓教于乐;应发挥优势,积极传播媒介素养教育知识。

总之,大学生媒介素养教育应达到高校、社会和大学生自身三方联动,高校提供条件,社会创造环境,大学生自身则应更好地利用媒介学习知识,建立对信息批判的反应模式,提高对负面信息的免疫力,学会有效利用传媒促进自身全面成才。

第三节 加强互联网与传统媒体的通力合作

一、媒体的道德修养培育功能

媒体具有道德修养培育功能,媒体的道德修养培育功能主要通过以下几种途径实现。

(一)媒体为受众提供社会知识,影响人们的道德修养

人们的生活与传媒紧密相连,尤其是电子媒介的普及,给受众带来了一种全新的文化环境和观察社会的多样化视角,媒体展现给受众的是一个无法单纯用语言描述的世界,使受众从中获得文化知识、道德修养、行为规范、人际关系等多方面的教育和熏陶。大众传播媒介成为道德修养培育的另一个重要渠道,它以传播范围广、知识更新快、受众层次多而具有高校教育难以比拟的优势。

(二)媒体间接指导受众的社会行为

受众通过传媒观察和模仿社会行为,这是一种依靠间接经验的学习方式。媒体通过节目内容、人物形象等途径,无形中为受众提供了可参照、模仿的对象,从而影响着社会整体的道德风尚和道德行为。

(三)媒体对公共议题的设置

媒体的议题设置功能是指人们倾向于了解大众传媒所关注的问题,并依据媒体对各种问题的重视程度,确定自己看待事物的优先顺序。在大众传媒迅速发展的时代,媒体可以通过设置公共议题来引导公众的舆论,进而影响公众的选择。大数据时代的互联网传播使传媒与受众在"授受合一"中形成互动关系,随着互联网的发展,受众的知情权、参与权有了极大的提高。大众传播媒介通过传递信息,对受众施加着道德修养培育影响,受众积极地对大众传媒的信息进行反馈,传播者与受众、教育者与受教育者通过大众媒介实现了主客体的对接与统一,即"授受合一"。在我国,媒体按照"三贴近"(即贴近实际、贴近生活、贴近群众)的要求报道新闻,坚持以正面宣传为主,传媒工作者需要经常了解受众的需求,听取他们的意见和建议,竭力营造一个良好的道德舆论氛围,为社会主义精神文明建设尽到传媒的责任。同时,受众也需要采取各种方式提升自己的科学文化素养和道德素养以适应传媒日益更新的传播手段,需要常常向传媒提意见以促进传媒的发展。这样,传媒与受众才能形成一种良好的道德关系,进而促进社会道德修养水平的提高。

二、加强新旧媒体合作,发挥媒体的道德修养培育功能

互联网虽然取得了快速的发展,但传统媒体的主流媒体地位依然没有改变,互联网只有与传统媒体合作,才能更有效地发挥其对公众思想、意识、行为的引导作用,进而更好地发挥其道德修养培育功能。

(一)优势互补

注重传统媒体与互联网的优势互补,发挥媒体的道德修养培育功能。传统媒体与互联网在传播特点和功能方面具有各自的优势,应该充分发挥各自的优势,从而更好地发挥媒体的道德修养培育功能。一方面,发挥传统媒体的优势,起到对社会道德的导向作用。传播信息是媒体最基本的功能,但媒体对信息的传播不是社会信息的全面复制,而是有选择的,尤其是传统媒体通过筛选,把体现社会主流意识形态的信息呈现给受众,引导受众关注政府主导的、积极正面的事件,并主导和引导社会舆论,从而发挥对社会道德的积极导向作用。另一方面,发挥互联网参与、互动、开放的优势,进而发挥媒体对社会伦理发展的促进作用。互联网以其参与、互动、开放的优势,形成了对传统媒体的冲击和互补。由于互联网使广大公众由受众变为了传者,公众参与到媒体信息的制作和传播过程中,使媒体的开放度空前扩大,公众与媒体的互动性大大增强。公众可以自由表达自己对公共事务、事件的看法,公众的知情权、参与权得到了体现。通过公众的积极参与,发挥了传媒对社会的监督作用,促进了我国传统伦理中公平、开放因素的增加,促进了我国社会伦理向开放程度较高的现代伦理的转化。同时,公众的参与和监督也使媒体自身的伦理道德建设得到加强,从而有利于保持优良的媒体环境,进而起到对社会伦理的促进作用。

(二)促进合作

在媒介融合中促进互联网与传统媒体合作,发挥媒体的道德修养培育功能。媒介融合概念的提出始于20世纪80年代的美国,媒介融合就是将原先属于不同类型的媒介结合在一起。媒介融合首先是传播技术的融合,即两种或多种技术融合后形成某种新传播技术,融合产生的新传播技术和新媒介的功能大于原先各部分之和。媒介融合更重要的是传媒组织形式的变化以及由此产生的经营模式和传媒内容的变化,即由单一的生产模式向多样化、集约化生产模式的转变。美国西北大学戈登教授提出了媒介融合的五种类型:所有权融合、策略性融合、结构性融合、信息采集融合、新闻表达融合。媒介融合引起传媒变革:一是业务形态融合,多媒体日益兴起。二是市场融合,产品相互嵌入多元组合。三是载体融合,发行渠道的"合"与接收终端的"分"。四是机构融合,更高层次的再分工。数字化技术为媒介融合搭建了平台,促进了传统媒体的数字化转型,也促进了传统媒体与互联网的融合,为充分发挥传统媒体与互联网各自的优势,更大程度上发挥媒体的导向和教育功能创造了条件。

(三)加强监管

要加强对传媒的监管,促进形成优良的传媒生态环境,促进其道德修养培育功能的发挥。政府监管是传媒活动中不可忽视的硬性手段。为了使传媒实现公众利益,政府就必须制定相关的传媒政策,以便能有效监控传媒的各种市场行为。韩国新闻产业政策可以为我们提供一些借鉴,韩国新闻产业政策可以分为以下三种:一是确立自由公平地进行竞争的市场结构的政策;二是能使传媒业投入的资源发挥出最大效益的政策;三是为了使传媒业生产的信息产品有利于形成市民社会,需要制定能发挥中介作用的政策。政府制定相关的传媒政策,是为了使传媒能够通过新闻传播活动发挥积极作用,营造舆论和谐的氛围。我国从法律和技术两方面加强了互联网管理,在原有相关法律的基础上,把互联网立法纳入了法制轨道,先后制定了《互联网信息服务管理办法》《互联网电子公告服务管理规定》等法规。这些规章制度确保了媒体管理的有序进行,保障了优良的传媒环境,有效发挥了传媒对主流意识形态的导向作用。

(四)公众参与

传媒活动的公众参与也是促进媒体健康发展的手段之一。随着社会文明的不断进步,受众要求参与大众传播活动的愿望也日益强烈。在传统的大众传播活动中,传媒的话语权掌握在传媒自身和国家与政府手中,这种少数人参与传媒的形式使得新闻话语官僚化、集中化、精英化,广大公众无法参与到新闻活动中去。大众传媒对公众的逐步开放,尤其是互联网的发展,为公众参与传媒提供了平台。公众参与大众传媒不能仅仅流于形式,要从制度上保证公众参与,要严明纪律,加强对传媒的伦理约束。要保证公众参与的平等,"博采众家之长"才能使传媒有更全面的发展。互联网使传媒活动中受众的角色发生了改变,公众通过微博、发帖等方式把发生在身边或自己身上的事情发布出来,使得"公民新闻"得以产生。"公民新闻"是指公民积极参与新闻的采集、编辑、报道乃至分析、评论的新闻报道活动,而其间参与的公民不是专业的新闻从业人员。数字科技的发展,新闻理念的不断深化和发展,合作、参与意识的强化,推动了"公民新闻"的产生。在"公民新闻"兴起后,大众传媒活动的舞台就被分众化了,普通公民也扮演了新闻传播者的角色。在公民参与传媒活动的过程中,如何提高公众的媒介素养,如何使他们自觉遵守法律法规,不逾越新闻道德的底线,如何提高专业新闻工作者的职业道德修养,都是需要解决的重要问题。

(五)把握着力点

大数据时代加强传媒道德修养培育功能的着力点主要包括：引导传媒的娱乐化倾向，充分发挥传媒的主流道德文化信息传递功能，着力提升传媒的公信力等。一是正确引导传媒的娱乐化倾向。大众媒介作为高校教育与家庭教育的有益补充，其积极作用是显而易见的，但大众媒介的娱乐化倾向对道德修养培育也会产生一些消极影响。互联网的娱乐性等特点对大学生的负面影响也不容忽视，我们应有效遏制媒介的过度娱乐化倾向，坚持正确导向，把社会效益放在首位。二是充分发挥传媒的主流道德文化信息传递功能。大众传播媒介的迅猛发展在某种程度上也为道德修养培育提供了一个广阔的信息平台，但消极、错误的文化信息对主流的道德文化信息会产生一定的冲击，这在一定程度上会消解大众传媒的道德修养培育功能。因此，新时期加强道德修养培育工作要把增强大众传媒的主流道德文化信息传递功能作为一个着力点。三是着力提升传媒的公信力。从大众传媒的德育功能来看，媒介的公信力是最重要的传播资源。媒介公信力建立在公正性上，改革开放以来，我国大众媒介的公信力受到了一些影响。我们要提升媒体从业人员的自律意识，完善媒体监管体制，提升媒介的公信力，充分发挥大众传媒在道德修养培育中的积极作用。

参 考 文 献

[1] 涂尔干.职业伦理与公民道德[M].渠东,付德根,译.上海:上海人民出版社,2000.

[2] 艾瑞斯.大数据思维与决策[M].宫相真,译.北京:人民邮电出版社,2014.

[3] 曹海莹.新时代大学生党员理想信念教育探究[J].现代交际,2018(14):128,127.

[4] 陈建华.网络环境视域下大学生思想道德建设探究[J].学理论,2017(9):250-252.

[5] 陈开智.高校培养大学生成为中国特色社会主义建设者和接班人的思考[J].教师,2017(14):10-11.

[6] 陈敏.儒家道德思想对大学生价值观建设的启示[J].文教资料,2019(19):138-139.

[7] 陈文娟,陈希.新时代公民道德建设新在哪?[J].思想教育研究,2019(11):19-22.

[8] 邓安庆.再论康德关于伦理与道德的区分及其意义[J].北京大学学报(哲学社会科学版),2019,56(5):24-36.

[9] 丁冬红.高校文化建设对大学生思想道德教育影响分析[J].科教文汇(中旬刊),2018(8):10-11.

[10] 丁锦红,张钦,郭春彦,等.认知心理学[M].2版.北京:中国人民大学出版社,2014.

[11] 董俊麟.道德失范现象及其对策研究:以大学生群体为研究对象[J].法制与社会,2020(1):124,128.

[12] 董祥勇.新时代公民道德建设的指导思想与推进策略[J].学习与实践,2019(6):45-49.

[13] 房广顺,高俊丽.思想政治理论课的创造性特征与创新性要求[J].思想政治教育研究,2020,36(1):95-101.

[14] 高媛.大学生加强思想道德修养的分析[J].求知导刊,2016(2):9-10.

[15] 何广寿.大学生网络共同体道德建设谫论[J].学校党建与思想教育,2017(1):74-76.

[16] 黄海鹏,门瑞雪,曲铁华.短视频文化影响下的大学生价值观现状透视

[J].学校党建与思想教育,2019(18):86-89.

[17] 黄玺,梁宏宇,李放,等.道德提升感:一种提升道德情操的积极道德情绪[J].心理科学进展,2018,26(7):1253-1263.

[18] 黄勖喆,褚晓伟,刘庆奇,等.网络欺负中的旁观者行为[J].心理科学进展,2019,27(7):1248-1257.

[19] 江婷,石磊.新时代高校道德素养与法治精神培养途径探究:评《新时期大学生思想道德教育与法律素质培养》[J].中国教育学刊,2020(3):110.

[20] 金童林,陆桂芝,张璐,等.人际需求对大学生网络偏差行为的影响:社交焦虑的中介作用[J].中国特殊教育,2016(9):84-89.

[21] 金童林,陆桂芝,张璐,等.特质愤怒对大学生网络攻击行为的影响:道德推脱的作用[J].心理发展与教育,2017,33(5):605-613.

[22] 敬娇娇,高闯,胡安凯,等.共情对不同网络欺负角色行为的影响[J].应用心理学,2017,23(3):267-277.

[23] 李诗羽.新时代大学生思想道德建设面临的问题与措施[J].农家参谋,2019(23):254.

[24] 李伟强,郭本禹,郑剑锋,等.学校道德氛围知觉对道德发展影响的教育干预实验[J].心理科学,2013,36(2):390-394.

[25] 李文娟,刘鲁蓉,林婧,等.大学生学校道德氛围感知与攻击行为的关系:惩罚倾向的中介作用[J].中国健康心理学杂志,2017,25(8):1194-1198.

[26] 李晓兰,刘莹.新时代大学生党员理想信念教育现状及对策研究[J].江苏第二师范学院学报,2018,34(3):88-90.

[27] 李昳,陆桂芝,李丽红,等.大学生自我关注和关系型自我构念与网络偏差行为的关系[J].中国心理卫生杂志,2018,32(10):883-885.

[28] 梁剑宏.大数据时代:思想政治教育环境新论[M].北京:光明日报出版社,2015.

[29] 刘盼盼.当代大学生道德失范的表现、成因与对策探析[J].中共乐山市委党校学报,2017,19(3):79-81.

[30] 刘淑红.儒家道德观对大学生道德教育的启示[J].教育现代化,2019(74):257-258.

[31] 刘晓红.大学生道德冷漠现象分析及其对策研究[J].淮北职业技术学院学报,2013,12(4):12-13.

[32] 刘晓玲.新时代大学生思想道德建设的制度环境研究[J].学校党建与思

想教育,2020(11):20-24.

[33] 刘莹,李伟杰,李晓兰.新时代青年学生理想信念形成分析及教育对策探究[J].黑龙江工业学院学报(综合版),2018,18(6):5-8.

[34] 柳礼泉,陈方芳.传统孝文化融入大学生思想道德教育的价值及实现路径[J].船山学刊,2016(3):107-112.

[35] 卢尚月.古代官德思想的当代启示[J].人民论坛,2017(4):143-144.

[36] 吕峰.新时代中国主流意识形态话语权生成的现实境遇探析[J].思想政治教育研究,2018,34(1):34-37.

[37] 彭兰.短视频:视频生产力的"转基因"与再培育[J].新闻界,2019(1):34-43.

[38] 宋振超,黄洁.大数据背景下网络信息的伦理失范、原因及对策[J].理论与改革,2015(2):172-175.

[39] 苏杰初.自媒体对大学生网络道德心理的影响与应对之道[J].广西师范大学学报(哲学社会科学版),2016,52(1):108-114.

[40] 田泉.互联网时代大学生网络道德教育研究[J].科教导刊(上旬刊),2020(4):83-84.

[41] 王嘉麟.优良家风融入大学生道德教育的探索[J].福建茶叶,2019,41(11):233-234.

[42] 王婧,徐仲伟.关于网络社会公共道德的建设[J].思想理论教育导刊,2015(1):34-37.

[43] 王婧.大数据时代大学生道德教育研究[M].北京:现代教育出版社,2016.

[44] 王琴.新时代增强大学生党员理想信念教育研究[J].吉林广播电视大学学报,2018(7):75-76.

[45] 王寿林.大数据时代高校思想政治教育方法创新研究[J].思想政治教育研究,2015(6):85-87.

[46] 王守仁.传习录校释[M].长沙:岳麓书社,2012.

[47] 王永,黄永录.新时代大学生思想道德建设面临的挑战与对策[J].当代教育理论与实践,2018,10(3):95-99.

[48] 韦永强,马雪丽.新时代视域下道德基础与思想教育对当代大学生的影响[J].湖北经济学院学报(人文社会科学版),2020,17(2):121-123.

[49] 魏凯.孔孟荀道德修养方法对大学生道德教育的启示[J].现代交际,2019(18):140-141,139.

[50] 魏英敏.新伦理学教程[M].北京:北京大学出版社,2003.

[51] 吴潜涛. 正确理解理想信念的科学含义[J]. 理论参考,2012(6):38-41.
[52] 武艳萍. 网络对大学生道德的影响及对策[J]. 山西高等学校社会科学学报,2003,15(10):110-112.
[53] 徐侠侠. 大学生道德诚信知行离合度调查分析:以江苏省高校为例[J]. 淮阴师范学院学报(自然科学版),2018,17(1):57-61.
[54] 杨帅,牟瑶,郝晓文,等. 大学生网络道德情感现状调查研究[J]. 社区心理学研究,2019(2):151-165.
[55] 杨双. 新媒体视阈中的大学生道德教育创新研究[J]. 时代教育,2017(9):123.
[56] 于永昌,刘宇,王冠乔. 大数据时代的教育[M]. 北京:北京师范大学出版社,2015.
[57] 喻丰,彭凯平,韩婷婷,等. 道德困境之困境:情与理的辩争[J]. 心理科学进展,2011(11):1702-1712.
[58] 翟博. 树立新时代的家庭教育价值观[J]. 教育研究,2016,37(3):92-98.
[59] 张大卫. 新时代高校学生党员理想信念教育路径探析[J]. 宝鸡文理学院学报(社会科学版),2018,38(3):68-73.
[60] 张巧飞,姚茜. 对当代大学生公民道德教育建设的分析[J]. 法制博览,2019(7):287,286.
[61] 张晓庆. 基于孔子君子人格思想的高校道德人格培育探析[J]. 黑龙江高教研究,2016(1):105-108.
[62] 张艳伟,裴雨墨. 新时代提升大学生道德能力的路径分析[J]. 沈阳师范大学学报(社会科学版),2019,43(6):23-27.
[63] 张洋洋,王浩. 传统孝道文化对当代大学生思想道德建设的启发[J]. 戏剧之家,2020(6):117-118.
[64] 赵东雪. 新时代大学生网络道德教育研究[J]. 公关世界,2020(6):87-89.
[65] 郑思严,韩乐江. 大学生道德人格的完善与人的全面发展[J]. 教书育人(高教论坛),2019(18):68-69.
[66] 周波. 中国当代人格美学思想的建构思路[J]. 山东师范大学学报(人文社会科学版),2017,62(1):37-49.
[67] 朱力影. 新时代大学生思想政治教育的前瞻性研究[J]. 南京理工大学学报(社会科学版),2019,32(2):73-77.

[68] 宗晓兰.老子思想对当代大学生道德教育的启示:评《先秦道家的道德世界》[J].高教探索,2020(5):135-136.

[69] 邹孔华.如何加强大学生的思想道德修养[J].西部素质教育,2019,5(24):31-32.